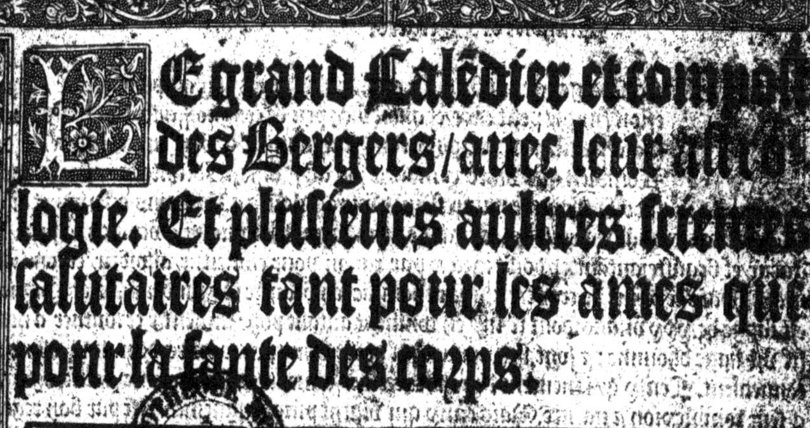

Le grand Calēdier et compost des Bergers / auec leur astrologie. Et plusieurs aultres scientes salutaires tant pour les ames que pour la sāte des corps.

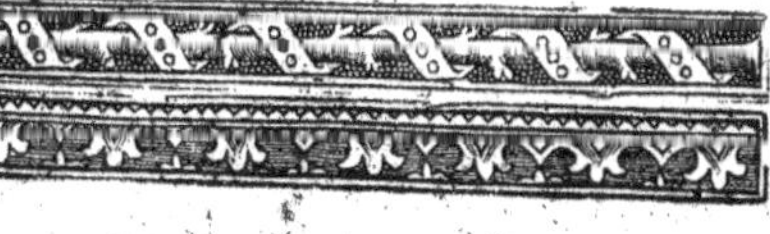

¶Nouuellement imprime a Troyes chez Jehan Leroq : demourant deuant Nostre dame.

¶Prologue de Lacteur qui a mis par escript ce present
Calendier des Bergers.

Ng Berger ayant brebis z ouailles en Villes et champs a garder / lequel estoit simple petit clerc/et auoit bien peu de congnoissance des escriptures : mais seullement par son grand sens naturel et bon entendement / disoit. Combien que Viure et mourir soit au plaisir z Volunte de nostre seigneur si doibt lhomme naturellemēt Viure iusques a.lxxii.ans ou plus:et disoit en ceste maniere par ses raisons. Autant de temps que lhomme est a Venir en sa force/Vigueur/et beaulte:autant en doibt mettre par raison pour enuieillir/affoiblir/et tourner a neant.Mais le terme de croistre z Venir lhomme en beaulte et grandeur/force/z Vigueur est laage de.xxxVi.ans:dont il luy en conuient autant pour enuieillir et tourner a neant sil Vit uage dhomme : z sont.lxxii.ans quil doibt Viure par le cours de nature z sans inconuenient. Ceulx qui meurent deuant ce terme/souuent est par Violence z oultrage faict a leur complexion z nature.Mais ceulx qui Viuent plus longuement/est par bon regime et bons enseignemens/selon lesquelz ont Vescu et se sont gouuernez. A ce propos de Viure et mourir/disoit ce Berger que la chose laquelle desiroit plus au monde estoit longuemēt Viure/z celle quil craignoit plus/estoit tost mourir. Pakainsi dōc mettoit son entendemēt et sa cure de scauoir z faire choses possibles z requises pour Viure longuement/sainement et ioyeusemēt.et est ce que ce present compost et calendier des Bergers enseigne z apprent. Disoit aussi que son desir de longuemēt Viure estoit en son ame/ laquelle tousiours durera:pourquoy Vouloit quil fust acomply apres sa mort cōme deuant dieu. Puis que lame ne meurt point/ et en elle est le desir de Viure longuement/elle seroit de son desir frustree/se apres la mort de ce monde ne Viuoit ainsi ou mieulx que deuant.Et celuy qui ne Viuroit apres la mort corporelle nauroit point ce quil a desire / cestascauoir Viure longuement/et demoureroit en peine sans fin quand nauroit son desir acomply. Parquoy concluoit celuy Berger choses necessaires pour luy z pour aultres:cestascauoir faire ce qui appartiēt pour Viure apres la mort comme deuant z mieulx que on na faict. Verite est que celuy qui ne Viuroit que la Vie de ce monde seullemēt z Vesquit cent ans z plus ne Viuroit pas longuement proprement:Mais seroit longuement a celuy a qui la fin de ceste Vie mortelle/seroit commencement de Vie eternelle : sil separforroit de Viure au monde Vertueusement pour apres mort corporelle Viure pardurablemēt.Car comme il disoit alors/on Viura sans iamais mourir quand on aura Vie pardurable/z sera perfaict z acomply par ce poinct z non aultrement le desir de longuement Viure. Congnoissant aussi celuy Berger que la Vie de ce monde est tost passee/z que pose quelle soit grande pour celuy qui Viuroit.lxxii.ans ou plus/si est elle trespetite z sans cōparaison a la Vie qui tousiours durera z ne finera point/ a laquelle il tendoit paruenir. Pour laquelle chose faire Viuoit tellement et sobrement des petis biens temporelz quil auoit:que en fin il ne perdist point les grās biens du ciel qui sont eternelz quil attendoit.

¶Fin du Prologue de lacteur du cōpost z Calendier des bergers. Et sensuyt aultre plogue dun maistre Berger/lequel parle z preuue par aultres raisons ce que icy deuāt est dict/ainsi q̃ bergēs preuuēt z arguēt les Vngz auec les aultres.Et ce quil dit il enseigne z demōstre cōme maistre aux aultres bergers.

N doibt congnoistre et scauoir / par les douze moys de lan/et par les quatre saisos qui y sot/cestascauoir Printeps/ este/autone/ ¿ hyuer:quelhomme doibt viure naturellement. lxxii. ans ou plus. Nous bergers disons que laage de lhomme de.lxxii.ans est come vng an seul/comprenat tousiours six ans pour chascun moys de lan. Car come lan se change en douze manieres diuerses/ par ces douze moys ainsi lhome se change en son aage pareillement de six ans en six ans iusques a douze fois/qui sont iustement.lxxii.ans/quil peult viure par cours de nature. Ou qui veult ce congnoistre par les quatre saisons/doibt scauoir que laage de lhomme de.lxxii.ans est diuise par quatre manieres: lesquelles sont Jeunesse/Force/Sagesse/et Vieillesse : et sont chascune partie de.xviii.ans / qui toutes ensemble font.lxxii.ans : et se rapportent aux quatre saisons de lan par leurs conuenances ¿ similitudes:cestascauoir Jeunesse plaisante a Printemps gracieux. Force valeureuse a este chaleureux. Sagesse qui est prouffitable a automne de biens plantureux. Vieillesse debile a hyuer froidureux. Ainsi par les douze moys de lan : ou par ces quatre saisons appert que laage de lhomme de.lxxii.ans est semblable par comparaison a vng an seul comprenant six ans pour vng moys/ou.xviii.ans pour vne des saisons de lan:desquelles chascune a trois moys.Dot le Printemps a Feburier/Mars/¿ Apuril. Este May/Juin/¿ Juillet. Autone Aoust/ Septembre/Octobre. Hyuer Nouembre/ Decembre/et Januier. (Verbi gratia.) Mais icy fault noter que tous les Philosophes astronomes/antiques et modernes ont dict et escript aultremet:disantz ainsi / Lors que le Soleil entre au premier poinct du signe de Aries/qui est comunemet le.x.ou.xi.de Mars entre le Printeps. Parquoy doc fault predre selon la plus comune opinion nostre Printemps:en Mars/Apuril/¿ May. Este/en Juin/Juillet/¿ Aoust. Autone/en Septembre/Octobre/¿ Nouebre. Hyuer/en Decembre/Januier/¿ Feburier. Noobstat ie ne veulx dire que le bon Berger aucteur de ce present liure cuydast errer/ou ayt erre:mais le dernier recit est le meilleur come il me semble. Par ainsi donc venons au propos de mostrer coment selon les.xii.moys de lan/lhomme se change en son temps douze fois : ⁊ prenons premierement six ans pour Januier:lequel na chaleur/vertu/ne vigueur/pourquoy en luy nul bien ne croist:La terre ne faict aucun prouffit de valeur ainsi lhõme apres quil est ne/les six premiers ans il est comme impotent sans force/vertu/ne science : pour soy scauoir regir ou gouuerner/ne faire chose qui peust prouffiter.Mais apres vient Feburier que le temps se commẽce vng peu a eschauffer/les iours croistre/⁊ la terre a se reuerdir/⁊ le temps a deuenir doulx.Ainsi lhomme en aultre six ans cõmence a deuenir grãd:vng peu soy congnoistre:doulx ⁊ obeyssant ⁊ plaisant pour seruir.⁊ lors il a des ans.xii. Puis apres viẽt Mars auquel cõmence le Printemps : et lors on laboure/on seme la terre/on plante arbres et faict on edifices:car a telle chose faire est le temps propice.Ainsi lhomme en aultre six ans est dispose pour recepuoir doctrine ⁊ apprendre science.En ce temps il doibt en soy planter science et vertu/et edifier sa vie quelle soit belle ⁊ honneste. et alors il a des ans.xviii. Puis vient Apuril que les terres ⁊ arbres sont couuers de verdure ⁊ remplis de fleurs/⁊ de toutes partz biens yssent de terre abondamment.Ainsi lhõme en aultre six ans est couuert de grand beaulte ⁊ fleur de ieunesse/cõme venir fort ⁊ hardy ⁊ estre vigoureux:si doibt fleurir ⁊ prendre bon commencement:car fleurs sont monstrances de fruictz aduenir:⁊ se doibt garder des mauuais ventz dheresies ⁊ des froidures nuysibles:car si les fleurs perissent/le fruict ne viendra a prouffit.Mauuais ventz ⁊ froidures sont les vices qui empeschẽt lhõme venir a hõneur : et lors il a des ans.xxiiii. Puis viẽt le moys de May gracieux ⁊ plaisant que toute nature sesiouyst:oysillons chantent au boys iour ⁊ nuict. Arbres se chargent de fruictz/⁊ la terre aussi. ⁊ se cõmence le soleil a fort eschauffer. Aussi faict lhomme en aultre six ans:il se voit ieune/⁊ beau/⁊ entre en chaleur:quiert esbattementz/danser/saulter/⁊ chãter nuict et iour/tant que souuent en oublie le boire ⁊ manger/⁊ lors il entre en sa grand force : et a des ans.xxx.Et puis vient le moys de Juin que le soleil est monte en grand haulteur chaleur/force/⁊ vertu:⁊ que les iours sont longz plus quilz peuent estre.Ainsi est lhomme a.xxxvi.ans en sa grand force/chaleur/vertu/et haulteur de son aage/tant que a peine peult plus monter en force. Apres vient Juillet en la fin duquel le Soleil cõmence a decliner:les iours appetissent/⁊ aucuns fruictz viẽnẽt a maturite. Ainsi lhomme en aultres six ans sest veu estre en sa force/⁊ cõgnoist sen aller de ieunesse/⁊ son agge appetisser: lors il quiert deuenir sage/gaigner/⁊ amasser pour sa vieillesse:⁊ a des ans.xlii. Apres vient Aoust:qui est tẽps de amasser/cueillir/⁊ serrer a lhostel les biẽs de terre/faulcher ⁊ fener. Ainsi lhõme en ces aultres six ans deuiẽt prudẽt ⁊ sage / prẽd diligẽce dacquerir richesses pour viure le tẽps aduenir.⁊ a des ans.xlviii. Apres viẽt Septẽbre/auql en son mylieu entre Autõne/vẽdenges se y font:fruictz des arbres veullent estre cueillis:lhõme prudent garnist sa maison ⁊ faict prouision pour viure en lhyuer qui approche.Ainsi lhõme ayant sagesse propose employer le tẽps quil luy reste a viure/en faisant bõnes oeuures ⁊ despẽdant sans faire exces les biẽs quil a/tant quilz luy doibuent suffire:car bien scait que le temps approche quil se debura reposer sans pouoir gaigner. ⁊ a des ans.liiii. Puis vient Octobre quãd tout est amasse/biẽs sont a lhostel:bledz/vins/⁊ fruictz:⁊ de rechef on se reprend a labourer ⁊ semer en terre pour lan aduenir:car qui ne semeroit riẽs ne recueilleroit. Ainsi lhõme en iceulx six ans/a cela quil peult auoir cõuient quil se contente:car plus ne pourra gaigner grãd chose pour son viure.Dõt se doibt prẽdre a seruir dieu/⁊ faire bõnes semences pour les recueillir apres son trespas. ⁊ a des ans.lx. Apres vient Nouẽbre que les iours sont petis : le Soleil a peu de chaleur : arbres se despouillent:terre pert verdeur: et hyuer cõmẽce venir.Ainsi lhõme en ces six ans se cõgnoist ia vieil:il a perdu sa chaleur:

il est despouille de sa beaulte ↄ de sa force ↄ vigueur:ses dentz oghent:sa veue est debilitee:
plus na espoir de vivre au monde:son desir ard de vivre apres la mort:ↄ doibt perseuerer
tousiours pensant de son salut:et a des ans.lxvi. Puis vient Decembre plein de froidu-
res/de neiges ↄ ventz:en sorte que on tremble de froideur et ne peust on labourer : le soleil
est au plus bas quil peust descendre : arbres sont couuers de bruyne blanche et nest quelque chaleur:force est de se tenir pres des tysons et despendre les biens amassez en Automn-
ne.Ainsi est lhomme aultres six ans enfroidy : que les membres luy tremblent : il a les
cheueulx blancz ↄ chanuz:il ne peust eschauffer:il quiert le feu ou le soleil : sil a chault se
veult tost coucher ↄ tard leuer : il congnoist que le temps de son aage est passe:car il a des
ans soixante ↄ douze.Et sil vit plus longuement tousiours deuiendra foible ↄ decrepite:
et sera par le bon gouuernement de son ieune aage. Parquoy ie dy moy simple Berger
parlant plus oultre de longuement vivre ou tost mourir : que les corps celestes y peuent
faire auancement auec le gouuernement bon ou mauluais des personnages tant hômes
que femmes:filz ou filles:par ce quilz senclinent a faire bien ou mal:combien que on soit
aucuneffois incline a faire mal:nonobstant on ny est point côtrainct:car on y peult bien
resister par sa frâche volunte en faisant tousiours bien:et laissant le mal. Sur lesquelles
inclinations est le vouloir de dieu tout puissant : allongissant la vie par sa bonte a qui il
luy plaist:ou lappetissant sur qui il veult par sa iustice. Parquoy en nostre compost et
auant le Calendier serôt demonstrez plusieurs secretz des bergers:pour trouuer ↄ toucher
les lettres dominicales sur les ioinctures de la main senestre.Aussi la situation des douze
moys de lan.Et puis les situatiôs du nombre dor pour trouuer la prime lune. Et apres
pour scauoir le Calendier sur la main ↄ aussi les festes ↄ en quelz iours elles sont. Puis
apres vng petit compost pour asseoir sur les ioinctures de la main senestre vne chascune
syllabe:par lesquelles syllabes sera trouue autant de iours quil y a au moys ↄ aussi les
festes de plusieurs sainctz ↄ sainctes situez sur leur mesme iour. Apres trouuerez des tables ↄ figures perpetuelles pour a tout iamais trouuer le nombre dor et la lettre dominicale. Puis pour trouuer en chascune annee quâd sera la septuagesime:la quadragesime:
Pasques:Rogations:et la Pentecouste. Et encore apres en aultre maniere pour trouuer
le nombre dor:ↄ la lettre dominicale.Et apres vne Collecte pour trouuer la septuagesime
et consequemment les aultres festes mobiles ↄ perpetuite. Aussi apres nostre compost ↄ
Calendier sera monstre comment nous auons congnoissance des corps celestes/principa-
lement des deux grans luminaires/qui sont le Soleil et la Lune : en declarant de leurs
eclipses quand ↄ a quelz iours/heures ↄ minutes elles se font ↄ viendront:Commencant
en ceste presente annee Mil cinq centz.ↄ si. Lequel compost et Calendier est diuise en cinq
parties. La premiere est nostre science du compost ↄ Calendier.La seconde est larbre des
vices. Puis apres les figures des horribles peines denfer:touchant les sept pechez mortelz : auec la commination des peines diceulx pecheurs pour les pechez quilz ont cômis.
La tierce est la voye salutaire des hommes : larbre des vertuz pour paruenir a sapience
et au refuge des bons. La quatriesme est la Phisique et regime de sante dentre nous ber-
gers.Et la cinquiesme est nostre Astrologie ↄ phisonomie pour congnoistre plusieurs fal-
laces et cautelles du monde/ceulx qui par nature y sont enclins/les scauent faire ↄ ne sen
veullent garder.Lesquelles parties declarees comme les entendons : apres cela ferons la
fin du present compost ↄ calendier. Suppliant nostre seigneur Jesus donner grace a tous
les lecteurs et auditeurs de ce present livre/quilz en facent leur prouffit et salut de leurs
ames:et nous des nostres.   Amen.

A iiij

¶ Comment on doibt entendre ce compost et Calendier
des Bergers.

Pour auoir (comme Bergers) cognoissance de leur compost et calendier on
doibt scauoir que Lan est mesure du temps que le Soleil passe par les .vii.
signes retournant a son premier poinct: et est diuise par .xii. moys qui sont
Ianuier/feburier/Mars/Auril/May/Iuin/Iuillet/Aoust/Septembre/
Octobre/Nouembre/et Decembre. Ainsi le Soleil en ces .vii. moys passe
par douze signes en lan vne fois. Les iours de son entree es signes/sont notez au Calendier en sa reigle des sainctz. Lan doncques a .vii. moys: des sepmaines .lii. des iours trois
centz.lxv.et quand est bissexte.lxvi. Le iour a .xxiiii. heures. et chascune heure.lx. minutes.
Apres ceste diuision conuient scauoir que au commencement des signes du calendier y est
situe le nombre dor pour trouuer sa nouuelle lune. En Ianuier et feburier est mis vng
aultre nombre dor (au deuant de celuy de la nouuelle lune) pour a perpetuite trouuer le dimenche de sa septuagesime. Et vng aultre nombre dor en Mars et Auril pour a perpetuite
trouuer Pasques. Puis ensuyuant chascune signe sont situees les lettres dominicales et
des iours. Apres sont situez les Nones/Ides/et Calendes. Puis les iours des festes tant
des sainctz que sainctes. Et en la fin desdictes signes est situe le nombre dung chascun iour.
Et plus a plein en voyant et considerant les situations susdictes/dedans le Calendier
mis cy apres/les pourrez mieulx congnoistre et entendre.

¶ Ceulx qui scauent le Compost / practiquent la lettre
dominicale par les vers cy dessoubz.

Filius/Esto/Dei/Lesum/Bonus/Accipe/Gratis.
Du par ces aultres vers.
Fructus alit canos el gellica bellica danos.
El genitrix bona dat finis amara cadat.
Dat flores anni color eius gaudia busti.
Lambit edens griffo boabel dicens fluet augur.

¶ Pour situer les douze moys de lan.
A/dam/de/ge/bat/er/go/ci/fos/a/dzi/fos.

¶ Pour le nombre dor et la prime lune.
Ter/nus/vn/diu/nod/oc/to/sep/quin/qz/tred/am/bo/de/cen/doc/
Sep/tem/quin/quar/tus/dud/io/ta/na/uem/deps/v/i/quat.

¶ Practique ingenieuse du compost des Bergers.

Nouuellement et subtilement Bergers ont trouue pour scauoir le nombre dor/la
lettre dominicale et tabulaire vne practique briefue qui sensuyt / laquelle pour sa
subtilite est difficile/se premierement nest monstree de ceulx qui lentendent.

Filius canos agur cuius bona fructus
Dicens anni et bellica griffo dant amara
El cambit gaudia dat alit fiet color
Genitrix danos boabel flores radat gellica
Edens busti.

¶Quatre secretz du compost des Bergers.

Mobilis alta dies ⁊ currens aureus octo
Sep denio cum d non erit inferior
B Veneris sancta/sed quincq tres ambo maria:
Nec erit in toto dicens similis simul octo.

¶Pour sçauoir le Calendier sur
la main/aussi les festes ⁊ en quelz
iours elles sont.

¶Qui veult sçauoir le Calendier
Sur la main comme le berger
Quand ⁊ quel iour il sera feste
Le quil sensuyt mette en sa teste
Auant tout œuure sans songer
A b c d e f g
Les iours de lan tous par ces sept
Lettres/sont congneuz chascun scait
Vne est pour dimenche tousiours
Six aultres sont pour les six iours
Et les ioinctures doibuent estre
Assises en la main senestre
Des quatre doigtz cest tout a poinct
Le poulce comprins ny est point
Toucher on les doibt de la main
Dextre/pour estre plus certain
A b c sont hors main/ g sus
D e f dedans sont inclus
Apres tantost conuient sçauoir
Quel lieu chascun moys doibt auoir
A petit second dam de g b
E g e sont au moyen doigt
F a metz au medecin
D f au petit prenant fin.
Januier est sur a du petit
Doigt/assis a son appetit
Feburier ⁊ Mars sont se me semble
Sur d du second doigt ensemble
Apuril sur g sur le b May
Qui tousiours est ioly ⁊ gay
Iuin est sur e du doigt mylieu
Juillet sur g cest son droict lieu
Et Aoust sur ⁊/puis apres vient
Septembre que loger conuient
Sur f du quatriesme doigt.
Octobre sur a cest pour soy:

Apres il fault mettre Nouembre
Sur d/et sur f Decembre
Du petit doigt/pour abreger
Douze moys fault ainsi loger.

¶En quatre des signes cy dessoubz
sont autant de syllabes comme il y a
de iours au moys pour qui elles si-
uent. On les doibt asseoir sur autant
de ioinctures de la main senestre:cha-
scune syllabe sus vne ioincture pour
trouuer les festes et aultres iours de
sainctz ⁊ sainctes non festez doctiptes
manuelles.

¶Januier.
¶En Ia/uier/que/les/roys/be/nuz/sont
Glau/me/dict/fre/min/maur/sont/
An/thoi/ne/seb/ag/vin/centz/boit/
Paul/doibt/plus/quon/ne/luy/doibt.
¶Feburier.
¶Au/chan/de/lier/a/gath/vient/
A/pa/ris/il/men/sou/uient/
Et/iu/li/an/de/pois/si/
Pier/re/ma/thias/aus/st:
¶Mars.
¶Au/bin/dict/que/Mars/est/pril/seux/
Lest/mon/faict/gre/goir/a/fril/seux/
Quen/se/rons/nous/be/noist/a/dict/
Ma/rie/point/ne/res/pon/dit.
¶Apuril.
¶En/Ap/uril/am/broi/se/beu/uoit/
Du/meil/leur/vin/quil/a/uoit/
Quand/vint/qui/tout/a/chep/ta/
Geor/ge/mar/chant/il/se/pay/a.
¶May.
¶Iac/ques/croix/dict/q/iehan/est/may/
Ni/co/las/dict/il/est/vray/
Ha/ges/et/sotz/ho/no/rez/sont/
Quand/vi/bain/et/ger/main/se/sont.

¶Juin.

¶En/Juin/on/a/bien/son/uent
Grand/soif/ou/bar/na/be/ment
En/ce/temps/uin/drent/de/mier/re/
Dom/Jehan/e/loy/son/filz/pier/re.

¶Juillet.

¶En/Juil/let/mar/tin/se/com/bat/
Et/du/be/noi/tier/sainct/uast/bat/
La/sur/uint/mar/ge/mag/de/lain/
Chri/sto/fle/ba/ston/en/main/

¶Aoust.

¶Pier/res/es/tien/ne/get/toit/
Apres/lau/rens/qui/bru/soit/
Ma/rie/print/cri/er/et/brai/re/
Bar/the/se/my/fit/Jehan/taire.

¶Septembre.

¶Gil/les/a/ce/que/ie/uois/
Ma/rie/toy/se/tu/me/croix/
Et/prie/des/nop/ces/Mat/thi/eu/
Son/filz/fre/min/cos/me/et/Mi/cheu.

¶Octobre.

¶Re/mis/sont/fran/cois/en/ui/gueur/
De/nys/nen/est/pas/bien/as/seur/
Car/luc/est/pri/son/mier/a/hen/
Cres/pin/et/Si/mon/a/quen/

¶Nouembre.

¶Saictz/mortz/sont/les/gés/bié/eu/rex
Lom/dict/Mar/tin/bri/ci/ez/
Lors/ai/gnen/uint/de/Mil/lan/
Cle/ment/La/the/rin/t/sat/an.

¶Decembre.

¶E/loy/faict/barb/a/co/sart/
Ma/rie/dict/que/lu/ce/art/
Dont/en/grad/ire/tho/mas/ment/
De/No/E/Jehan/In/no/cent/fut.

¶Pour congnoistre les ieusnes
des quatre temps de lannee.

Apres bran/pen/croix/luce/quatre temps
As pour ieusner sans faillir en nul temps.

¶Ly apres ensuyt comment les douze
signes ont gouuernement sur les principaulx membres du corps humain.

Vt celum signis presurgés est duodenis
Sic hominis corpus assimilatur eis
Nã caput & facies Aries sibi gaudet habere
Gutturis & colli ius tibi Taure datur
Brachia cũ manibus Gemini sunt apta
  decenter.
Naturam Cancri pectoris aula gerit.
At Leo uult stomachum: renes sibi uen-
  dicat idem.
Ast intestinis Virgo preesse petit.
Ambas Libra nates: ambas sibi uendi-
  cat hancas.
Scorpio uult anum: uultuqz pudéda sibi.
Inde Sagittari⁹ in copis uult dominari.
Amborũ genuũ uim Capricornus habet.
Regnat in Aquario crurũ uis apta decéter.
Piscibus est demũ cõgrua planta pedum.

¶Des sept Planettes.

¶Saturn⁹ niger. Jupiter uiridis. Mars
rubeus est. Sol croceus. Uenus albus.
Mercurius. Luna uarii sunt. Et dũ quisquis regnat nascitur puer sic coloratus.

¶Declaration du latin dicy dessus.

¶Cestadire que les douze signes dominét
le corps de lhõme diuise par douze parties:
ainsi comme est par iceulx signes le firmament diuise:& chascun signe regarde & gouuerne sa partie du corps ainsi quil est dit cy
dessus & apres sera demonstre par figure et
declare plus amplement. Comme Aries/
gouuerne le chef & la face. Taur⁹ gouuerne le col & la gorge. Gemini gouuerne les
bras & les mains. Cancer la poictrine. Leo
lestomach & les reins. Virgo gouuerne les
entrailles & le petit uêtre. Libra les hãches
et les fesses. Scorpio les parties hõteuses.
Sagittarius les cuysses. Capricornus les
genoulx. Aquarius les iambes. Pisces la
plante des piedz.

¶Pareillement est dict des planettes & de
leurs couleurs: car lenfãt ne soubz le regne
dune planette: sera de telle couleur quest la
planette qui dominoit en lheure de sa natiuite. Et de leur nature & propriete cy apres
sera declare.

¶ Figure pour trouuer a tousiours le nombre dor & la lettre dominicale.

i	ij	iij	iiij	v	vj	vij	viij	ix	x	xj	xij	xiij	xiiij	xv	xvj	xvij	xviij	xix
e	dc	b	a	g	fe	d	c	b	ag	f	e	d	cb	a	g	f	ed	c
b	a	gf	e	d	c	ba	g	f	e	dc	b	a	g	fe	d	c	b	ag
f	e	d	cb	a	g	f	ed	c	b	a	gf	e	d	c	ba	g	f	e
dc	b	a	g	fe	d	c	b	ag	f	e	d	cb	a	g	f	ed	c	b
a	gf	e	d	c	ba	g	f	e	dc	b	a	g	fe	d	c	b	ag	f
e	d	cb	a	g	f	ed	c	b	a	gf	e	d	c	ba	g	f	e	dc
b	a	g	fe	d	c	b	ag	f	e	d	cb	a	g	f	ed	c	b	a
gf	e	d	c	ba	g	f	e	dc	b	a	g	fe	d	c	b	ag	f	e
d	cb	a	g	f	ed	c	b	a	gf	e	d	c	ba	g	f	e	dc	b
a	g	fe	d	c	b	ag	f	e	d	cb	a	g	f	ed	c	b	a	gf
e	d	c	ba	g	f	e	dc	b	a	g	fe	d	c	b	ag	f	e	d
cb	a	g	f	ed	c	b	a	gf	e	d	c	ba	g	f	e	dc	b	a
g	fe	d	c	b	ag	f	e	d	cb	a	g	f	ed	c	b	a	gf	e
d	c	ba	g	f	e	dc	b	a	g	fe	d	c	b	ag	f	e	d	cb
a	g	f	ed	c	b	a	gf	e	d	c	ba	g	f	e	dc	b	a	g
fe	d	c	b	ag	f	e	d	cb	a	g	f	ed	c	b	a	gf	e	d
c	ba	g	f	e	dc	b	a	g	fe	d	c	b	ag	f	e	d	cb	a
g	f	ed	c	b	a	gf	e	d	c	ba	g	f	e	dc	b	a	g	fe
d	c	b	ag	f	e	d	cb	a	g	f	ed	c	b	a	gf	e	d	c
ba	g	f	e	dc	b	a	g	fe	d	c	b	ag	f	e	d	cb	a	g
f	ed	c	b	a	gf	e	d	c	ba	g	f	e	dc	b	a	g	fe	d
c	b	ag	f	e	d	cb	a	g	f	ed	c	b	a	gf	e	d	c	ba
g	f	e	dc	b	a	g	fe	d	c	b	ag	f	e	d	cb	a	g	f
ed	c	b	a	gf	e	d	c	ba	g	f	e	dc	b	a	g	fe	d	c
b	ag	f	e	d	cb	a	g	f	ed	c	b	a	gf	e	d	c	ba	g
f	e	dc	b	a	g	fe	d	c	b	ag	f	e	d	cb	a	g	f	ed
c	b	a	gf	e	d	c	ba	g	f	e	dc	b	a	g	fe	d	c	b
ag	f	e	d	cb	a	g	f	ed	c	b	a	gf	e	d	c	ba	g	f

¶ Noter fault que ceste figure fut commencee en l'an Mil cinq centz. xxxix. car alors estoit le nombre dor i & la lettre dominicale e. Dont fault aller ensuyuant de lettre dominicale a aultre, & dailct en la ligne soubz le nombre dor qui sera en lannee / on trouuera la lettre dominicale / & aussi le bissexte sil est occurrent en lannee. & quand serez a la fin retournez au commencement.

¶ Ly apres ensuyt une aultre figure pour trouuer les festes mobiles a tousiours.

¶ Table annuelle ⁊ perpetuelle pour a tousiours trouuer les festes mobiles.

Le nombre dor.	Lettres dñicales.	La septuagesime.	Quadragesime.	Pasques.	Les rogations.	La Pentecouste.
xvi		Janvier	Feurier	Mars	Auril	May
v	d	xviii	viii	xxii	xxvi	x
	e	xix	ix	xxiii	xxvii	xi
xiii	f	xx	x	xxiiii	xxviii	xii
ii	g	xxi	xi	xxv	xxix	xiii
	a	xxii	xii	xxvi	xxx	xiiii
x	b	xxiii	xiii	xxvii	May i	xv
	c	xxiiii	xiiii	xxviii	ii	xvi
xviii	d	xxv	xv	xxix	iii	xvii
vii	e	xxvi	xvi	xxx	iiii	xviii
	f	xxvii	xvii	xxxi	v	xix
xv	g	xxviii	xviii	Auril i	vi	xx
iiii	a	xxix	xix	ii	vii	xxi
	b	xxx	xx	iii	viii	xxii
xii	c	xxxi	xxi	iiii	ix	xxiii
i	d	Feurier i	xxii	v	x	xxiiii
	e	ii	xxiii	vi	xi	xxv
ix	f	iii	xxiiii	vii	xii	xxvi
	g	iiii	xxv	viii	xiii	xxvii
xvii	a	v	xxvi	ix	xiiii	xxviii
vi	b	vi	xxvii	x	xv	xxix
	c	vii	xxviii	xi	xvi	xxx
xiiii	d	viii	Mars i	xii	xvii	xxxi
iii	e	ix	ii	xiii	xviii	Juin i
	f	x	iii	xiiii	xix	ii
xi	g	xi	iiii	xv	xx	iii
	a	xii	v	xvi	xxi	iiii
xix	b	xiii	vi	xvii	xxii	v
viii	c	xiiii	vii	xviii	xxiii	vi
	d	xv	viii	xix	xxiiii	vii
	e	xvi	ix	xx	xxv	viii
	f	xvii	x	xxi	xxvi	ix
	g	xviii	xi	xxii	xxvii	x
	a	xix	xii	xxiii	xxviii	xi
	b	xx	xiii	xxiiii	xxix	xii
	c	xxi	xiiii	xxv	xxx	xiii

¶Il est ascauoir que l'an de la natiuite de nostre seigneur Jesus Mil cinq cētz.vli. nous auions pour lettre dñicale b. laquelle est en ceste figure soubz le menton du soleil (apres les deux lettres dñicales d c). Dōt de lad lettre de b fault aller a la lettre de a qui sera Mil.v.c.vlii. en montāt iusques a la ✝ et puis apres en descēdant. & ainsi consequēment vous trouuerez a perpetuite la lettre dñicale dun chascun an, mais si l'y en a deux signifie q̄ en cest an est le bissexte. Celle de dedās la grand roue, ne dure q̄ depuis le pm̃ier iour de l'an iusques a la sainct Mathias: et laultre qui est en dedans hors lad roue dure iusques au bout de l'an.

¶Aussi fault noter que audit an Mil cinq centz.vli. nous auions pour le nombre dor iii Lequel nombre est en la troiziesme maison dapres la ✝ Et ainsi cōsequemment fault descendre de maison en maison suyuant de nombre en aultre en montant & circulant iusques au nombre de vix qui est le dernier nombre prochain de la ✝ Puis recōmencer apres ladicte ✝ au nombre de i ii iii iiii &c. ainsi tousiours circulant & puis recōmencant/a perpetuite vous trouuerez le nombre dor dun chascun an iusques a la fin du mōde. Donc par ces deux figures pourrez trouuer en tous les ans la lettre dominicale & le nombre dor.

¶Nota istam collectam ad inueniendam septuagesimam : & per consequens alia festa mobilia perpetuis temporibus.

i   ii   iii   iiii   v   vi   vii   viii   ix   x   xi

Domine deus infunde nobis dona gratie beati apostoli iacobi piis meritis

vii /viii -viiii vv vvi vvii -vviii vvix.

reple tuos famulos bonis qui subdis colla gentium.

¶Nota q̄ quelibet dictio istius collecte tenet vnum annum:& quot sunt littere in qualibet dictione/tot sunt septimane a die dominica sequente diem natalis domini vsq̃ ad.lxx. et numerus desuper est aureus numerus. Cum autem perfeceris: reincipe Domine deus. Et hoc anno presenti.M.ccccc.vli. aureus numerus est.iii. sequenti anno erit.iiii. & sic consequenter. ¶Et nota q̄ inter.lxx.et primam dñicam.vt. sunt tres ebdomade. Et inter primam dñicam.vl.et diem pasche/sunt sex ebdomade. Et pascha vsq̃ ad rogationes/sunt dies.xxxvi. Et a rogationibus vsq̃ ad ascen. sunt dies.iiii. Et ab ascen.vsq̃ ad petecost.sunt dies.v. Et dñica post/est festum trinitat. Et feria.v.post/est festum corporis Christi. Et ita calculando omnia festa mobilia patebunt.

Januier.

Je me faictz Januier appeller
Le plus froid de toute lannee
Mais si me puis ie bien vanter
Que ma saison doibt estre aymee

Le filz de la Vierge honoree
En mon temps si fut circuncis:
Et alors estoit demonstree
Aux trois Roys lestoille de pris.

Januier a.xxxi.iour.
La lune.xxx.

Jn Jano claris calidisque cibis potiaris
Atque decens potus post fercula sit tibi notus
Ledit enim medo potatus tunc bene credo
Balnea tute intres/& venam scindere cures.

	iii	A		Januarii.	La circoncision de nostre seigneur.	i
		B	iiii	Noñ.	les octaues sainct estienne	ii
	vi	c	iii	Noñ.	les octa.s.iehan. saincte geneuiefue vier.	iii
		d	pridie	Noñ.	les octaues des innocens	iiii
	xix	e		None	sainct simeon moyne	v
	viii	f	viii	Id.	Les Roys	vi
		g	vii	Id.	sainct lucian martyr	vii
	xvi	A	vi	Id.	sainct frobert abbe	viii
	v	B	v	Id.	sainct nichanor disciple de Jesuchrist	ix
		c	iiii	Id.	sainct guillaume archeuesque	x
	xiii	d	iii	Id.	sainct igine pape & martyr	xi
	ii	e	pridie	Id.	Le Soleil en Aquarius.	xii
		f		Idus.	sainct remy archeuesq & hilaire euesque	xiii
	x	g	xix	calen. Februa.	sainct felix prebstre	xiiii
		A	xviii	calen.	sainct maur abbe	xv
	xviii	B	xvii	calen.	sainct marcel pape & martyr	xvi
xvi	vii	c	xvi	calen.	s.sulpice archeuesq s.anthoine abbe	xvii
v		d	xv	calen.	la chaire.s.pierre saincte prisce vierge	xviii
	xv	e	xiiii	calen.	sainct poncian martyr	xix
xiii	iiii	f	xiii	calen.	Sainctz fabian & Sebastian martyrs	xx
ii		g	xii	calen.	saincte agnes sainct parre martyr	xxi
	xii	A	xi	calen.	sainct vincent martyr	xxii
x	i	B	x	calen.	saincte emerentiane vierge & martyre	xxiii
		c	ix	calen.	Sainct Sauinian martyr	xxiiii
xviii	ix	d	viii	calen.	La conuersion sainct Paul	xxv
vii		e	vii	calen.	sainct policarpe martyr	xxvi
	xvii	f	vi	calen.	s.iulian euesq. saicte paule. s.iehã chrisost.	xxvii
xv	vi	g	v	calen.	saincte agnes. ii. sainct charlemaigne	xxviii
iiii		A	iiii	calen.	saincte sauine vierge	xxix
	xiiii	B	iii	calen.	la translation saincte anne	xxx
xii	iii	c	pridie	calen.	sainct potame confesseur	xxxi

¶ Noter fault que le nombre dor qui est cy dessus en la marge/est pour trouuer a perpetuite le dimenche de la septuagesime. Et quãd tu auras trouue le nõbre dor qui court en lannee:apres cerche la lettre dominicale du dimenche dapres:& ce iour la sera la septuagesime. Et se le nombre dor est sur le dimenche/ce nest pas ce iour la : mais est le dimenche ensuyuant.et est chose vraye & perpetuelle pour trouuer la septuagesime.

B i

Feburier.

Des douze moys le plus court suis   De Jesus lumiere royale
Mais en moy la vierge royale   Fit present es bras Simeon:
Alla au temple des iuifz   Ma saison est bien cordiale
Faire offrende trespeciale   Car il faict bon pres du tyson.

Feburier a.xxbiij.iours
La lune.xxix.

februus ad febres aptus:stomacho nocet egro.
Cephalicam patefac:gaudentqz propagine Bites.
Fac sepes:statuas oliueta:rosaria sparge.
Consere tunc canabum:lentem:atqz trimestria cuncta.

i		d		februarii.	sainct ignace euesque et mar. s.brigide.	i
	pi	e	iiii	Non.	La purification nostre dame.	ii
ip	pip	f	iii	Non.	sainct blaise euesque et martyr	iii
	Biii	g	pridie	Non.	sainct auentin confesseur	iiii
pBii		A		None	saincte agathe Bierge et martyrc	B
Bi	pBi	b	Biii	Id.	sainct amand et.s.Baast euesques	Bi
B		c	Bii	Id.	sainct richard roy et martyr	Bii
piiii		d	Bi	Id.	sainct salomon martyr	Biii
iii	piii	e	B	Id.	saincte apoline Bierge et martyre	ip
ii		f	iiii	Id.	saincte scolastique. Le Soleil en Pisces.	p
pi		g	iii	Id.	sainct didier euesque et martyr	pi
	p	A	pridie	Id.	saincte eulalie Bierge	pii
pip		b		Idus.	sainct lucian euesque	piii
Biii	pBiii	c	pBi	calen. Martii.	sainct Balentin martyr	piiii
Bii		d	pB	calen.	sainct faustin martyr	pB
		e	piiii	calen.	saincte iuliane Bierge et martyre	pBi
pB		f	piii	calen.	sainct siluain euesque	pBii
iiii		g	pii	calen.	sainct simeon martyr	pBiii
		A	pi	calen.	sainct eleuthere euesque	pip
pii		b	p	calen.	sainct gal prebstre	pp
i		c	ip	calen.	lppip.martyrs	ppi
		d	Biii	calen.	La chaire sainct Pierre.	ppii
ip		e	Bii	calen.	sainct policarpe cofess. Le lieu du bissepte.	ppiii
		f	Bi	calen.	Sainct Mathias apostre.	ppiiii
pBii		g	B	calen.	saincte constance Bierge	ppB
Bi		A	iiii	calen.	sainct Bictor confesseur	ppBi
		b	iii	calen.	sainct iulian martyr	ppBii
piiii		c	pridie	calen.	la translation sainct augustin.	ppBiii

Piscis habens lunam:noli curare podagram.
Tutus iter carpis:sit potio sumpta salubris.
Aruum debet emi:sponse sponsus sociari.

¶Il fault noter que si en lannee ou on sera/y a bissepte: quil conuient mettre
et adiouster encor bng iour entre la chaire sainct Pierre et la sainct Mathias.
et aussi changer de lettre dominicale. xc.

Mars.

Mars ie suis/noble ⁊ florissant
Tresgentil et tres vertueux
En moy herbes se vont leuant
Car ie suis large ⁊ plantureux

Puis le Karesme glorieux
Est en mon regne tous les ans
Mon temps est fort deuotieux
Il faict raddresser les errans.

¶ **Mars a .xxxi. iour.**
La lune .xxx.

Martius humores gignit variosq; dolores
Sume cibum pure cocturas si placet vre
Balnea sunt sana: sed que superflua vana
Vena non abscenda: nec potio sit tribuenda.

Nb. d'or		Lettre		Kal.	Feste	Jour
	iii	d		Martii.	sainct aulbin euesque et confesseur	i
		e	vi	Noñ.	la translation sainct sauinian	ii
	xi	f	v	Noñ.	sainct martin martyr	iii
		g	iiii	Noñ.	sainct adrian martyr	iiii
	xix	A	iii	Noñ.	sainct eusebe martyr	v
	viii	b	pridie	Noñ.	sainct iulian euesque	vi
		c		None.	sainct thomas daquin	vii
	xvi	d	viii	Id.	saincte perpetue martyre	viii
	v	e	vii	Id.	quarante sainctz martyrs	ix
		f	vi	Id.	sainct gorgon martyr	x
	xiii	g	v	Id.	sainct constantin confesseur	xi
	ii	A	iiii	Id.	sainct gregoire pape	xii
		b	iii	Id.	saincte euftase	xiii
	x	c	pridie	Id.	sainct appollinaire martyr	xiiii
		d		Idus.	sainct longin martyr	xv
	xvii	e	xvii	calen.	sainct patrice confesseur	xvi
	vii	f	xvi	calen.	saincte gertrude	xvii
		g	xv	calen.	sainct gabriel archange	xviii
	xv	A	xiiii	calen.	sainct ioseph confesseur	xix
	iiii	b	xiii	calen.	sainct vulfran confesseur	xx
xvi		c	xii	calen.	sainct benoist abbe	xxi
v	xii	d	xi	calen.	sainct alexandre martyr	xxii
	i	e	x	calen.	sainct theodore prebstre	xxiii
xiii		f	ix	calen.	sainct agapit martyr	xxiiii
ii	ix	g	viii	calen.	Lannunciation nostre dame	xxv
		A	vii	calen.	sainct montain martyr	xxvi
x	xvii	b	vi	calen.	sainct iehan hermite	xxvii
	vi	c	v	calen.	sainct gontran roy	xxviii
xviii		d	iiii	calen.	sainct euftache abbe	xxix
vii	xiiii	e	iii	calen.	sainct archippe disciple de nostre seignr	xxx
	iii	f	pridie	calen.	sainct guido abbe	xxxi

¶ Noter fault que le nombre dor qui est cy dessus en la marge/est pour trouuer a perpetuite le iour de Pasques. Et premier fault trouuer le nombre dor qui court en lannee: puis quand lauras trouue cerche la lettre dñicale du dimeche dapres/et ce iour la sera Pasques. Et se le nombre dor est sur le dimeche ce nest pas ce iour la: mais est le dimenche dapres. et est chose vraye et perpetuelle pour trouuer Pasques.

Apuril.

Je suis Apuril des plus iolys
De tous/en honneur et vaillance
Car nous fusmes tous affranchis
En mon teps par vng coup de lance
Par la saincte digne souffrance
De Jesus/qui tout rachepta
On en doibt auoir souuenance
Car en mon temps resuscita.

Apuril a.xxx.iours.
La lune.xxix.

Aprilis terras aperit:porosq3 relaxat.
Hinc scabies ventrem soluas:minuasq3 cruorem.
Querere opus poteris in apricis:ponere ostium.
Nascuntur vituli:sere melones apiumq3.

xv		g		Aprilis.	sainct theodore martyr	i
iiii	xi	A	iiii	Non.	sainct nicier archeuesque de Lyon	ii
		b	iii	Non.	sainct richard de Paris martyr	iii
xii	xix	c	pridie	Non.	sainct ambroise docteur & archeuesque	iiii
i	viii	d		None.	s. vincet de lordre des freres prescheurs	v
	xvi	e	viii	Id.	sainct prudent euesque & confesseur	vi
ix	v	f	vii	Id.	s. eusippe martyr (sainct Vinebauld	vii
		g	vi	Id.	saincte potentiane martyre	viii
xvii	xviii	A	v	Id.	sainct hugues archeuesque de Rouen	ix
vi	ii	b	iiii	Id.	sainct ezechiel prophete	x
		c	iii	Id.	Le Soleil en Taurus.	xi
xiiii	x	d	pridie	Id.	sainct leon pape	xii
iii		e		Idus.	sainct zenon euesque	xiii
	xviii	f	xviii	calen.Maii	sainct tyburce martyr	xiiii
xi	vii	g	xvii	calen.	sainct olympe martyr	xv
		A	xvi	calen.	sainct calixte martyr	xvi
xix	xv	b	xv	calen.	sainct helie prebstre	xvii
viii	iiii	c	xiiii	calen.	sainct iehan pape	xviii
		d	xiii	calen.	sainct Valentin confesseur	xix
	xii	e	xii	calen.	sainct Victor pape	xx
	i	f	xi	calen.	sainct Victorin abbe	xxi
		g	x	calen.	l'inuention sainct denys	xxii
	ix	A	ix	calen.	sainct george martyr	xxiii
		b	viii	calen.	s. robert abbe saincte oportune.	xxiiii
	xvii	c	vii	calen.	Sainct Marc euangeliste	xxv
	vi	d	vi	calen.	sainct laud euesque & confesseur	xxvi
		e	v	calen.	sainct iehan pape & martyr	xxvii
	xiiii	f	iiii	calen.	sainct Vital martyr	xxviii
	iii	g	iii	calen.	sainct pierre le martyr	xxix
		A	pridie	calen.	sainct eutrope euesque & martyr	xxx

Arbor plantetur:cum Tauro luna tenetur.
Non minuas:non edifices:nec semina spargas.
Et medicus caueat/cum ferro tangere collum.

B iiii

May.

De pareil a moy point naura   Car le May suys par qui paree
En trestoute ceste assemblee   Est mainte belle damoiselle
Car qui bien nommer me scaura   Et en mon temps fut approuuee
Je suis le franc roy de lannee   Des docteurs toute la querelle.

Mayus amat medicos:et balnea scindere venas.
Pinguis ager colitur operitur vitis ↄ arbor.
Tunc augentur apes:vituli castrantur:oueſqz
Tondentur:caseus premitur:lateres faciendi.

vi	b	Kal.	Sainct Phelippe ↄ.s. Jacqs apost. s.quirin m.	i
	c	vi Non.	la cõmemoration sainct Jacques.	ii
xix	d	v Non.	Linuention saincte croix	iii
viii	e	iiii Non.	Saincte Heleine vierge	iiii
	f	iii Non.	sainct hylaire euesque	v
xvi	g	pridie Non.	Sainct Jehan deuant la porte latine	vi
v	A	None	Saincte Mastie vierge	vii
	B	viii Id.	lapparition sainct Michel	viii
xiii	c	vii Id.	la translation sainct Nicolas archeuesque	ix
ii	d	vi Id.	la translation sainct loup euesque de Troyes	x
	e	v Id.	la translation sainct gengon	xi
x	f	iiii Id.	s.pacrace mart. Le Soleil en Geminis.	xii
	g	iii Id.	sainct seruais confesseur	xiii
xviii	A	pridie Id.	sainct boniface	xiiii
vii	B	Idus.	sainct valerian euesque	xv
	c	xvii calen.	Junii. sainct falle prebstre	xvi
xv	d	xvi calen.	la translation sainct bernard	xvii
iiii	e	xv calen.	sainct felix	xviii
	f	xiiii calen.	saincte potentiane vierge sainct yues confess.	xix
xii	g	xiii calen.	sainct eustace	xx
i	A	xii calen.	sainct secondin martyr	xxi
	B	xi calen.	sainct bernardin de lordre des freres mineurs	xxii
ix	c	x calen.	sainct didier euesque de Lengres ↄ martyr	xxiii
	d	ix calen.	la translation sainct dominique	xxiiii
xvii	e	viii calen.	sainct vrbain pape ↄ martyr	xxv
vi	f	vii calen.	sainct leon abbe sainct gond.	xxvi
	g	vi calen.	sainct iehan pape	xxvii
xiiii	A	v calen.	sainct germain euesque de Paris	xxviii
iii	B	iiii calen.	sainct maximian euesque	xxix
	c	iii calen.	sainct felix pape ↄ martyr	xxx
xi	d	pridie calen.	saincte petronelle vierge	xxxi

Brachia non minuas cum lustrat luna gemellos.
Vnguibus et manibus:cum ferro cura negetur
Nunqz portabis a promissore petitum.

Juing.

Chascun scait que iay saison belle
Car ie suis Juing le renomme
Qui faictz tondre la chose est telle
Brebis/moutons/a grand plante

En tout temps doibt estre loue
Celuy qui tant de biens ennoye
Car en mon temps est adtioue
Que tous biens viennent a montioye.

Juing. a. xxx. iours.
La lune. xxix.

fena cadunt Junio: tunc messis ad ordea prima.
Area triture reparanda est plana future.
fucos pelle: et apum castres aluearia: fabe.
Uellantur: caseus fit: et emplastratio pomis.

	e	Junii.	sainct marcellin & sainct pierre martyrs	i
xix	f	iiii Non.	sainct prothin martyr	ii
viii	g	iii Non.	sainct erasme euesque & martyr	iii
xvi	A	pridie Non.	sainct quirin martyr	iiii
v	b	None.	sainct boniface martyr	v
	c	viii Id.	sainct Claude archeuesque & confesseur	vi
xiii	d	vii Id.	sainct paul euesque	vii
ii	e	vi Id.	saincte syre vierge. sainct medard euesque	viii
	f	v Id.	sainctz prime & felician martyrs	ix
x	g	iiii Id.	la translation saincte Barbe	x
	A	iii Id.	Sainct Barnabe apostre	xi
xviii	b	pridie Id.	Le Soleil en Cancer.	xii
vii	c	Idus.	la translation s. barthelemy s. anthoine de pade	xiii
	d	xviii calen. Julii	Le Solstice estiual.	xiiii
xv	e	xvii calen.	sainct modeste & ses compaignons martyrs	xv
iiii	f	xvi calen.	sainct cir & saincte iulite martyrs	xvi
	g	xv calen.	sainct helie prophete	xvii
xii	A	xiiii calen.	sainctz marc & marcellian martyrs	xviii
i	B	xiii calen.	sainctz geruais & prothais martyrs	xix
	c	xii calen.	sainct siluer pape sainct Valerian	xx
ix	d	xi calen.	sainct ieoffroy abbe	xxi
	e	x calen.	sainct albain mart. les dix mil martyrs	xxii
xvii	f	ix calen.	sainct herigny & ses copaignons mart. Vigile.	xxiii
vi	g	viii calen.	La natiuite sainct Jehan baptiste	xxiiii
	A	vii calen.	la translation sainct eloy	xxv
xiiii	b	vi calen.	sainct iehan & sainct paul martyrs	xxvi
iii	c	v calen.	saincte symphorose vierge	xxvii
	d	iiii calen.	sainct leon pape & martyr. Vigile.	xxviii
xi	e	iii calen.	Sainct Pierre & sainct Paul apostres	xxix
	f	pridie calen.	la commemoration sainct Paul	xxx

Pectus/pulmo/iecur: in cancro non minuatur.
Somnia falsa vides: fit et vtilis emptio rerum.
Potio sumatur: securus perge viator.

Juillet.

Et ie croy se ie vous disoye
Les valeurs qui sont en mon faict
Qua grand peine creu ie seroye
Et si suis le mops de Juillet

Je suis ioyeux a peu de plaid
Pour tous biens faire toft meurir
Parquoy on doibt de cueur perfaict
En mon temps Jesuchrist seruir.

Juillet a.xxxj.iour.
La lune.xxx.

Julius et medicos vitat:retinetqz cruorem.
Vinaqz miscet aquis:falci resecatur auena.
Et proscissa prius iteratur terra:serantur
Lepulle:Vaccas iuuat et submittere thauris.

xix	g		Julii.	sainct thibault confesseur	i
viii	A	vi	Non.	La Visitation nre dame. s.processe a.s.martinian	ii
	b	v	Non.	la translation sainct Thomas apostre.	iii
xvi	c	iiii	Non.	la translation sainct Martin	iiii
v	d	iii	Non.	sainct paul archeuesque de Sens	v
	e	pridie	Non.	les octaues sainct Pierre a.s.Paul apostres	vi
xiii	f		None	la translation sainct thomas euesque a martyr	vii
ii	g	viii	Id.	sainct eracle euesque a mr. linuction.s.quetin	viii
	A	vii	Id.	les sept freres martyrs	ix
x	b	vi	Id.	la translation sainct benoist	x
	c	v	Id.	Les iours caniculaires.	xi
xviii	d	iiii	Id.	sainct nabor a ses compaignons martyrs	xii
vii	e	iii	Id.	sainct henry confesseur	xiii
	f	pridie	Id.	Le Soleil au Lyon.	xiiii
xv	g		Idus.	la diuision des apostres	xv
iiii	A	xvii	calen. Augusti.	sainct helere martyr	xvi
	b	xvi	calen.	sainct alexis confesseur	xvii
xii	c	xv	calen.	sainct arnoul euesque a confesseur	xviii
i	d	xiiii	calen.	saincte simphorose	xix
	e	xiii	calen.	saincte Marguerite vierge a martyre	xx
ix	f	xii	calen.	saincte iule vierge a martyre/pres Troyes.	xxi
	g	xi	calen.	La Magdeleine.	xxii
xvii	A	x	calen.	sainct apolinaire disciple	xxiii
vi	b	ix	calen.	saincte christine vierge a martyre	xxiiii
	c	viii	calen.	S.Jacques apostre. s.chrestofle martyr	xxv
xiiii	d	vii	calen.	sainct vrse euesque de Troyes a confesseur	xxvi
iii	e	vi	calen.	saincte Anne/mere de la Vierge Marie.	xxvii
	f	v	calen.	s.camelian euesq de Troyes. s.panthaleon mr.	xxviii
xi	g	iiii	calen.	Sainct Loup euesque de Troyes.	xxix
xix	A	iii	calen.	sainctz nazare a celse martyrs	xxx
	b	pridie	calen.	sainct germain euesque Daucerre.	xxxi

Cor grauat et stomachum:cum cernit luna leonem.
Non Vestes facias:non ad conuiuia Vadas.
Et nil ore Vomas:nec tunc medicamina sumas.

L i

Aoust.

Je suis Aoust/auquel nul loisir   Et pour iustement moissonner
Oÿ ne doibt prendre ou seiourner   Prier Jesus de tous noz cueurs
Mais faulcher/fener par plaisir   Que tous grains puissent foisonner
Mettre en grange/battre z vanner.   Pour substanter ses seruiteurs.

Aoust a.xxxi.iour.
La lune.xxx.

Augustus prohibet que Iulius:ac Venus absit.
Et gula:tunc napi:rape radiɔqz serantur.
Si tibi aque desunt/quere illas arte modoqz.
Insere pira citrum:tunc pascua flamma perurat.

viii	c		Augusti.	Sainct Pierre aux liens. les machabees mar.	i
pvi	d	iiii	Non.	sainct estienne pape ⁊ martyr	ii
v	e	iii	Non.	Linuention sainct Estienne prothomartyr	iii
	f	pridie	Non.	sainct aristarche disciple	iiii
piii	g		None	sainct dominique. sainct cassian.	v
ii	A	viii	Id.	La transfiguration. s.sixte martyr	vi
	b	vii	Id.	sainct doriat euesque ⁊ martyr	vii
p	c	vi	Id.	sainct cyriac ⁊ ses compaignons martyrs	viii
	d	v	Id.	sainct romain martyr Vigile.	ix
pviii	e	iiii	Id.	Sainct Laurens martyr	p
vii	f	iii	Id.	la translation de la saincte courône nostre seigneur	pi
	g	pridie	Id.	saincte claire Vierge	pii
pv	A		Idus.	sainct hippolite ⁊ ses compaignons martyrs.	piii
iiii	b	pip	calen.	Septébris. Le Soleil en Virgo. Vigile.	piiii
	c	pviii	calen.	Lassumption de la Vierge Marie.	pv
pii	d	pvii	calen.	sainct roch confesseur	pvi
i	e	pvi	calen.	sainct Memer martyr/a Lengres.	pvii
	f	pv	calen.	sainct agapit martyr	pviii
ip	g	piiii	calen.	sainct lops euesque de Marseille	pip
	A	piii	calen.	sainct bernard abbe de clereuaulx	pp
pvii	b	pii	calen.	sainct renobert abbe	ppi
vi	c	pi	calen.	sainct symphorian ⁊.s.timothee martyrs	ppii
	d	p	calen.	sainct longin martyr	ppiii
piiii	e	ip	calen.	Sainct Barthelemy apostre.	ppiiii
iii	f	viii	calen.	sainct Lops Roy de France.	ppv
	g	vii	calen.	sainct ruffe martyr	ppvi
pi	A	vi	calen.	sainct Vinian euesque	ppvii
pip	b	v	calen.	s.augustin euesque ⁊ docteur.—s.iulian mart.	ppviii
	c	iiii	calen.	La decollation sainct Jehan baptiste.	ppip
viii	d	iii	calen.	sainct fiacre confesseur	ppp
	e	pridie	calen.	sainct paulin martyr	pppi

Lunam Virgo tenens:Vporem du cere nost.
Viscera cum costis caueas tractare cruorem
Semen detur agro:dubites intrare carinam.

Septembre.

Celuy qui de moy se remembre
Se doibt esiouyr grandement
Car ie suis le moys de Septembre
Qui presente vin & froment

Dont on faict le sainct sacrement
Sur lautel en mainte contree
Parquoy on doibt ioyeusement
Priser sur tous ma bonne entree.

Septēbre a.xxx.iours.
La lune.xxix.

Septēber fructus maturos carpit:⁊ vuas
Colligit/⁊ mustum:morbos grauat ac pluuias fert.
Tunc vicie satio:formandaꝗ prata nouella.
Pisa seras:sisanum:farrago lupina papauer.

xvi	f		Septēbris.	sainct loup archeuesque de Sens. 6.gilles abbe	i
v	g	iiii	Noñ.	sainct anthonin martyr	ii
	A	iii	Noñ.	sainct ayoul martyr	iii
xiii	b	pridie	Noñ.	sainct marcel martyr 6.moyse prophete	iiii
ii	c		None.	sainct victorin martyr	v
	d	viii	Id.	sainct zacharie prophete	vi
x	e	vii	Id.	sainct memor ⁊ ses cōpaignons mart. 6.royne	vii
	f	vi	Id.	La natiuite Nostre dame. 6.adrian martyr	viii
xviii	g	v	Id.	sainct gorgon martyr	ix
vii	A	iiii	Id.	sainct nicolas de tolentin confesseur	x
	b	iii	Id.	sainctz prothin ⁊ hiacinct martyrs	xi
xv	c	pridie	Id.	sainct cir confesseur sainct thobie	xii
iiii	d		Idus.	sainct maurilion euesque	xiii
	e	xviii	calen. Octobris. Lexaltation saincte croix.		xiiii
xii	f	xvii	calen. Le Soleil en Libra. Equinoxe Autōnul.		xv
i	g	xvi	calen. saincte luce ⁊.s.geminian mar. 6.cufemie vier.		xvi
	A	xv	calen. sainct lambert euesque ⁊ martyr		xvii
ix	b	xiiii	calen. sainct ferreole martyr		xviii
	c	xiii	calen. sainct marin confesseur		xix
xvii	d	xii	calen. sainct eustache ⁊ ses cōpaignons. Vigile.		xx
vi	e	xi	calen. Sainct Matthieu apostre ⁊ euangeliste.		xxi
	f	x	calen. sainct maurice ⁊ ses compaignons		xxii
xiiii	g	ix	calen. saincte tecle vierge 6.lin pape ⁊ martyr		xxiii
iii	A	viii	calen. sainct andoche euesque ⁊ martyr		xxiiii
	b	vii	calen. sainct fremin euesque ⁊ martyr		xxv
xi	c	vi	calen. sainct cleophas		xxvi
xix	d	v	calen. sainct cosme ⁊ sainct damian martyrs		xxvii
	e	iiii	calen. sainct ennemond archeuesque de Lyon		xxviii
viii	f	iii	calen. Sainct Michel archange		xxix
	g	pridie	calen. sainct Hierosme prebstre ⁊ docteur		xxx

Libra tenens lunam:nemo genitalia tangat.
Aut renes/nates:nec iter tunc carpere debet.
Extremam partem libre cum luna tenebit.

Octobre.

Octobre/ie me puis prouuer
Plein de tous biés en tous endroictz
Ọn peult en ma saison trouuer
Froment/vin/aueine/et pois.

Semer me fault de cueur courtois
Parquoy chascun doibt par raison
Aduiser quen iceluy moys
Soit bien pourueu en sa maison.

Octobre a.xxxi.iour.
La lune.xxx.

Vina dat october: volucres fugat ordea linum.
Triticeam ⁊ palmam sere ⁊ ablaqueanda nouella.
Pomuq̃ conserues: cole predia: compara auenam.
Atq̃ alimenta quibus tibi opus sit tempore brume.

xvi	A		Octobris.	sainct remy archeuesque de Reims.	i
v	B	vi	Non.	sainct leger euesque ⁊ martyr	ii
xiii	c	v	Non.	sainct gengon martyr	iii
ii	d	iiii	Non.	sainct francois confesseur	iiii
	e	iii	Non.	sainct apolinaire euesque	v
x	f	pridie	Non.	saincte foy vierge. s.raphael archange	vi
	g		None.	sainct marc pape ⁊ confess. saincte iustine vier.	vii
xviii	A	viii	Id.	sainct demetre martyr	viii
vii	B	vii	Id.	Sainct Denys ⁊ ses copaignons martyrs	ix
	c	vi	Id.	saincte tanche vierge ⁊ martyre	x
xv	d	v	Id.	sainct nicaise archeuesque. s.quirin martyr	xi
iiii	e	iiii	Id.	sainct gabriel archange	xii
	f	iii	Id.	sainct lupien martyr sainct gerard euesque	xiii
xii	g	pridie	Id.	sainct calixte pape ⁊ martyr	xiiii
i	A		Idus.	s.leonard confess. Le Soleil en Lescorpion.	xv
	B	xvii	calen.	Nouembris. sainct berchaire abbe	xvi
ix	c	xvi	calen.	sainct florent mart. saincte marthe vierge	xvii
	d	xv	calen.	Sainct Luc euangeliste	xviii
xvii	e	xiiii	calen.	sainctz sauinian ⁊ potentian euesques ⁊ martyrs	xix
vi	f	xiii	calen.	sainct aderald prebstre ⁊ chanoine de Troyes	xx
	g	xii	calen.	saincte celine vierge les.xi.mil vierges	xxi
xiiii	A	xi	calen.	sainct mellon archeuesque. s.Vrsule vier.⁊ mar.	xxii
iii	B	x	calen.	sainct seuerin euesque. s.romain archeuesque	xxiii
	c	ix	calen.	sainct magloire euesq ⁊ confess. s.ragonde royne	xxiiii
xi	d	viii	calen.	sainctz crespin ⁊ crespinian martyrs	xxv
xix	e	vii	calen.	sainct front euesque	xxvi
	f	vi	calen.	sainct amand euesque. Vigile.	xxvii
viii	g	v	calen.	Sainct Simon ⁊.s.Jude apostres. s.pharon	xxviii
	A	iiii	calen.	sainct narcisque euesque sainct ynes	xxix
xvi	B	iii	calen.	sainct lucian martyr	xxx
v	c	pridie	calen.	sainct quentin martyr. Vigile.	xxxi

Scorpius augmentat morbos in parte pudenda.
Vulnera non cures: caueas ascendere naues:
Et si carpis iter: timeas de morte ruinam.

Nouembre.

Je faictz allumer maint tyſon
Nouembre ſuis qui regne a plein
Toute perſonne de raiſon
Doibt auoir viures / vin ⁊ pain

En priant au bon ſouuerain
Roy des cieulx / pour ſon ſauluement:
Car biens de terre pour certain
En moy prennent decliuement.

Nouembre a .xxx. iours.
La lune .xxix.

Queris habere focos: ignesq; niuose Nouember.
Prata noua instituis: seris allea pones oliuam.
Castaneam & triticum seris est generatio ouina.
Glans legitur: faber & cedit durantia ligna.

	d	Nouemb.	La feste de tous les Sainctz.	i
xviii	e	iiii Non.	La commemoration de tous fideles trespassez.	ii
ii	f	iii Non.	sainct hubert euesque & confesseur	iii
	g	pridie Non.	sainct eler martyr	iiii
x	A	None	sainct malachie prophete	v
	B	viii Id.	sainct leonard confesseur	vi
xviii	c	vii Id.	saincte florence	vii
vii	d	vi Id.	les quatres couronnez martyrs	viii
	e	v Id.	sainct theodore martyr	ix
xv	f	iiii Id.	sainct martin pape & confesseur	x
iiii	g	iii Id.	Sainct Martin archeuesque	xi
	A	pridie Id.	sainct rene euesque	xii
xii	B	Idus.	sainct brice euesque	xiii
i	c	xviii calen. Decembris.	Le Soleil en Sagittaire.	xiiii
	d	xvii calen.	sainct felix euesque & martyr	xv
ix	e	xvi calen.	sainct edme archeuesque & confesseur	xvi
	f	xv calen.	sainct anian euesque Dorleans	xvii
xvii	g	xiiii calen.	les octaues sainct Martin	xviii
vi	A	xiii calen.	saincte elizabeth veufue, royne de Hongrie	xix
	B	xii calen.	sainct edmond roy Dangleterre & martyr	xx
xiiii	c	xi calen.	La presentation de la Vierge Marie.	xxi
iii	d	x calen.	saincte cecile Vierge & martyre	xxii
	e	ix calen.	sainct clement pape & martyr	xxiii
xi	f	viii calen.	sainct grisogon martyr	xxiiii
xix	g	vii calen.	saincte Catherine Vierge & martyre.	xxv
	A	vi calen.	sainct lin pape & mar.　s.geneuiefue des ardetz.	xxvi
viii	B	v calen.	sainct Vital &.s.agricole martyrs	xxvii
	c	iiii calen.	sainct ruffe martyr	xxviii
xvi	d	iii calen.	sainct saturnin euesque & martyr　Vigile.	xxix
v	e	pridie calen.	Sainct Andry apostre.	xxx

Luna nocet femori per partes inota sagitte.
Vngues vel crines poteris præscindere tute.
De vena minuas: & balnea citius intres.

Decembre a .xxxi. iour.
La lune .xxx.

Vultq; focum assiduum genialis habere december.
Tum piper & pernas:sine cura bacchus amicat.
Frumenti satio est:lactuca serenda:ridicas
Et palos facias:corbos quoq; condi echinnos.

Nombre d'or	Lettre	Calendes	Feste	Jour
	f	Decēbris.	sainct eloy euesque de Noyon	i
xviii	g	iiii Noñ.	sainct longin martyr	ii
ii	A	iii Noñ.	sainct cassian martyr	iii
x	B	pridie Noñ.	saincte Barbe vierge & martyre	iiii
	c	None	saincte crespine vierge & martyre	v
xviii	d	viii Jd.	Sainct Nicolas archeuesque & confesseur	vi
vii	e	vii Jd.	la translation sainct Ambroise archeuesque	vii
	f	vi Jd.	La conception de la vierge Marie.	viii
xv	g	v Jd.	sainct ioachim/pere de la Vierge Marie	ix
iiii	A	iiii Jd.	sainct lazare martyr	x
	B	iii Jd.	sainct fuscian & ses compaignons martyrs	xi
xii	c	pridie Jd.	Le Soleil en Capricorne.	xii
i	d	Jdus.	saincte luce vierge & marty Le Holstice hyemal.	xiii
	e	xix calen.	Januarii: sainct nichaise archeuesque de Reims.	xiiii
ix	f	xviii calen.	sainct valentin	xv
	g	xvii calen.	sainct maximian	xvi
xvii	A	xvi calen.	sainct lazare disciple de nostre seignr Jesuchrist	xvii
vi	B	xv calen.	sainct gatian premier archeuesque de Tours	xviii
	c	xiiii calen.	sainct satyr	xix
xiiii	d	xiii calen.	la translation. s. euod archeuesque de Rouen	xx
iii	e	xii calen.	Sainct Thomas apostre.	xxi
	f	xi calen.	xxx. martyrs	xxii
xi	g	x calen.	sainct dagobert Roy de France	xxiii
xix	A	ix calen.	Vigile.	xxiiii
	B	viii calen.	La Natiuite nostre seigneur Jesuchrist	xxv
viii	c	vii calen.	Sainct Estienne premier martyr	xxvi
	d	vi calen.	Sainct Jehan leuangeliste	xxvii
xvi	e	v calen.	Les sainctz innocens martyrs	xxviii
v	f	iiii calen.	sainct thomas archeuesque & martyr	xxix
	g	iii calen.	s. Vrsin premier archeuesque de Bourges & disciple	xxx
xviii	A	pridie calen.	sainct siluestre pape. saincte columbe vierge.	xxxi

Capra nocet genibus:ipsam cum luna tenebit.
Intres aquam nauta:citius curabitur eger.
Fundamenta ruunt:modicam tunc durat idipsum.

¶Aultre prologue sur linstruction de certaines futures eclipses du soleil ⁊ de la lune.

LE maistre Berger compositeur de cest oeuure Apres auoir amplement parle des choses dessusdictes/⁊ icelles prouue par euidentes raisons:Considerant a par luy sur la speculatiue de son pastoral astrolabe certaine diffinition et doctrine de Astrologie:disant ainsi. Quòd corpora inferiora reguntur a superioribus. Cest a dire. Que les corps inferieurs et terrestres sont regis ⁊ gouuernez des superieurs ⁊ celestes. A bien voulu (affin de instruire les aultres simples bergeretz/ausquelz le conditeur des astres na pas tousiours imparty lesprit de astrologienne congnoissance) dedupre/escripre/⁊ mostrer les figures cy apres empraintes les eclipses du Soleil et de la Lune/qui seront aduiendront/et apparoistront au climat occidental/⁊ peult estre oriental (sil ny a obstacle preoccupant) tous les ans : depuis Lan Mil cinq centz quarante ⁊ vng/iusques en Lan Mil cinq centz cinquante et quatre. Et aussi en quel moys/a quel iour / et a quelle heure seront lesdictes eclipses/ et quantes parties du Soleil ou de la Lune serõt eclipsees. Laquelle instruction consideree:⁊ ioingt que toutes et quantes fois que le chef se deulst/les membres dependentz de luy se deulent et sen sentent. Iceulx petis bergeretz pourront facillement presager/prenostiquer/et congnoistre quelles ⁊ combien prouffitables ⁊ dommageables/fertiles ou steriles/bonnes ou mauuaises/seront les futures prochaines annees peu precedentes ou peu subsequẽtes lesdictes eclipsations : Pource que le Soleil chef des aultres planettes qui sont ses membres/aura lesdictes annees (et plus lune que laultre) fort a souffrir:Qui ne sera sans grãdea ⁊ merueilleuses coniectures de terribles choses aduenir.Et aussi des eclipses de la Lune.De leurs effectz inconstans ⁊ malicieux / ⁊ signamment des preiudiciables aux corps humains/⁊ biens de dessus la terre mis ⁊ a mettre.Nostre saufueur et redempteur Iesuchrist qui domine/regne/⁊ impere par dessus les estoilles/no⁹ vueille par son acoustumee et infallible prouidence et misericorde preseruer et garder.Et nous donner grace de si bien estudier icy bas au cours des planettes celestielles : cest a dire de acquerir bonnes vertuz et les ensuyure / affin que nous ne aillons point apres nostre vie finie astrologuer aux planettes infernalles de perpetuelle damnation. Desquelles nous vueille preseruer le seul dieu en trinite:Pere/filz/⁊ sainct esprit.

Amen.

¶ Aultre prologue sur linstruction de certaines futures eclipses du soleil ⁊ de la lune.

Et maistre Berger compositeur de cest oeuure Apres auoir amplement parle des choses dessusdictes/⁊ icelles prouue par euidentes raisons:Considerant a par luy sur la speculatiue de son pastoral astrolabe certaine diffinition et doctrine de Astrologie:disant ainsi. Quòd corpora inferiora reguntur a superioribus. Cest a dire. Que les corps inferieurs et terrestres sont regis ⁊ gouuernez des superieurs ⁊ celestes. A bien voulu (affin de instruire les aultres simples bergeretz/ausquelz le conditeur des astres na pas tousiours imparty lesprit de astrologienne congnoissance) deduyre/escripre/⁊ mõstrer les figures cy apres emprainctes les eclipses du Soleil et de la Lune/qui seront aduiendront/et apparoistront au climat occidental/⁊ peult estre oriental (sil ny a obstacle preoccupant) tous les ans : depuis Lan Mil cinq centz quarante ⁊ vng/iusques en Lan Mil cinq centz cinquante et quatre. Et aussi en quel moys/a quel iour / et a quelle heure seront lesdictes eclipses/et quantes parties du Soleil ou de la Lune serõt eclipsees. Laquelle instruction consideree:⁊ ioingt que toutes et quantes fois que le chef se deult/les membres dependentz de luy se deulent et sen sentent. Iceulx petis bergeretz pourront facillement presager/prenostiquer/et congnoistre quelles ⁊ combien prouffitables ⁊ dommageables/fertiles ou steriles/bonnes ou mauuaises/seront les futures prochaines annees peu precedentes ou peu subsequêtes lesdictes eclipsations : Pource que le Soleil chef des aultres planettes qui sont ses membres/aura lesdictes annees (et plus lune que laultre) fort a souffrir:Qui ne sera sans grãdes ⁊ merueilleuses coniectures de terribles choses aduenir. Et aussi des eclipses de la Lune. De leurs effectz inconstans ⁊ malicieux/ ⁊ signamment des preiudiciables aux corps humains/⁊ biens de dessus la terre mis ⁊ a mettre. Nostre sauueur et redempteur Jesuchrist qui domine/regne/⁊ impere par dessus les estoilles/nous vueille par son acoustumee et infallible prouidence et misericorde preseruer et garder. Et nous donner grace de si bien estudier icy bas au cours des planettes celestielles : cest a dire de acquerir bonnes vertuz et les ensuyure / affin que nous ne aillons point apres nostre vie finie astrologuer aux planettes infernalles de perpetuelle damnation. Desquelles nous vueille preseruer le seul dieu en trinite:Pere/filz/⁊ sainct esprit.

Amen.

¶Canon des eclipses.

¶Pour entendre la table des eclipses qui sensuyt : par laquelle Bergers congnoissent en quel an/en quel moys/en quel iour/et en quelle heure les eclipses se font/soit de soleil ou de lune:fault premierement scauoir que lheure de leclipse notee en ladicte table se doibt prēdre pour le temps que le luminaire (soit Soleil ou Lune) est en sa plus grande tenebre et obscurete. Et quand il est dict que leclipse dure vne heure ou deux/ce sentend en comprenant le temps que le luminaire commence a entrer en tenebres iusques au temps quil en sorte du tout. Item fault noter que ladicte table a este calculee principalement selon le meridien de la noble cite de Troyes:et selon la computation de noz horologes qui ne sont que demy horologes:car ilz ne contiennent que.vii.heures/tant pour le mydi que pour la mynuict:et pourtant est il declare en la table se leclipse est deuant mydi ou apres selon le nombre desdictes.vii.heures.

¶Sensuyt la table des eclipses : commencant en la presente annee Mil cinq centz.vlii. Et dure iusques a Mil.v.c.liiii.

Lan.Mil cinq centz vlii. le.vii. Iour de Mars a.iiii. heures et six minu.du matin / sera eclipse de lune grāde de.v.vi. poinctz.& durera.iu. heures et.vv.viii. minutes.

Leste mesme ānee Mil.v.c.vlii.le.vvi. iour daoust a.i.heure.vviii. minutes apres mydi sera le soleil eclipse de.iii. poictz.& durera vne heure et.vviii.mī. Pasqs.vii.auril.

Mil.v.c.vlii.sera eclipse de lune dūg poinct / le premier iour de mars a.viii. heures et.vvi.minutes apres mydi. et durera vne heure et.vviiii.minut. Pasques.ix.auril.

Mil cinq cētz.vliii. ne sera eclipse de soleil ne de lune.

Pasques le.vv. de Mars.

Mil.v.c.vliiii.an de bissepte serōt.iiii.eclipses.La pmiere eclipse de lune de douze poictz sera le.v.iour de Iānier a.v.heur. &.liiii.mi.deuāt mydy:& durera.iii.heures &.vv.viii.mī.

Leste mesme annee eclipse de Soleil de.vi.grandz poictz sera en Iānuier le.vviiii.io a.viii.heu.du matin. et durera.ii. heures et six minutes.

Leste mesme annee eclipse de Lune se fera le.iiii. iour de Iuillet a vii.heu.et.ii.minutes apres my di.& durera trois heures et.vlii.minutes.

Leste mesme annee autre eclipse se fera de la Lune.le.vvix. iour de Decēbre enuiron six heu.de matin.& durera.iii.heures et trente six minutes.

Pasqs.viii.Auril.

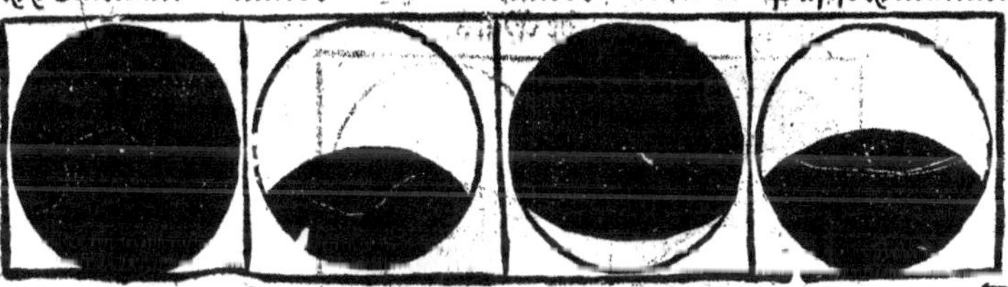

D i

L'an M.V.c.xlv
eclipse de Soleil
de trois poictz se
fera le.ix.iour de
Juillet a.viii.
heu.z.xix.minu-
tes du matin.et
durera vne heu-
et.xxx.vi.miñ.
Pasqs.v.Auril.

L'an Mil.V.c.
xlvi.ne sera
eclipse de So-
leil ne de lune.

Pasques le
xxv.Auril.

M.V.c.xlvii.se-
ront.iii.eclipses.
la pmiere le.iiii.
iour de May:biē
pres de nře mydi
Tropen.et sera
eclipse de lune de
viii.poinctz:z du
rera trois heuř.

L'este mesme
annee secōd ecli-
pse de Lune de
xi.poictz se fera
le.xxviii.docto
bre a.iiii.h.aps
mydi et.xxvi.
minu.z durera
iii.heures z.xx
minutes.

Le.iii.eclipse se-
ra du Soleil de
ix.grādz poictz/
se.xii.iour de no
uēbre a.i.heure
z.xxxix.minu.
aps mydi.z du-
rera.ii.heures et
v vi.minutes.
Pasqs.x.Auril.

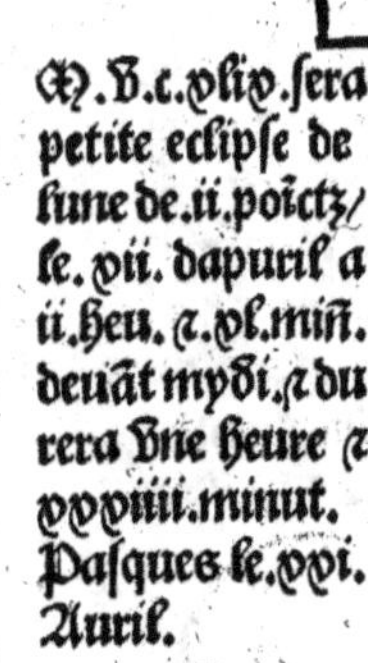
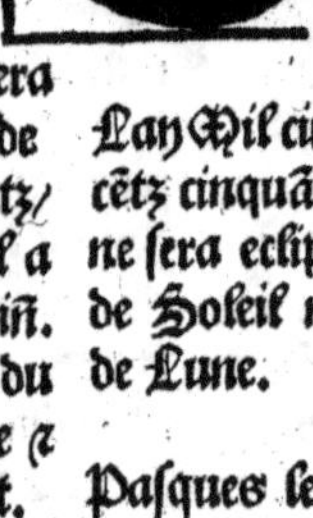
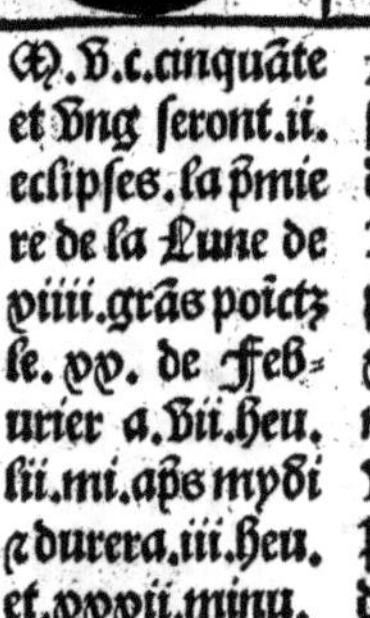
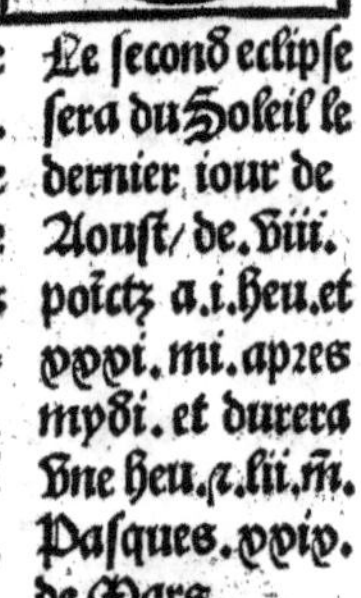

Mil.V.c.xlviii.
an de bissexte se-
ra eclipse de lune
de.xviii. poinctz
se.xxii.iour dap-
uril a.x.heuř.et
lv.minut.apres
mydi. et durera
iii.h.z.xlvi.mi.
Pasqs le.i.auril.

M.V.c.xlix.sera
petite eclipse de
lune de.ii.poictz/
se.xii.dapuril a
ii.heu.z.xl.miñ.
deuāt mydi.z du-
rera vne heure z
xxxiiii.minut.
Pasques le.xxi.
Auril.

L'an Mil cinq
cētz cinquāte
ne sera eclipse
de Soleil ne
de Lune.

Pasques le
vi.Auril.

M.V.c.cinquāte
et vng seront.ii.
eclipses.la pmie-
re de la Lune de
viiii.grās poictz
se.xx. de Feb-
urier a.vii.heu.
lii.mi.aps mydi
z durera.iii.heu.
et.xxxii.minu.

Le second eclipse
sera du Soleil le
dernier iour de
Aoust/ de.viii.
poictz a.i.heu.et
xxxi.mi.apres
mydi. et durera
vne heu.z.lii.ñ.
Pasques.xxix.
de Mars.

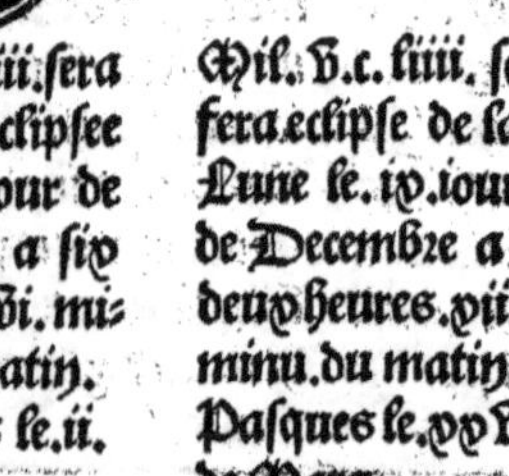

L'an Mil.V.c.
lii. ne sera ecli-
pse de Soleil
ne de Lune.

Pasques le
xvii.Auril.

M.V.c.liii.sera
la lune eclipsee
le.viiii. iour de
Jannier a six
heuř.xlvi.mi-
nu.du matin.
Pasques le.ii.
Auril.

Mil.V.c.liiii. se-
fera eclipse de la
Lune le.ix.iour
de Decembre a
deux heures.vii.
minu.du matin.
Pasques le.xxv
de Mars.

¶Toutes les eclipses de Soleil sont faictes par iour/¿ de la lune par nuict. Et se doibt cecy entendre des eclipses du Soleil et de la Lune a nous apparentz/ et lesquelles nous pouons veoir quand elles se font. Car leclipse du Soleil peult bien aduenir de nuict et leclipse de la Lune peult bien aduenir de iour. Mais telz eclipses napparoissent point a nous simples bergers.

¶Balade.

¶Tost est perdu auoir mal conqueste
Tost est deceu cuyder dhõme oultrageux
Tost est vaincu homme peu courageux
Tost est est reprins qui faict desloyaulte
Tost est saoule appettit desgoutte
Tost est lasse amy de plaisir faire

Tost despriser ce qui a cher couste
Tost est deffaict qui aultruy veult deffaire
¶Prince pour dieu ayez affection
Dentretenir la iustice ordinaire
Du aultrement ¿ par conclusion
Le peuple humain aura beaucoup affaire.

¶Sensupuent en latin certains bons regimes et enseignemés vtiles par lesquelz Bergers se gouuernent et font diuerses negoces tant pour la sante du corps que aussi pour paruenir a leurs intentions/et auoir des biens. Et tout selon les effectz diuersement causez par la variation de la Lune selon les douze signes.

Pocula Janus amat.
Tangere crura caue cum luna videbit aquosum.
Insere tunc plantas excelsas erige turres.
Et si carpis iter tunc tardius ad loca transis.
 Sed Februus Vlgeo clamat.
Piscis habens lunam nosi curare podagram.
Carpe viam tutus sit potio sumpta salubris.
 Martius arua colit.
Nil capiti noceas Aries cum luna refulget
De vena minuas ¿ balnea tutius intres
Non tangas aures nec barbam radere debes.
 Aprilis florida prodit.

Arbor plantetur cum Thaurum luna tenetur
Non minuas/non edifices/nec semina sparge
Et medicus caueat cum ferro tangere collum.
 Ros ¿ flos nemorũ Mayo sunt flores amorum.
Brachia non minuas cum lustrat luna gemellos.
Vnguibus ¿ manibus cum ferro cura negetur:
Nunq portabis a promissore petitum.
 Dat Junius fena.
Pectus/pulmo/iecur/in cancro non minuatur.
Somnia falsa vides: vtilis fit ¿ emptio rerum.
Potio sumatur securus perge viator.
 Julio reseratur auena.
Cor grauat ¿ stomachum cum cernit luna leonem.
Non facias vestes/non ad conuiuia vadas.
Et nil ore vomas: nec tunc medicamina sumas.

D ii

Augustus spicas.
Lunam virgo tenens vxorem ducere noli.
Viscera cum costis caueas tractare cruorem
Semen detur agro dubites intrare carinam.
Septembet colligit Vuas.
Lunam libra tenens nemo genitalia tangat
Aut renes/nates/nec iter tunc carpere debes
Extremam partem libre cum luna tenebit.
Seminat october.
Scorpius augmentat morbos in parte pudenda
Vulnera ne cures/caueas ascendere naues.
Et si carpis iter timeas de morte ruinam.
Spoliat Virgulta nouember.
Luna nocet femori per partes mota sagitte.
Vngues vel crines poteris prescindere tute.
De vena minuas/& balnea tutius intres.
Querit habere cibum porcum mactando december.
Capra nocet genibus ipsam cum luna tenebit
Intrat aquam nauta citius curabitur eger
Fundamenta ruunt modicum tunc durat idipsum. 
⊂ Epilogus sequitur omnium supradictorum.
Que vix antiqui potuerunt scribere libris
Decurrendo polum constanti mente rotundum
Aereasq3 domos tentando & sydera cuncta
Queq3 fluunt ex his & quo modo Sol moueatur
Intus habes collecta breui compendio & arte.

⊂ De duodecim signis ex Marco manilio.
Aurato princeps Aries in vellere fulgens
Respicit admirans aduersum surgere Taurum
Summisso vultu Geminos & fronte vocantem
Quos sequitur Cancer cancrum Leo virgo leonem
Aequato tum Libra die cum tempore noctis
Attrahit ardenti fulgentem Scorpion astro
In cuius caudam contentum dirigit arcum
Mixtus equo volucrem missurus iamq3 Sagittam
Tum venit angusto Capricornus sidere flexus
Post hunc inflexam diffundit Aquarius vrnam
Piscibus assuetas auide subeuntibus vndas
Quos Aries tangit claudentes vltima signa.

⊂ De quatuor partibus anni.
⊂ De Vere.
Verq3 nouum stabat cinctum florente corona
Pingens purpureo Vernantia prata colore

Et placidum vario necta de flore coronas
Vere nouo letis decorantur floribus arua
Veris honos tepidum floret Vere omnia rident.
℣De Estate.
Stabat nuda etas ҁ spicea serta gerebat
Horrida et ethiopis signis imitata figuram
Scindit agros estas phebeis ignibus ardens
Frugiferas aruis fert estas torrida messes
Flaua ceres estatis habet sua tempora regna.
℣De Autumno.
Stabat et Autumnus calcatis sordibus Vuis
Libra per Autumnum musto spumantia seruent
Pomifer Autumnus tenero dat palmite fructum
Vite coronatas Autumnus degrauat Vlmos
Fecundos autumne lacus de Vitibus imples.
℣De Hyeme.
Stabat hyems glacie canos hirsuta capillos
Luius nix humeros circundat flumina/montes
Precipitant.semperqҙ riget glacie horrida barba
Algentes hec durat aquas ҁ flumina nectit
Tristis hyems niueo montes Velamine Vestit.
Fin de la premiere partie du Compost
et Calendier des Bergers.

℣Prologue de la seconde partie.

AU nom du pere et du filz
et du sainct esprit:sensupt
larbre des Vices ҁ miroer
des pecheurs a Veoir ҁ cõ
gnoistre leurs pechez. Le
quel arbre est diuise en sept parties prin
cipales selon les sept pechez mortelz:ainsi
que si vng arbre auoit sept grosses bran
ches/et chascune branche auoit plusieurs
rameaux: Ainsi larbre des Vices a sept
parties principales/qui sont sept pechez
capitaulx: Lesquelles parties chascune
pouuoit estre dicte vng arbre a part soy:ҁ
ainsi seroyēt sept arbres lesquelz nous cõ
prenons en vng:pource que tous maulx
et pechez sont ҁ Viēnent dung commence
ment premier qui est du diable/et tēdent
en vne fin derniere : qui est damnation
eternelle pour tous ceulx ҁ celles lesquelz ny remedient par penitence en temps ҁ heure.

D iii

et contient cestuy chapitre deux parties principales. La premiere est larbre des vices z pechez. La seconde/sont les peines denfer par lesquelles les pecheurs seront punis. Chascun peche mortel est diuise par plusieurs branches/lesquelles sont diuisees par rameaulx ou petites branches : toutes sont pechez qui naissent z viennent les vngz des aultres/comme pourront congnoistre et entendre ceulx qui verront loeuure presente. Et est cecy faict et compose affin que les simples gens congnoissent leurs cosciences lesquelles doibuet estre maison de dieu/en sorte que les vertuz y puissent croistre et fructifier dont soyent aornees et parees/tellement que nostre seigneur Jesuchrist lespoux des ames vueille habiter z demourer auec elles/qui est la fin pour laquelle cestuy arbre des vices est faict et compose. La premiere grosse branche de cest arbre des vices/est orgueil:z pourroit estre comme vng arbre en soy diuise par .vii. branches capitales/nomees vaine gloire de soy. vaine gloire du siecle. Soy glorifier dauoir mal faict. Jactance. Inobedience. Desdaing. Tenter dieu. Epies. Mesprisement. Faulse bonte. Durte. Presumption. Rebellion. Obstination. Pecher sciemment Communier en peche. Et honte de faire bien. Desquelles braches de chascune dicelles naissent trois estocz/z de chascun estoc trois petites braches/qui font en somme cent cinquante z trois manieres par lesquelles on peult cometttre le peche dorgueil/qui est le premier/z duquel sera parle premierement. Et consequemment des aultres en semblable maniere.

¶ La declaration de larbre des vices.

¶ La premiere branche dorgueil.

Querir sa gloire et non celle de dieu.	Quand on cuyde ses biens quon a les auoir de soy Du que telz biens soyent deubz pour merite Cuider plus scauoir ou auoir quon na z quod ne scait
Hypocrisie.	Dissimuler par parolles estre meilleur quon nest Sembler par oeuures estre ce quon nest pas Querir louenge de son bien faict ou de lautruy.
Soy mespriser pour auoir louenge.	Mespriser son bien faict affin quon soit plus priser Repentir dauoir bien faict/si on nen a este loue Soy mespriser pour auoir plus grand louenge.

¶ La seconde branche dorgueil.

Pour ses richesses.	Quand pour les auoir on cuyde estre meilleur Du se sans les auoir on cuyde estre pire Auoir honte denauoir biés en toutes ses necessitez
Pour les pompes.	Soy delecter en ayant grande famille Soy esiouyr es gestes de son corps Du en facon z multitude de ses habitz.
Pour les honneurs.	Quad on quiert destre honore dautres que des siés Douloir honneur pour estre plus craint z doubte Du affin quon die quon soit trespuissant.

¶ La tierce branche dorgueil.

Gloire du mal.

Racompter peche.

Affin destre prise des mauluais ꝛ meschans
Du monstrer quon est prompt a mal faire
Delectant la recordation de ses malfaictz.

Soy esiouyr destre mauluais.

Pource quon ayme lamour du siecle
Du pource quon ne doubte pas dieu
Du car on nayme point dieu du cueur.

Nauoir honte destre mauluais.

Car on ne scait quest vertu/ou quest peche
Non soy humilier quon ne soit vaincu
Pour estre veu glorieux en faisant mal.

¶ La quarte branche dorgueil.

Iactance.

Soy louer.

Appertement deuant chascun ou plusieurs
Secrettement deuant vng/ou a part soy
Querir les occasions pour estre loue seulement.

Soy monstrer meilleur quon nest.

En celant les maulx quilz ne soyent veuz
Racomptant ses biensfaictz pour estre sceuz
Du les celant affin quilz soyent dictz plus grans.

Cuyder estre sage et ne lestre pas.

Se faire grand au iugement de soy seulement
En mesprisant le scauoir daultruy
Presumant de ses propres vertuz la grace de dieu.

¶ La cinquiesme branche dorgueil.

Inobedience.

Appertement contredire.

Mesprisant son prelat ou ceulx qui sont sur luy
Mesprisant le merite qui vient de obedience
Auoir desir de pouoir contredire aultruy.

Faire indeuement ce quon doibt.

Quand negligément on faict ce quon doibt faire
Du on le faict aultrement quil nappartient
Du pour euiter dommage ꝛ auoir proussit.

Grace importune requerir.

Quand coustumieremént ou souuent on renchoit
Ennuyeusement/ou effronte la demander
Inuisiblement perseuerer sans soy amender.

¶ La sixiesme branche dorgueil.

Desdaing.

Mespriser aultruy.

Pour leurs ignorances ꝛ faulte de scauoir
Pour leurs pouretez ꝛ carence de biens
Pour maladies ꝛ faulte de membres.

Se preferer deuant aultruy.

Soy monstrant grand pour aucunes oeuures
En comparation de ses faictz mespriser aultruy
En consideration daultre moindre/soy esleuer.

Mespriser moindre que soy.

Qui se veult comparer pour richesses ou sciences
Du qui est quasi aussi grand que soy
Du qui es choses dictes sont par dessus soy.

¶ La septiesme branche dorgueil.

Querant veoir signes.

Car on ne considere que les choses sensibles
Car on ne veult croire ce quon ne void point
Iuger choses deuant quelles soyent venues.

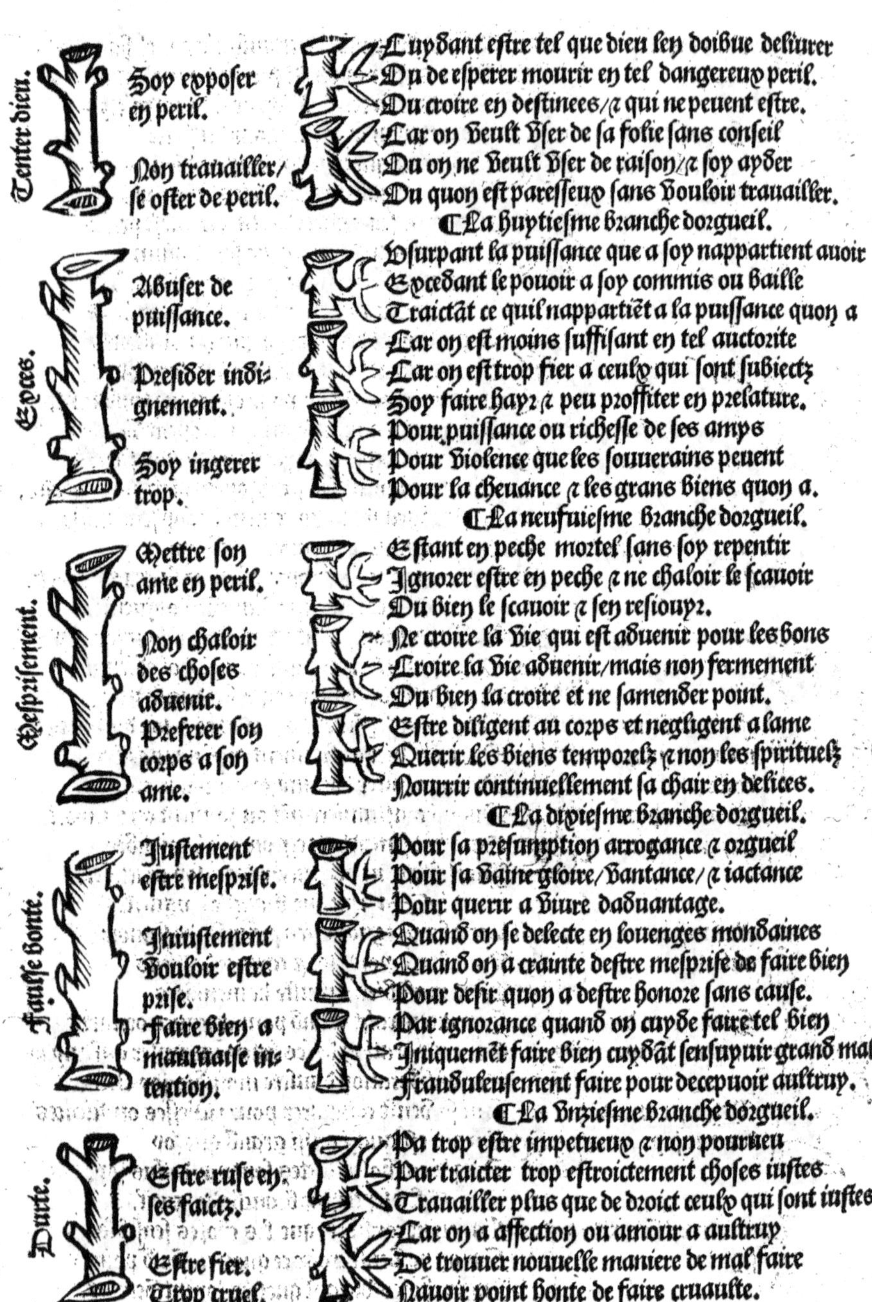

Cuydant estre tel que dieu len doibue deliurer
Ou de esperer mourir en tel dangereux peril.
Ou croire en destinees/ a qui ne peuent estre.
Car on veult vser de sa folie sans conseil
Ou on ne veult vser de raison/ a soy ayder
Ou quon est paresseux sans vouloir trauailler.

⸿La huytiesme branche dorgueil.

Vsurpant la puissance que a soy nappartient auoir
Excedant le pouoir a soy commis ou baille
Traictãt ce quil nappartiẽt a la puissance quon a
Car on est moins suffisant en tel auctorite
Car on est trop fier a ceulx qui sont subiectz
Soy faire hayr a peu proffiter en prelature.
Pour puissance ou richesse de ses amys
Pour violence que les souuerains peuent
Pour la cheuance a les grans biens quon a.

⸿La neufuiesme branche dorgueil.

Estant en peche mortel sans soy repentir
Ignorer estre en peche a ne chaloir le scauoir
Du bien le scauoir a sen resiouyr.
Ne croire la vie qui est aduenir pour les bons
Croire la vie aduenir/mais non fermement
Du bien la croire et ne samender point.
Estre diligent au corps et negligent a lame
Querir les biens temporelz a non les spirituelz
Nourrir continuellement sa chair en delices.

⸿La dixiesme branche dorgueil.

Pour sa presumption arrogance a orgueil
Pour sa vaine gloire/vantance/ a iactance
Pour querir a viure daduantage.
Quand on se delecte en louenges mondaines
Quand on a crainte destre mesprise de faire bien
Pour desir quon a destre honore sans cause.
Par ignorance quand on cuyde faire tel bien
Iniquemẽt faire bien cuydãt sensupuir grand mal
Frauduleusement faire pour decepuoir aultruy.

⸿La vnziesme branche dorgueil.

Pa trop estre impetueux a non pourueu
Par traicter trop estroictement choses iustes
Trauailler plus que de droict ceulx qui sont iustes
Car on a affection ou amour a aultruy
De trouuer nouuelle maniere de mal faire
Nauoir point honte de faire cruaulte.

Quand on requiert vne chose trop continuellement
Ou quand on est trop impetueux de sauoir
Ou estre trop enuieux en le requerant.

¶ La douziesme branche dorgueil.

Es faictz daultruy trouuer iousiours a redire
Ne croire que aultruy face bien pour dieu
Pour ses faictz estre content de soymesmes.
Pour soy esleuer & monstrer estre grand
Pour contrarier a ses prochains ou semblables
En blasphemant dieu ou ses sainctz & sainctes.
Quand on ne veult congnoistre ses defaultes
Quand on mesprise les defaultes daultruy
Entreprendre de paruenir a ce quon ne peult.

¶ La treiziesme branche dorgueil.

Ne pouoir endurer paciemment estre flagelle
Murmurer contre sa volunte de dieu
Pour estre flagelle blasphemer dieu.
Empescher que aulcun bien ne soit faict
Non ayder a faire bien quand on peult
Trauailler de sa force que aulcun ne face bien.
Affin de pecher plus liberalement
Pour familiarite quon a a celuy qui peche
Ou que ce mal quon deffend est plaisant.

¶ La quatorziesme branche dorgueil.

Non vouloir escouter dire son bien
Ou lescouter & ne samender point
Ou deuenir pire pour estre corrige.
Car on ne veult laisser le mal acoustume
On ne veult sadonner a bien faire
Ou quon se resiouist en recordation de mesfaict.
Faire contre conseil choses qui sont doubteuses
Aymer ce quon cuyde estre bien & ne lest pas
Estre adhere a mal sans y remedier.

¶ La quinziesme branche dorgueil.

Par presumption congnoissant quon faict mal
Par ignorance car on ne le veult congnoistre
Soy prouoquer & desirer de faire pecher & mal.
Par suyuir maoluaises compaignies
Pour acoustumance de faire quelque peche veniel
Non euiter vng peche quon pourroit euiter.
Par cogitation en son cueur seulement
Par parolles dictes legerement
Par operation faicte indiscretement.

Cōmuniāt les sacremēs.

Celebrant messe.

Ministrer tous sacremens.

Recepuoir le corps de Jesus christ.

Et estre en aulcune heresie
Du estre en sentence dexcommuniement
Du scientement en peche mortel.
Moins suffisant z indignement
Sans reuerence deue z indeuotement
Sans faire deuoir au peuple z indiscretement,
Sans honneur deuotion z reuerence
Furtiuement z de qui on ne doibt recepuoir
Le recepuoir contre conseil de plus sage que soy.

¶La dixseptiesme branche dorgueil.

Honte de bien faire.

Vouloir estre bon z en auoir honte.

Auoir honte destre bon et ne lestre pas.

Pour ressēbler ceulx qui font mal.

Par pusillanimite z faulte de courage
Par aymer negligēment quelque biens que ce soit
Pour cuyder estre honte/ce qui est honneur.
Pour complaire a daucunes personnes
Car on nayme pas ce qui est bien
Du car on est paresseux a bien faire.
Quand on sesiouyst en cōpaignie des mauluais
Pour euiter dommage de soy ou daultruy
Pour obtenir ce quon desire.

Fin des branches z rameaulx du peche dorgueil. Et sensuyuent celles denuie.

¶La premiere branche denuie.

Enuie.

Douloir de la prosperite de son prochain.

Ne soy esiouyr, de la prosperite de son pchain.

Hesiouyr des aduersitez de son prochain.

Car tu desires que ton prochain aye mal
Car tu ne peulx soustenir ne veoir son bien
Affin que tu le puisses opprimer en misere.
Quand il ta faict autresffois iniures
Du ne ta pas dōne le bien que tu luy as requis
Du tu ne peulx soustenir z tesiouyr de son bien.
Lesquelles tu luy faictz/ou en es cause
Du aultre les luy faict z non pas toy
Du car il souffre par diuine iustice.

¶La seconde branche denuie.

Detraction.

Pour cause de legerete.

Pour haine criminelle.

En mentant scientement.

Par mauluaise acoustumance de ainsi faire
Du pour complaire a aucunes gens
Ne regardant ce quon dict/pouoir nuyre a aultruy.
En controuuant vng mal qui nest pas vray
En rapportant quon sa ouy dire ou quilest vray
En escoutant dire des aultres ce qui est vray.
Affin de porter dommage a aultruy
Que aucun bien naduienne a celuy quon hait
Du pour z affin quil soit diffame.

¶La tierce branche denuie.

Nuyre soubz couleur de bon semblant.

Dire auoir ce que on na:ou scauoir ce quil nest pas
Le que on na faict faire/ou dire plus quil nen est
Nourrir/soustenir/ou deffendre autruy en folie.

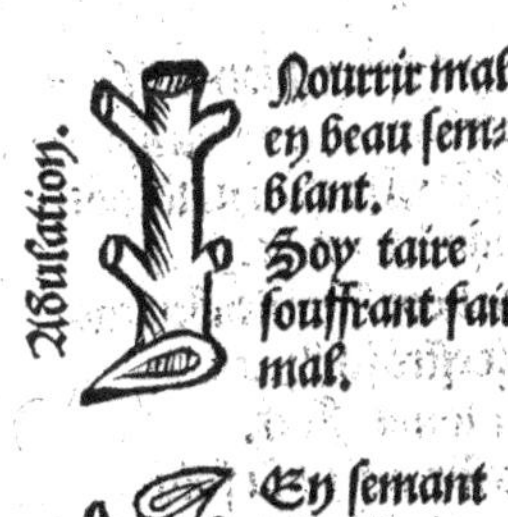

Adulation.

Nourrir mal en beau semblant.
Soy taire souffrant faire mal.

Dire ce qui prouffite ou qui nuyst par flaterie
Aucunesfois flaterie venielle ou mortelle
Dire ce qui ne prouffite ne nuyst par adulation.
Pour en auoir aucun gaing ou prouffit
Pour complaire a aucune personne
Pour ne perdre lamour de celuy qui faict mal.

¶La quarte branche denuie.

Susurration.

En semant discordes.
Faire q discordes durent.
Non labourer pour la paix.

Par persuasions esmouuant les parties
Ou par mensonges z menteries.
Ou en rapportant meschant languaige.
Car tu veulx auoir seul lamour daucun
Ou tu veulx auoir ayde pour luy nuyre
Ou ne te chault du salut de ceulx qui sont discordes.
Par malice/car tu ne vouldrois paix estre faicte
Car tu ne veulx trauailler pour paix faire
Ou tu es negligent dy trauailler.

¶La cinquiesme branche denuie.

Esclandre le sainct esprit.

En scandalizant les bons.
Cuyder chose pesante seruir dieu.
Non ayder aux bons en tribulation.

En peruertant leur bien ou lempeschant
Querir occasion de les troubler en entendement
Les retraire de lamour de plusieurs.
En abusant des graces de dieu
Estre remis ou lasche faisant bonnes oeuures
Non aymer dieu.
Laquelle souftiennent pour lamour de dieu
Ou pour penitence de leurs pechez
Ou pour acquerir gloire.

¶La sixiesme branche denuie.

Suspition.

Trop tost croire.
Trop fermement croire.
Honnest croire.

Par quelconque occasion indifferemment
Car quelque chose quon te dye tu le crois
Ou quelque menterie qui te soit dicte.
Car tu crois trop ce que tu ne doibs croire
Ou car tu es trop leger de croire
Ou car tu iuges les bons sans discretion.
Choses incredules et qui ne peuent estre
Quand plusieurs fois en as este deceu
Car tu ne peulx non croire.

¶La septiesme branche denuie.

Accusation.

De vray.
De faulx.

Quand cest par vindication de celuy quon accuse
Quand pour legerete quon a daccuser aultruy
Ou quon accuse quelquung pour complaire a aultruy.
Quand on côtrouue le mal duquel on accuse
Quâd on ne scait celuy qui est accuse auoir coulpe
Quand on accuse de mal pour cause de haine.

Des choses doubteuses.

Querant occasion de nuyre a celuy quon accuse
Affermant estre vray sincertain dont on accuse
Imposer le mal quon cuyde estre/z on ne le scait.

¶La huytiesme branche denuie.

De parolles.

Par force de iurer.

Par sainctes euangiles.

Qui sont ambigues/ou ont double entendement
Manifestement quon scait estre faulses
Querant occasion de celer le mal faict.
En redondant le mal a celuy qui ne la faict
Pour soy monstrer innocent du malfaict
Pour euader destre puny du mal faict.
Combien que ce soit par contraincte de soy pariurer
Et puis se on le faict voluntairement
Du iurer impourueu de ce quon iure.

¶La neufuiesme branche denuie.

Non congnoistre les benefices de dieu.

Rendre mal pour bien.

Ne rendre bien pour bien.

Quand ou combien on a receu
Pour quelle bonte/car sans deserte les nous faict
Du quelle chose est digne pour luy retribuer.
A celuy qui ta secouru en ta necessite
A celuy qui ta conseille a ton besoing
A celuy qui ta deffendu ou garde de mal.
Mais faire mal a celuy qui ta faict bien
Du ne faire ne mal ne bien a qui ta bien faict
Du pour grand bien receu rendre vng petit.

¶La dixiesme branche denuie.

Des faictz daultruy (z nen appartient.

Faisant faulx iugement.

Mal/z estre bon ou le contraire.

Par ignorance/ou quon ny regarde pas
En doubte de cela dequoy on ne scait riens
Du en iuger sans en estre requis.
Pour aucun pris receu ou a recepuoir
Par amour ou par haine
Par certaine malice z deliberement.
Par legerete/car on en est coustumier
Du ainsi iuger/cuydant le faire par esbatement
Du scientement pour vouloir nuyre.

¶La vnziesme branche danarice.

En choses temporelles.

En choses spirituelles.

Du de conseil.

Ne donner aux poures biens qui sont superflus
Retenir toutes choses licites sans en departir
Biens quon expose en mauuais vsages.
Non estre songneux du salut des pecheurs
Non admonnester pecheurs de samender
Non enseigner a aultruy le bien quon scait.
Ne donner conseil a ceulx qui le demandent
Du donner mauuais conseil scientement
Du ne cõseiller quand on peult celuy qui faict mal.

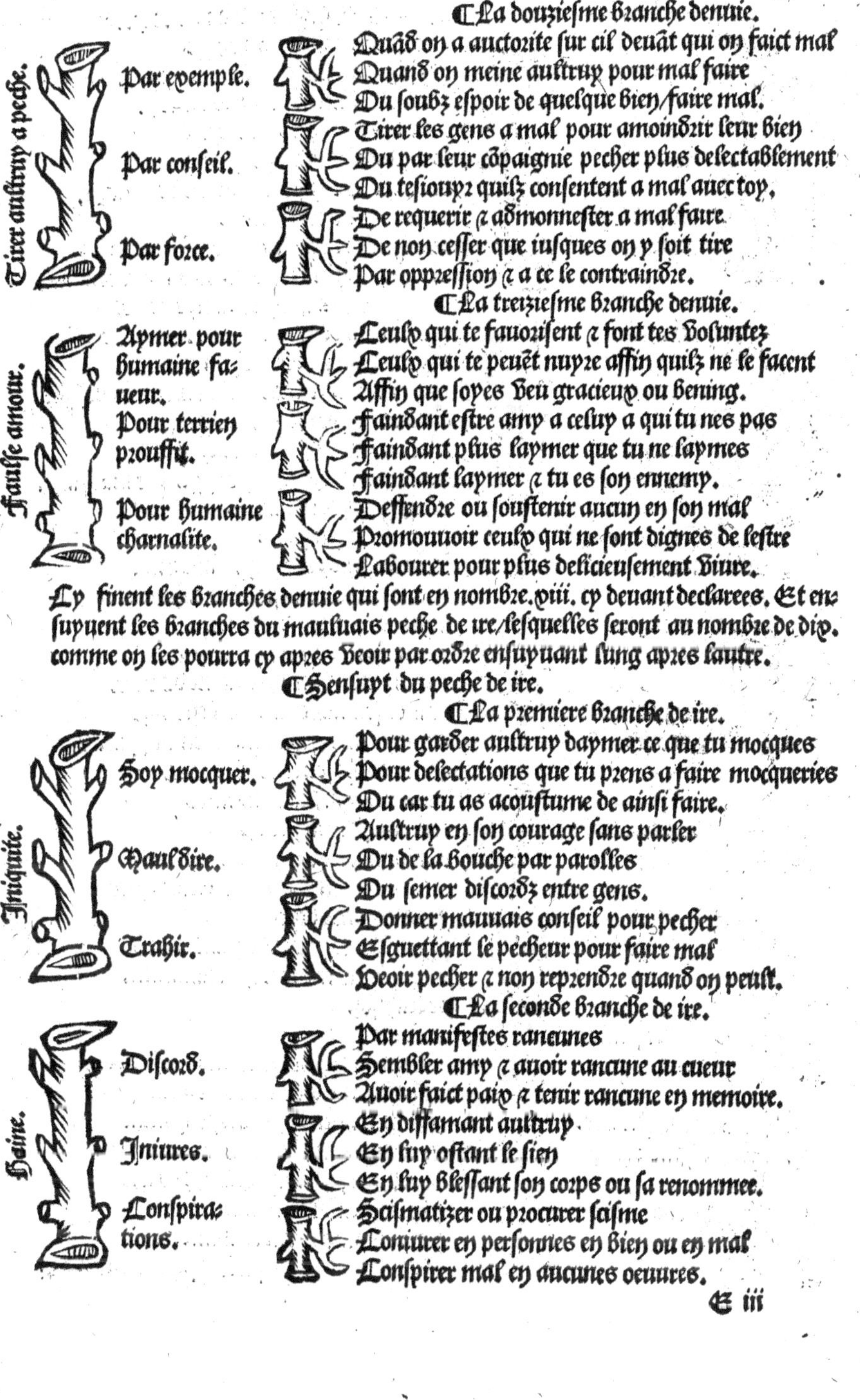

¶La douziesme branche denuie.

Quãd on a auctorite sur cil deuãt qui on faict mal
Quand on meine aultruy pour mal faire
Du soubz espoir de quelque bien/faire mal.
Tirer les gens a mal pour amoindrir leur bien
Du par leur cõpaignie pecher plus delectablement
Du tesioupz quilz consentent a mal auec toy,
De requerir ꝗ admonnester a mal faire
De non cesser que iusques on y soit tire
Par oppression ꝗ a ce le contraindre.

¶La treiziesme branche denuie.

Ceulx qui te fauorisent ꝗ font tes voluntez
Ceulx qui te peuĕt nuyre affin quilz ne le facent
Affin que soyes veu gracieux ou bening.
Faindant estre amy a celuy a qui tu nes pas
Faindant plus laymer que tu ne laymes
Faindant laymer ꝗ tu es son ennemy.
Deffendre ou soustenir aucun en son mal
Promouuoir ceulx qui ne sont dignes de lestre
Labourer pour plus delicieusement viure.

Cy finent les branches denuie qui sont en nombre.viii. cy deuant declarees. Et en suyuent les branches du mauuais peche de ire/lesquelles seront au nombre de dix. comme on les pourra cy apres veoir par ordre ensuyuant lung apres lautre.

¶Hensuyt du peche de ire.

¶La premiere branche de ire.

Pour garder aultruy daymer ce que tu mocques
Pour delectations que tu prens a faire mocqueries
Du car tu as acoustume de ainsi faire.
Aultruy en son courage sans parler
Du de la bouche par parolles
Du semer discordz entre gens.
Donner mauuais conseil pour pecher
Esguettant le pecheur pour faire mal
Veoir pecher ꝗ non reprendre quand on peust.

¶La seconde branche de ire.

Par manifestes rancunes
Sembler amy ꝗ auoir rancune au cueur
Auoir faict paix ꝗ tenir rancune en memoire.
En diffamant aultruy
En luy ostant le sien
En luy blessant son corps ou sa renommee.
Scismatizer ou procurer scisme
Coniurer en personnes en bien ou en mal
Conspirer mal en aucunes oeuures.

E iii

¶La tierce branche de ire.

Continuellement.

Opprobres.

Parolles aspres.

Nuyre a son prochain.

Reprocher sa pourete ou on est
Les flagellations quon a ⁊ quon a eu
Quon soit venu de poure condition.
Pleines de reproches ⁊ iniures
Prouocant aultruy a courroux
Telles quelles/⁊ peuent porter dommage.
Par parolles oultrageuses
Par blesseure de son corps/ou homicide
Par luy soubstraire ses biens ou sa renommee.

¶La quarte branche de ire.

Consentir.

Namender les aultres qui peult.

Sesiouyr de mal.

Ayder a faire mal.

Quand on a domination sur le pecheur
Du quand on est bien son familier
Qui ayde a faire mal ⁊ le pourroit empescher.
Louer ⁊ esiouyr les pecheurs
Non douloir des pechez quilz font
Ne corriger ceulx qui sesiouyssent de mal faire.
Par conseil que tu bailles
Par ayde que tu faictz
Car tu deffendz celuy qui faict mal.

¶La cinquiesme branche de ire.

Tensonner.

Impugner bonte.

Frequenter les noises.

Contendre par parolles.

Croyant en aucune heresie
Pour auoir a boire et a manger
Pour lamour daucun ⁊ hayne daultre.
Par acoustumance:car on si esiouyst
Par haine manifeste quon veult apparoir
Pour rancune secrettes au cueur.
Comme en questions inutiles
Pour monstrer sa science
Pour contredire celuy a qui on parle.

¶La sixiesme branche de ire.

Homicide.

En deffendant.

Occire sciemment.

Quon ne cuyde pas occire.

Ayant volunte doccire
Soy ou aultruy sans volunte doccire
Occir incautement ou ignoramment.
Par trahison
Par haine
Car celuy quon occist/il semble estre bon.
Cuydant faire bien on occist aucun
En iactant aucune chose ioyeusement
Du par luy bailler medecine.

¶La septiesme branche de ire.

Desrea.

Pour iniure faicte.

En disant semblables iniures
En disant plus grandes iniures
Du iniures combien quelles soyent moindres.

Luyder son dommage/et non est.
Pour faulte daucune chose.

Nuyre a celuy qui corrige pour bien
Du faire mal a celuy qui a bien faict
Hil te desplaist ce quon faict pour ton bien.
He aucun ne ta donne ou preste de ses biens
Du quil na faict pour toy/ce que nestoit tenu
Du ne te ayde a faire ton mal.

¶La huytiesme branche de ire.

Impacience.

Es iugemens de dieu.
En ses miseres
Des iniures des voisins.

Quand te desplaist ce quil plaist a dieu
Du car ne te plaist la volunte de dieu
Du que tu hays/ce que dieu veult estre faict.
He tu es en aucune maladie
Du se tu es en grande pourete
Du se tu as aucunes aduersitez.
Car ilz tont mesdict par parolles
Du ilz tont mesfaict en ton corps
Du tont mesfaict en tes biens.

¶La neufuiesme branche de ire.

Clameur.

Debattre pour choses inutiles.
Dire mensonges ou faussete.
Quacqueter.

Comme de beaulte de femmes
Du de sa lignee ꝛ de ses parens
Du de choses qui nuysent.
Par droicte malice
Par vantance ꝛ iactance
Par fraulde ꝛ infidelite.
Pour vaincre par force de parler
Du ennuyer par quacqueter
Du par plaisance quon y prend.

¶La dixiesme branche de ire.

Blasphere.

Sentir de dieu ce quil ne appartient.
Affermer de dieu choses indignes.
Dire estre dieu ce qui ne lest pas.

Comme de souueraine puissance
Du de sa tresgrande bonte en nous
Du de sa iustice.
Par aucune erreur en quoy on est
Par crainte de perdre
Pour couuoitise de gaigner.
En croyant comme font idolatres
En opinant par mal entendre
Faire contre les statutz de leglise.

¶Cy finent les branches de ire : et sensuyuent celles de paresse qui sont cogitations mauluaises:ennie de bien : legerete a mal.pusillanimite:volunte mauluaise : fraction de veux : impenitence : infidelite : ignorance : vaine tristesse : laschete : male esperance : curiosite:euagation:empeschement de bien : et dissolution.

¶Sensuyt du peche de paresse.

E iiii

¶La premiere branche de paresse.
Cogitation mauuaise.
Cogitation superflue.
Cogitation douloureuse.
Cogitation detestable.
Soy delecter en souuenance de mal
Penser que peche soit doulce chose
Longue demeure en pensee de mal.
Comment occultement on puisse nuyre
Du imputer son mal faict a aultruy
Comme faisant mal se dire estre bon.
Comme on puisse mal faire
Comme en faisant mal on puisse perseuerer
Comme on puisse resister au bien.
¶La seconde branche de paresse.
Enuie de bien.
Pecher par acoustumance.
Pecher par malice.
Du par desir de non laisser mal.
Car les aultres pechent pareillement
Car la coustume est de ainsi faire
Car il ny a qui le repreigne quil faict mal.
Quand aucun ayme mal/ et pource faict mal
Quand on ayme le bien et on ne le faict mye
Quand on hait le bien et on ayme le mal.
Quand aucun faict bien maulgre soy
Quand on ne sesiouyst en faisant bien
Quand il ne desplaist se on faict mal.
¶La tierce branche de paresse.
Promptitude a mal.
Par inconstance.
Par pusillanimite.
Par curiosite.
En delaissant le bien quon congnoist
En muant souuent son propos et conseil
Foiblir en aduersite/ et sesleuer en prosperite.
Soy soubstraire de bien
Deffaillir a la grace de dieu
Craindre de commencer ce qui est bonne chose.
En querant choses inutiles et nouuelles
Plaisamment ouyr rumeurs et fables
Querir choses nouuelles par sa volunte seulle.
¶La quarte branche de paresse.
Pusillanimite.
Craindre ou on ne doibt.
Craindre plus que on ne doibt.
Craindre ceulx que on ne doibt.
Craindre ce que sil aduient nest dommage
Perdre biés spirituelz/ et non perdre ses temporelz
Se temporelle aduersite semble estre trop griefue.
Faire trop grand dueil de ce quon a perdu
Douloir quon na ce quon desire auoir
Douloir quand il aduient choses oultre son gre.
Comme detracteurs quand on dit iustement
Du deffendre les mauuais pour leur complaire
Du quilz ne nuysent se on faict bien.
¶La cinquiesme branche de paresse.
Douloir faire mal.
Qui soit au deshonneur de dieu
Du au dommage de son prochain
Du a la damnation de son ame.

Volūte mauuaise.

Vouloir pouoir mal faire.
- Pour la delectation du mal
- Pour la desplaisance du bien
- Du quon na Vouloir de faire aucun bien.

Soy delecter tant que on peust.
- Non resister aux mauuaises cogitations
- Aymer mauuaises delectations
- Appeter comme on se puisse delecter.

¶ La sixiesme branche de paresse.

Fractiō de Veuz.

Par negligéce.
- Qui peult faire Veu/⁊ le mesprise a faire
- Qui faict moins de son Veu quil na promis
- Qui ne acōplist son Veu de bon courage cōe on doibt

Par oubliance.
- De Veu solennel secret/ou choses y appartenātes
- De Veu promis pour soy/ou pour aultruy
- De Veu faict dentrer en religion.

Par mespri-sance.
- Ne acōplir son Veu quand on a bien opportunite
- Du qui ne peult/⁊ ne faict aultre bien semblable
- Du quon na douleur quon ne le peult acomplir.

¶ La septiesme branche de paresse.

Impenitence.

Viure et non faire penitence.
- Par finale impenitence de non iamais se repentir
- Par dilation de iour en iour se repentir
- Par mesprisement quon ne se Veult repentir.

Nauoir honte de pecher.
- Quand apres peche/on est prest de pecher
- Quand on na point de honte du mal quon a faict
- Du sans douleur sesiouyr auoir mal faict.

Propos de pe-cher.
- Estre delibere dacomplir peche mortel
- Apres quon a peche trauailler dy demourer
- Querir occasion de rencheoir en nouueau peche.

¶ La huytiesme branche de paresse.

Infidelite.

Non croire ce quon doibt croire.
- Comme croyent les iuifz ⁊ aultres infidelles
- Qui ne scait ⁊ ne Veult ouyr les articles de la foy
- Du qui les oyt dire ⁊ ne les croit pas.

Croire ce quon ne doibt croire.
- En faulx dieux comme croyent les payens
- En idolles ⁊ quelques simulachres
- Du croire en choses diaboliques comme sorceries.

Croire lasche-ment.
- Doubter de ce quon doibt croire fermement
- Croire ⁊ non fermement ce quon doibt
- Facilement soy laisser seduyre de sa creance.

¶ La neufuiesme branche de paresse.

Ignorance.

Indiscretion.
- Faire sans conseil ce qui doibt estre conseille
- Faire sans maniere ce ou on la doibt tenir
- Faire sans sagesse ce ou elle est requise.

Le quon doibt scauoir.
- Mespriser scauoir/⁊ ne Vouloir estre enseigne
- Ne trauailler dapprendre ce quon doibt scauoir
- Non proposer ⁊ non chaloir dapprendre.

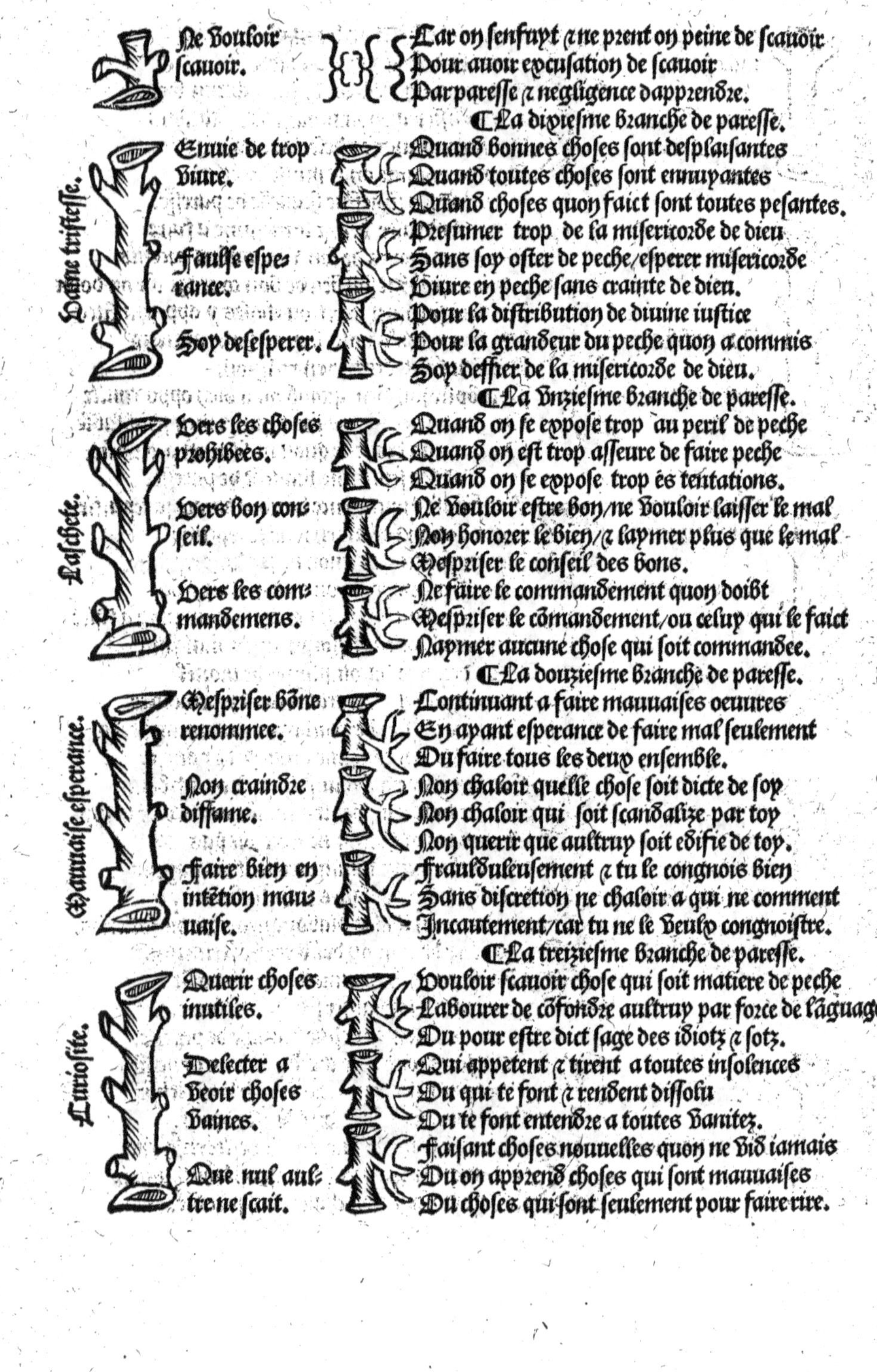

Ne vouloir scauoir.
Car on senfuyt ↄ ne prent on peine de scauoir
Pour auoir excusation de scauoir
Par paresse ↄ negligence dapprendre.

❡ La dixiesme branche de paresse.
Dame tristesse.
Enuie de trop viure.
Quand bonnes choses sont desplaisantes
Quand toutes choses sont ennuyantes
Quand choses quon faict sont toutes pesantes.
Faulse esperance.
Presumer trop de la misericorde de dieu
Sans soy oster de peche/esperer misericorde
Viure en peche sans crainte de dieu.
Soy desesperer.
Pour sa distribution de diuine iustice
Pour la grandeur du peche quon a commis
Soy deffier de la misericorde de dieu.

❡ La vnziesme branche de paresse.
Lascheté.
Vers les choses prohibees.
Quand on se expose trop au peril de peche
Quand on est trop asseure de faire peche
Quand on se expose trop és tentations.
Vers bon conseil.
Ne vouloir estre bon/ne vouloir laisser le mal
Non honorer le bien/ↄ laymer plus que le mal
Mespriser le conseil des bons.
Vers les commandemens.
Ne faire le commandement quon doibt
Mespriser le comandement/ou celuy qui le faict
Naymer aucune chose qui soit commandee.

❡ La douziesme branche de paresse.
Mauuaise esperance.
Mespriser bone renommee.
Continuant a faire mauuaises oeuures
En ayant esperance de faire mal seulement
Du faire tous les deux ensemble.
Non craindre diffame.
Non chaloir quelle chose soit dicte de soy
Non chaloir qui soit scandalize par toy
Non querir que aultruy soit edifie de toy.
Faire bien en intetion mauuaise.
Frauduleusement ↄ tu le congnois bien
Sans discretion ne chaloir a qui ne comment
Incautement/car tu ne le veulx congnoistre.

❡ La treiziesme branche de paresse.
Curiosité.
Querir choses inutiles.
Vouloir scauoir chose qui soit matiere de peche
Labourer de confondre aultruy par force de laguage
Du pour estre dict sage des idiotz ↄ sotz.
Delecter a veoir choses vaines.
Qui appetent ↄ tirent a toutes insolences
Du qui te font ↄ rendent dissolu
Du te font entendre a toutes vanitez.
Que nul aultre ne scait.
Faisant choses nouuelles quon ne vid iamais
Du on apprend choses qui sont mauuaises
Du choses qui sont seulement pour faire rire.

¶ La quatorziesme branche de paresse.

Oysiuete.

Lesser a bien faire.
- Lestascauoir en bonnes cogitations
- Aux bonnes parolles
- Et aux bonnes oeuures.

Querir a mal faire.
- Lestascauoir les concupiscences de la chair
- Les concupiscences des yeulx
- Et viure orguilleusement.

Non resister a mal.
- Pour lamour quon a au mal
- Pour lennuy quon a du bien
- Pour negligence de soymesmes.

¶ La quinziesme branche de paresse.

Euagation.

Es choses oyseuses.
- Soy exposer a vanitez
- Non soy retraire des vanitez
- Vouloir demourer en vanite.

Es choses delectables.
- Qui sont mauuaises et plaisantes
- Demourer par longue espace de temps
- Quand la volunte y est prouoquee.

Es choses iniques.
- Comme cautement on puisse nuyre
- Du plus griefuement nuyre
- Du plus longuement nuyre.

¶ La seiziesme branche de paresse.

Empeschement a faire bien.

Consentement a ceulx qui fot mal.
- Par malice pour leur complaire
- Pour haine quon a aux bons
- Du par haine du bien quon pourroit faire.

Non ayder aux bons.
- Quand ne peuent prouffiter sans quoy leur ayde
- La ou ilz sont en peril
- La ou ilz deffaillent sans auoir secours.

Nuyre aux bons.
- Du par soymesmes
- Du par aultre personne
- Du en soubztrayant ce quon leur doibt.

¶ La dixseptiesme branche de paresse.

Dissolution.

En choses vaines.
- En regardant gens eulx batre pour vanite
- fichant les yeulx a regarder quelque vanite
- Estant aux lieux populaires publiques.

En choses mignotes.
- En geste de son corps
- En legerete de courage
- Par force de chanter ou crier.

En folle esiouyssance.
- Pour rire trop longuement
- Estre sans grauite quand on doibt estre graue
- Prouocquer les aultres a ris.

¶ La premiere branche dauarice.

Solicitude de penser.
- Oublier dacquerir biens spirituelz pour les teporelz
- Estre negliget aux spirituelz/diliget aux teporelz
- Mespriser les biens de lame pour le corps.

Espoir de
gaigner.

Sans conue-
nance.

Ne sen pouoir
soubstraire.

Tenir ce que sans charge nuysible on ne peult
Procurer le bien daultruy pour en auoir prouffit
Vouloir auoir prouffit pour ses sollicitudes.
Acquerans biens temporelz par grand delectation
Estre tenu en samour pour acquerir biens tēporelz
Du soy ingerer dacquerir plus quon ne peult.

¶La seconde branche dauarice.

Oster par force
les biens
daultruy.

Faire violence
ou requeste.

Par coruees
et subsides.

A ses subiectz/seruiteurs/ou moindre que soy
A ses ennemys par quelque maniere que ce soit
A ses prochains par moyen subtil.
A ses subiectz pour soy des biens temporelz
Du pareillement pour chose speciale auec menasse
Du es choses spirituelles en faisant promesses.
Faictz indeuement sans droict z raison
Du que parauant on estoit acoustume de ce faire
Du qui sont faictz par force de menasses.

¶La tierce branche dauarice.

Par couenance
faicte.

Sans conue-
nance/mais en
espoir.

Plus vendre
a qui ne peult
tost payer.

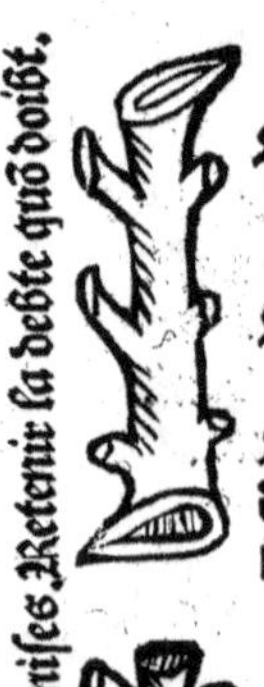

Quand on vent plus cher pour cause de lattente
Prester deniers pour en auoir plus largement
Du pource quon les preste z quon les attent.
Quand on ne preste iusques premier on nayt receu
Du par signes on asseure de gaigner par prester
Quand on recoipt ou preste pour auoir benefice.
Comme font vsuriers qui sont publicques
Du quon espere dauoir deniers de ce quon vent
Du par acoustumance de ainsi vendre.

¶La quarte branche dauarice.

Du en le nyant

Du en le robāt.

Du que telle
debte soit ou-
bliee.

Le que tu scez bien que tu doibs
Le qui est legitimement congneu que tu doibs
Le dequoy tu as vehemēte opinion que tu doibs.
Esperant de le rendre en aueun temps
Sans volunte de le rendre z tu le rendrois bien
Non pouoir rendre z ne requerir misericorde.
Laquelle on payeroit qui la requerroit
Non rendre aux enfans ce quon a de leurs parens
Retenir sciēment ce que ignorent ceulx a qui cest.

¶La cinquiesme branche dauarice.

Les prendre et
retenir de faict.

Differer de
les rendre.

Par force z violence les attribuer a soy
Par fraulde les faire perdre a celuy a qui ilz sont
Dire quon les retient soubz couleur damytie.
Affin que ce temps pendant puisse prouffiter
Du que par quelque moyen puisse demourer
Du pour les rendre on ayt prouffit.

Les prester a aultruy.

Affin que par tel prest on aye recompense
Par curiosite prester ce quil nest pas sien
Pour ambition dire estre sien ce quil nest pas.

¶La sixiesme branche dauarice.

Simonie.

Vendre choses spirituelles par language.
Vendre choses spirituelles pour pris.
Vendre choses spirituelles par prieres.

A gens adulteres pour leurs flateries
Pour proces demenep ? a gens indigens
Pour parolles a aultruy mal dictes.
Prins deuant que telle chose soit venue
Du prins apres quelle est venue
Mettant cause pourquoy/laquelle nest point.
Aucunesfois faire auec menasses
Du aucunesfois auec promesse
Et aucunesfois auec violence ? force.

¶La septiesme branche dauarice.

Sacrilege.

Prendre chose sacree en lieu sacre.
Du chose sacree en lieu non sacre.
Du chose non sacree en lieu sacre.

Comme les biens de leglise estre prins en leglise
Retenir decimes ? choses de leglise
Prendre les biens de leglise sans les deseruir.
Prendre les biens de leglise hors/ou que ce soit
Indignement distribuer les biens de leglise
Homme lay ayant decimes/disant a luy uppartenir.
Vtensiles ou quelques biens estant en leglise
Tous biens pour seurete mis en leglise
Choses qui casuellement y sont delaissees.

¶La huyptiesme branche dauarice.

Larcin.

Rober le bien daultruy sans son sceu.
Auoir les biens daultruy et le celer.
Consentir a celuy q a faict larcin.

Se celuy que tu robes ta dommage autressois
Du se tu le faictz de ta propre malice
Du pour ta simplesse ? ignorance.
Pour les retenir plus paisiblement
Pour crainte destre puny
Du que on vueille tousiours perseuerer en mal.
Car il te plaist tel larcin estre faict
Du car tu as prouffit du larcin
Du car tu craintz celuy qui faict le larcin.

¶La neufuiesme branche dauarice.

Estre proprietaire.

Ung religieux des biens de sa religion.
Homes ou femmes mariez.
Du patrimoine du crucifix.

En auoir sans congnoissance de son prelat
Du par consentement du prelat ce quil nappartient
Du ce quon a par licence de trop approprier a soy.
Quãd lung a plusieurs biens sans le sceu de laultre
Du que lung donne trop a ses propres parens
Quãd lung despend en son priue les biens comuns.
En prendre plus que nest de necessite
Indignement ? ou nappartient les distribuer
En mauuais vsage les despendre.

⸿La dixiesme branche dauarice.

Prendre dons iniustemēt.

Affin de nuyre.
- Pour faire dommage a aultruy
- En accusant aultruy iniustement
- Du en laccusant pour occasion iuste.

Pour cause de deshonnestete.
- Pour faire trahison ou conspiration
- Pour faire immundicite ⁊ chose deshonneste
- Du en prenant de deux parties aduerses.

Pour vendre iustice.
- Affin de faire son particulier prouffit
- Accelerer a iustice ⁊ faire tort a qui a droict
- Pour differer faire droict a qui appartient.

⸿La vnziesme branche dauarice.

Auoir trop.

Acquerir trop.
- Par violence faicte par amys ou par argent
- Du par vsure iniustement acquerir
- Du par fraulde ⁊ deception acquerir.

Retenir trop.
- Affin quon soit plus honore ⁊ doubte
- Affin dauoir mieulx ses delices
- Du pour auoir plus possessions que les aultres.

Douloir q̃ on ne peult acq̃rir.
- Pour enuie des plus riches que soy
- Pour soy delecter es richesses
- Pour crainte dauoir faulte de biens.

⸿La douziesme branche dauarice.

Despendre abondāment.

Chose iustement acquise.
- En donnant ne chault a qui iniustement
- En gastant desordonnement les biens quon a
- Abusant ⁊ follement vsant/⁊ quon le scait bien.

Choses iniustement acquises.
- En les retenant contre conscience
- Faisant aulmosne de rapine ⁊ vsure
- Les despendre en ses charnalitez.

Choses non siennes.
- En les applicquant a son singulier vsage
- Du les appropriant en aultre vsage
- Les despēdāt superfluemēt a lusage de qui ne sont.

⸿La treiziesme branche dauarice.

Fraulde.

En circonuenant.
- Par promesses affin de recepuoir
- Par menasses pareillement
- Du par doulces parolles.

Estant double.
- Monstrer beau semblant pour auoir laultruy
- Du par beau semblant diffamer aultruy
- Du par fainct semblant nuyre a aultruy.

Procurāt mal.
- A celuy qui cuyde que tel soit son amy
- A celuy quon cuyde/ou on scait estre ennemy
- Du indifferentement a son amy ou ennemy.

⸿La quatorziesme branche dauarice.

Mauluaisement compter.
- De ce quon doibt a aultruy iustement
- De ce qui est deu tellement quellement
- Du de ce qui est deu a aultruy que a soy.

Quand on le scait ⁊ ne rēdre point.

Consentir a faire ⁊ ne faire point.

Pour craincte de rendre ou estre notte
Pour honte quon a de le rendre
Par auarice ⁊ amour de retenir.
Soy taisant de ce que on scait bien
Faisant ayde a celuy qui mesconte
Voulant nuyre a celuy qui mesconte.

⸿ La quinziesme branche dauarice.

Par iopeusete.

Pour faire gaigner aultruy.

Frauduleusement.

Pour couuoitise de complaire
Pour plaisance quon a a mentir
Legerement iurer de ce quon ne scait ou ignore.
Celant ce quil ne nuyt ne prouffite a daucuns
Aucunesfois que cest pour biens temporelz
Aucunesfois que cest par aucune personne priuee.
Que aucunesfois prouffite/que aucunesfois nuyt
Qui ne prouffite a nulluy/⁊ nuyt a aucuns
En la doctrine ⁊ promesse de religion.

⸿ La seiziesme branche dauarice.

Les membres de dieu.

Souuentesfois.

Incautement.

En contemnant dieu ou ses sainctz
Pour soy monstrer estre furieux
Du quoy prend soulas en faisant iniure a dieu.
Par mauluaise acoustumance de souuent iurer
Par plaisance quon prend de ainsi iurer
Par contemnement de celuy quon iure.
Ne regardant que on iure
Faire mal pour apparoir vray ce quon iure
Ne considerer que iurement doibt estre tenu.

⸿ La dixseptiesme branche dauarice.

Par parolles.

Par foy interposee.

Par touchement de choses faictes.

Douloureusement pour decepuoir ou tromper
Incautement de ce quon ne scait pas
Scientement de ce quon ne scait pas.
En recepuant aucuns des sacremens de leglise
En choses mesmes qui sont licites
Du choses qui ne sont licites.
Jurer faulx pour vouloir decepuoir
Du iurer vray cuydant iurer faulx
Du qui iure faulx cuydant iurer vray.

⸿ La dixhuytiesme branche dauarice.

La chose quon scait.

La chose quon ne scait.

Faire tesmoingnage de la chose quon ne scait
Tesmoigner la chose quon ignore
Dissimuler de ignorer ce quon scait bien.
Pour le pris quon en a eu/ou quon en doibt auoir
Par amytie de celuy pour qui on tesmoingne
Pour malice quon ne veult dire vray.

La chose quon
cuyde scauoir.

Pour faulse opinion quon a de la chose
Dire estre vray/z on ne le scait
Du on ne requiert le scauoir z on le pourroit bien.

¶La dixneufuiesme branche dauarice.

Jeux.

Qui sont deffe-
duz.

Comme ieux faictz par enchantemens
Deshonnestes ou prouocans a deshonnestete
Du lesquelz peuent grandement nuyre.

Qui sont pe-
rilleux.

Pour plaisance de soy ou pour complaire a aultruy
Par acoustumance de faire iceulx ieux
Du en espoir dauoir gaing pour le faire

Auec psonnes
a qui nappar-
tient.

Dung home lay iouer auec vng religieux
Du vng lay auec vng prebstre ou clerc
Du auec vng homme de penitence.

¶La vingtiesme branche dauarice.

Estre vacabond.

Pour acquerir.

Faingnant quon soit malade z on ne lest pas
Faire telle faintise sans necessite
Du tellement faire pour aultruy decepuoir.

Pour estre
oyseux.

Entre ceulx qui traueillent z labourent
Du entre ceulx faire le malade z ne lestre pas
Du plus soy monstrer malade quon nest.

Pour obtempe-
rer a mauluais
vouloir.

En endurant choses aspres a soustenir
Decepuoir par painctes parolles ou par ennuy
Du cuydant que viure sans riens faire soit licite.

¶La premiere branche de gloutonnie.

Querir viades delicates.

Pour la bonne
saueur.

Contre le salut de son ame
Contre la sante du corps
Contre le salut de lung z de lautre ensemble.

Pour la gran-
de nouueaulte.

Pour la nouueaulte qui est delicieuse
Manger fruictz deuat quilz soyent bons z meurs
Par conditions des condimens exquis.

En diuers ap-
pareillemens.

Par acoustumance de ainsi les apprester
Par legerete destre trop abondant sans necessite
Par affection z plaisance quon y prend.

¶La seconde branche de gloutonnie.

Gourmander.

En appetant.

Viandes plus precieuses quil nappartient a soy
Moyennes viandes z non soy contenter
Moindres viades que lestat ou on est le requiert.

Trop soy dele-
ctant.

Estre curieux de trop remplir son ventre
Peu seruir dieu/pour son ventre seruir
Trop souuent manger z sans regarder lheure.

Du soy trop
remplir.

Tant que on peult deuorer viandes
Ne se pouoir saouler z non estre content
Ne departir aux poures de la viande quon a.

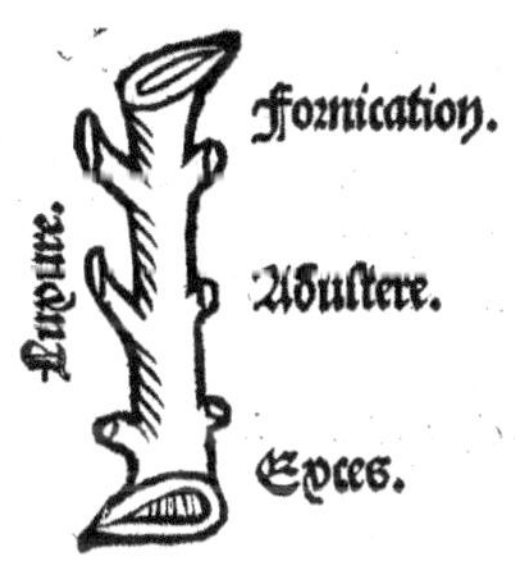

¶ La tierce branche de gloutonnie.

Delicieusemēt apprester.

- Par diuerses manieres.
  - Pour satisfaire a tous ses desirs
  - Ne refuser au ventre ce quil desire
  - Non refuser aucuns mauluais appetis.
- Ou exquisement.
  - Par art aultrement/ & que les aultres ne font
  - Par estude combien que ce soit difficile a faire
  - Par labeur & peine quon prend a les apprester.
- Condignemēt.
  - Exquis par diuerses especes de matieres
  - Delicieux pour les doulces saueurs
  - Sumptueux/ & non regarder quil couste.

¶ La quarte branche de gloutonnie.

Manger sans heure.

- Oultre le tēps requis.
  - Deuant lheure qui nest licite & sans necessite
  - Ou apres quand lheure licite est passee
  - Ou quelque heure que ce soit contre cōmandement.
- Plusieursfois.
  - Quelque chose que tu appetes manger
  - Manifestement que aultruy le sache
  - Ou secrettement que toy seul le sache.
- En illicite temps.
  - Au temps cōme de ieusnes manger de la chair
  - Au lieu sacre comme manger en leglise
  - A la viande comme manger chose deffendue.

¶ La cinquiesme branche de gloutonnie.

Faire exces.

- En quantite de viandes.
  - Manger plus quil nest mestier au corps
  - Tant manger quil griefue a lame & au corps
  - Soubz couuerture de maladie dommager.
- En trop cheres viandes.
  - Non chaloir quilz coustent silz sont delectables
  - Trop delectables & pource plus cheres
  - Mespriser viandes qui ne coustent riens.
- Frequentāt la table daultruy.
  - Pour lescherie & friandise
  - Par compaignie affin de plus manger
  - Pour saouler mieulx son appetit.

Fin des branches de gloutōnie qui sont .v. cestascauoir q̄rir viādes delicates/ gourmāder/ delicieusement appeter māger: ne garder pas lheure/ & faire exces. Et ensuyuent les branches de luxure qui sont .v. comme il appert cy apres.

¶ La premiere branche de luxure.

Luxure.

- Fornication.
  - Auec toutes femmes mariees ou vefues
  - Auec fille qui encores estoit pucelle
  - Auec communes ou corrompues.
- Adultere.
  - Quād lhōme congnoist aultre femme que la sienne
  - Ou femme acōpaignee daultre que de son mary
  - Ou que tous deux soyent en mariage.
- Exces.
  - Auec aucun ou aucune de sa parente
  - Auec aucun ou aucune de son affinite
  - Ou que lune partie soit de religion.

¶ La seconde branche de luxure.

Longue delectation de pensee de luxure
Donner consentement a telle delectation
Complaire a soy dacomplir sa pensee par oeuure.
Pollution de nuict par trop manger z boire
Par habitation ou compaignie de femme
Cogitation mauluaise dacomplir tel oeuure.
Mouuoir ou toucher la chair par delectation
Acomplir loeuure z de volunte naturellement
Du aucunement non naturellement.

¶ La tierce branche de luxure.

Pource quon ayme aultre que sa partie
Du que on cuyde nestre pas ayme de sa partie
Du pource quon est despit et rebelle.
Pour la crainte dauoir enfant
Pour crainte dauoir pourete
Pour crainte du labeur quon a de mourir.
En abhominant ce quon a acoustume
Du pour limmundicite de loeuure
Quãd on mesprise ou hait la cõpaignie de sa partie

¶ La quatriesme branche de luxure.

Aucunesfois pour raison de la personne
Aultresfois pour danger du lieu
Et daultresfois pour la raison du lieu.
De loeuure quãd on congnoist quelle est mauuaise
Du peril z scait on quil est dangereux
Du car on le prouoque a tel oeuure ou peril.
En loeuure du peche de la chair
Du desir z volunte de lacomplir
Du en souuenance z memoire de lauoir faict.

¶ La cinquiesme branche de luxure.

En ioyaux/signetz/aneaulx/z afficquetz
En preciosite de robes/ceinctures/z habillemens
En la composition z facon nouuelle/ou exquise.
Par lasciuete/dansans/iouans/ou estans oyseux
Par delectation du corps prenant toutes ses aises
En querant tout ce que son cueur desire.
Despendre largement pour louenge du monde
Donner ou il nappartient a donner
Pour ses delices auoir despendu trop du sien.

Cy finent les branches z rameaulx du peche de luxure. Et fina=
blement de tous les sept pechez mortelz.

Helas pourquoy prẽs tu si grand plaisir
Homme abuse plein de presumption
En ce faulx monde ou na que desplaisir
Enuie/orgueil/guerre/discention
Bien malheureuse/est ton affection
Que penses tu/as tu plus grand enuie
De viure en doubte en ceste courte vie
Qui les mondains a la mort denfer meine
Bonne chose est de viure en voye certaine:
Las tu scez bien si tu nes insensible
Cest vne chose forte voire impossible
Dauoir icy ton aise entierement
Et apres mort la hault pareillement
Helas pourtant change condition
Et te rauise ou tu es aultrement
Homme deffaict ɋ a perdition.

Lequel veulx tu/ou vie/ou mort choisir
Choisis des deux tu as discretion
Ayme tu mieulx de ton corps le desir
Pour ton ame mettre a perdition
Que viure vng peu en tribulation
Et quapres mort soit ton ame rauie
En gloire au ciel/car de nul deseruie
Estre ne peult/en ceste vie humaine
Sil ne laisse terre/auoir/ɋ demaine/
Et pere ɋ mere/ɋ tout sil est possible/
Et viure en peine ɋ en labeur terrible
En seruant dieu tousiours paciemment:

Cest le chemin qui conduict seurement
Apres trespas lhomme a saluation
Ou aultrement iras a damnement
Homme deffaict ɋ a perdition.

Cuydes tu cy tousiours auoir loisir
Dauoir pardon sans satisfaction
Et toute nuict en blanc lict mol gesir
Puis a seiour sans operation
Passer le temps en delectation
Tant que du tout la chair soit assouuie
Penses tu point quil fault quelle desuie
Et que fin prenne ta puissance mondaine
Helas ouy/car mort viendra soubdaine
Vne heure a tout son dard fort ɋ horrible
Si tresacoup que cest chose inuisible
Et pas nauras loisir aucunement
De dire adieu Peccaui seulement
Ainsi mourras tost sans contrition
Dont tu seras par diuin iugement
Homme deffaict ɋ a perdition.

Homme en peril saches certainement
Que se tu nas le vouloir briefuement
De tamender/ne aultre deuotion
Tu te verras vng iour subitement
Homme deffaict ɋ a perdition.

Fin de ladicte Balade.

Ly apres ensuyuent les peines denfer et comminations
des pechez mortelz/pour punir les pecheurs et pecheresses.
comme racompta le Lazare apres quil fut ressuscite : ainsi
quil auoit veu en enfer. Et comme il appert par les figures
et histoires ensuyuantes mises par ordre lune apres laultre:
auec la declaration desdictz pechez mortelz.

Oſtre ſaulueur ⁊ redempteur Jeſus vng peu deuant ſa paſſion eſtant en
Bethanie entra en la maiſon dũg nõme Simon / pour prendre refection
corporelle. Et comme il eſtoit a table auec ſes apoſtres et diſciples ⁊ le Laz
zare frere de Marie magdeleine quil auoit reſſuſcite / de laquelle choſe doub=
toit ledict Simon : commanda noſtre ſeigneur audict Lazare quil diſt de=
uant la compaignie ce quil auoit veu en lautre monde. Adonc le Lazare racompta cõme
il auoit veu en enfer en grandes peines les orguilleux ⁊ orguilleuſes / et conſequemment
les aultres entachez daucun peche comme ſenſuyt.

℃Premierement diſt le Lazare : Jay veu des roes en enfer treſhaultes
en vne montaigne / ſituees en la maniere de moulins / continuellement
en grandes impetuoſitez tournantes : leſquelles roes auoyẽt crampons
de fer ou eſtoyent les orguilleux ⁊ orguilleuſes penduz ⁊ attachez.

¶Declaration dudict peche dorgueil.

Orgueil entre les autres pechez est côme roy ⁊ maistre capital: ⁊ côme ung roy a grâde côpaignie de gês/ainsi orgueil a grâde côpaignie daultres vices. Et ainsi q̃ les roys gardêt bien ce qui est a eulx: ainsi faict orgueil les orguilleux sur lesquelz a seigneurie. Grâd signe de reprobation est perseuerer longuemêt en orgueil. Orgueil donc est ung peche qui desplaist a dieu sur tous aultres vices: autât que humilite luy est plaisante entre les vertuz. et nest peche qui tant face sembler lhôme au diable côme faict orgueil. Car lorguilleux ne veult estre côme les aultres/mais est côme le pharisien auec les diables. Et pource q̃ lorguilleux se veult esleuer sur les aultres hômes/le diable en faict côme loyseau faict dune noix. bure laquelle ne peult casser de son bec/et la porte en haust puis la laisse cheoir sur une pierre surquoy se rompt/⁊ adôc descêd ⁊ la mâgeut. Ainsi le diable eslieue les orguilleux/⁊ puis les faict cheoir ⁊ trebuscher en enfer. La differêce des orguilleux aux hûbles est comme la paille au grain. La paille est legere ⁊ veult môter en haust ⁊ le vêt lemporte ⁊ se pert: et le grain pesant demeure bas sur la terre ⁊ est cueilly ⁊ mis au grenier du seigneur. Ainsi les orguilleux haultz esleuez sont bruslez en enfer: ⁊ les humbles sont en paradis.

¶ Secondement dist le Lazare: Jay veu vng fleuue engelée auquel les enuieux
et enuieuses estoyent plongez iusques au nombzil. Et par dessus les frappoit
vng vent moult horriblement froid. et quand ilz vouloyent celuy vent euiter/ilz
se plongeoyent en la glace du tout.

¶ Declaration dudict peche de Enuie.

Enuie est douleur & tristesse en cueur de la felicite & bien daultruy. leql̃ peche
est malheureusemēt mauluais/par ce quil est cōtraire a charite souueraine
vertu:parquoy est grād signe de reprobation/par lequel le diable cōgnoist
ceulx qui serōt dānez. Ainsi q̃ charite est signe de saluation par leql̃ dieu cōgnoist ceulx q̃ serōt saulues. Les enuieux sont cōpaignons aux diables car ilz sont cōpai-
gnōs a perte & a gaing. Se le diable gaigne faisāt mal ilz sesiouyssent auec luy/& sil pert
quād bien viēt a aucūs en sont tristes & marris. Les enuieux sont tellemēt infectz & cor-
rompuz q̃ bōnes odeurs leur sentēt mauluais/& choses doulces leur sont ameres: Ce sont
les bōnes renōmees et prosperite des aultres: mais choses puantes et choses ameres leur
sont doulces/cōme vices/diffames/aduersitez & fortunes cōtraires quilz scauent ou oyent
racompter des aultres. Les enuieux quierent leur bien/& le mal daultruy: quād du mal
a autruy y voyēt/se leur en est resiouyssant: mais en ce point ne se guarissent pas:aincois

de nouueau se tormetent:car ilz nont point telle ioye sans desplaisance & tristesse/parquoy
ilz sont tormentez.Parquoy qui quiert son bien en mal daultruy/il prouffite comme celuy
qui quiert le feu en leaue/ou les raisins sur les espines:lesquelles choses sont follies. En
uie nest que sur felicitez et biens de ce monde : car la mauldicte enuie ne peult monter es
cieulx. Cest vng peche difficile a guarir pource quil est secret : car il est au cueur/auquel
medicines sont difficiles a mettre/parquoy a grand peine on en guarist.

¶Tiercemet dist le Lazare:Jay veu vne caue & lieu tresobscur plein destaulx côme vne
boucherie/ou les ireux estoyent transpercez de grandes fourches de fer poinctues.

¶Declaration dudict peche de Ire.

Insi côme paix faict la consciece habitation de dieu: ainsi ire la faict habitation du diable. Ire obfusque & pert soeil de raison:car en lhôme ireux raison nest point. Il nest chose qui tât garde limage de dieu en lhôme q doul-
ceur/paix/& amour:car dieu veult estre ou paix est & côcorde : mais ire les
chasse dauec lhôme/tellemet que dieu ny peult nullemet demourer.Lhôme
ireux est semblable a vng demoniacle qui a lennemy en soy:parquoy se tormête & escume
par la bouche/& grinche les dêtz pour la tristesse q lennemy luy a faict.Ainsi lhôme ireux
est tormête par ire/& faict souuet pis que le demoniacle : car sans pacience il bat les vngz

et les aultres/dict iniures villaines/se dōne corps ɀ ame au grād diable/ɀ faict plusieurs
choses illicites ɀ dōmageables. Par ire le diable gaigne aucuneffois tout vne generation
ou tout vng pays:laquelle chose aduiēt souuēt par vng hōme seul: cōme vng chien ireup
esmeut ɀ met en noises ɀ debatz plusieurs aultres chiens. Le pecheur trouble leaue que le
poisson ne puisse veoir la nasse affin quil se mette dedans. Ainsi le diable trouble lhomme
par ire/affin quil ne congnoisse le mal quil faict.

℃ Quartemēt dist le Lazare:iay veu vne horrible ɀ tenebreuse sale ou auoit des
serpens gros et menuz : ou les paresseup de diuerses morsures estoyent assailliz
et naurez en diuerses parties du corps iusques au cueur.

℃ Declaration dudict pechie de Paresse.

Aresse est tristesse des biēs spirituelz qui ordōnēt lhōme a dieu: parquoy on
laisse a seruir dieu de cueur comme on doibt/de la bouche/ ɀ par bōnes oeuures. Qui veust aymer dieu se conuiēt cōgnoistre createur/redēpteur/ɀ cu-
rateur de toꝰ les biēs quon a ɀ quon recoit chascun iour:ɀ soy cōgnoistre pe-
cheur/ɀ dieu saulueur. Cest grād folie quād par paresse en ceste briefue vie
on ne laisse des biēs pour la vie eternelle. Mais plusieurs sont paresseup a faire bien/ɀ dis-
ligēs a faire mal:ſi ſilz estoyēt ſi diligēs a bien faire qʒ ilz ſont a mal/ilz seropēt biēheureup.

Celuy qui penseroit bien comment apres la mort ne pourra bien bien faire et si naura
que le bien quil aura faict en sa vie/seroit bien dolent/et grandz regretz feroit du temps
perdu en sa vie par paresse/z des biens quil eust peu faire. Sans doubte laisseroit paresse
et prendroit diligēce/z de bon cueur se conuertiroit a bien faire. Considerāt que plusieurs
maulx viennent par paresse/desquelz en ya deux fort perilleux. Lung est paresse de soy
conuertir z tourner a dieu. Lautre est paresse de soy confesser: lesquelz maulx le diable pro-
cure tant quil peult. Car en different de soy conuertir z confesser souuent/plusieurs meurent en grand danger z peril de leurs ames. Car cest chose bien difficile pouoir bien mourir et auoir mal vescu.

Quintement dist le Lazare: Jay veu des chaulderons z chauldieres
pleines dhuylle bouillante et de plomb / et daultres metaulx fonduz;
esquelz estoyent plongez les auaricieux et auaricieuses: pour les saoul-
ler de leurs mauuaises auarices.

Declaration dudict peche Dauarice.

On doibt scauoir que lauaricieux est inique a Dieu:car plus ayme gaigner vng denier q̃ lamour de dieu:mieulx ayme perdꝛe dieu q̃ perdꝛe vne maille Car souuẽt pour peu de chose il mẽt/ou iure/ou pariure/ꝛ peche mortelle= mẽt. La foy/lesperãce/la charite q̃ doibuẽt auoir a dieu les auaricieux les mettẽt en leurs richesses. Premieremẽt foy:car iłz cropẽt mieulx auoir les choses a eulx necessaires par richesses q̃ de dieu:cõme se dieu ne pouoit ayber:ou cõe se dieu nauoit solicitude de ses seruiteurs. Apꝛs iłz ont esperãce dauoir plꝰ de iopes de leurs riches= ses q̃ dieu ne leur en scauroit dõner. Lauaricieux tiẽt son cueur en ses biẽs nõpoint en dieu La ou est le cueur est lamour/ꝛ amour est charite: ainsi lauaricieux a sa charite en ses ri= chesses. Lauaricieux se pꝛẽd au trebuchet du diable dõt il pert la vie eternelle pour acꝗrir vng peu de biẽs tẽpoꝛełz/ cõme la souris a la ratiere pert la vie pour vne noix. Les aua= ricieux ressemblent aux chiẽs q̃ gardẽt la charõgne quand leurs vẽtres sont pleins:q̃ les oyseaulx nen mãgẽt:ainsi tiẽt lauaricieux les biens que les poures deussent manger.

℘Septemẽt dit le Lazare iay veu en vne vallee vng fleuue oꝛd ꝛ trespuãt au riuage auq̃l estoit vne table auec touailles deshõnestes:ou les gloutõs ꝛ gloutes estoyẽt re= peuz de crapaulx ꝛ aultres bestes venimeuses/ꝛ abꝛuuez de leaue dudict fleuue.

℘ Declaration dudict peche de Gloutonnie.

La gorge est la porte du chasteau du corps de la personne/mais quãd les ennemys veulent prẽdre le chasteau/silz gaignẽt vne fois la porte/ilz auront apres le chasteau. Aussi si le diable gaigne vne fois la gorge de lhõme/par gloutõnie/facilemẽt aura le demourãt ⁊ entrera dedãs le corps auec sa compaignie de to⁹ pechez:car les gloutõs de leger se cõsentẽt a to⁹ vices. Et pour ceste cause seroit necessaire vne bõne garde a ceste porte q̃ le diable ne la gaignast:car quãd on tiẽt vng cheual par sa bride on le meine la ou on veult/si faict le diable lhõme glouton ou il veult. Le seruiteur trop aise nourry est rebelle a son maistre/⁊ le corps trop rẽpsy de vin ⁊ de viandes est rebelle a lesperit:⁊ ne veult faire bõnes oeuures. Par gloutõnie plusieurs sont mortz qui eussent vescu longuemẽt/ainsi ont este homiçides deulxmesmes: car excès de trop boire ⁊ mãger corrõpt le corps ⁊ engẽdre maladie/de laq̃lle souuẽt on abbrege sa vie ⁊ ceulx q̃ bien nourrissent leurs corps preparẽt viãdes a vers/ainsi le glouton est cuysinier aux vers. Ceulx qui boyuẽt ⁊ mãgẽt sans heure ⁊ sans mesure tiẽnet la reigle du porceau/⁊ ainsi doncques le pourceau est leur abbe duquel tiẽnent la reigle.

¶Septiesmemẽt dist le Lazare iay veu vne plaine ⁊ chãpaigne de puys parfondz pleins de feu ⁊ de soulphre dont yssoit fumee trouble/ esquelz les luxurieux et luxurieuses estoyent tormentez.

Et tous les sept pechez mortelz Luxure est le plus plaisant au diable:pour ce quil macule le corps ⁊ lame ensemble: et par lequel il gaigne deux personnes ensemble : aussi pource quil se vante ney estre point entache. En quoy semble le luxurieux estre plus difforme que le diable en la superaboͣdance de ce peche. Le marchand est bien fol ⁊ oultrecuyde qui faict marchaͣdise dequoy il scait bien quil sey repentira apres.Aussi le luxurieux a beaucoup de peine et despend ses biens pour acomplir sa malheureuse volunte dont apres se repent de la peine p̃inse et de ses biens despenduz :mais il nest pas quitte pour ainsi soy repentir sans faire penitence. Pour ce mauldict damnable peche de luxure Nostre seigneur dieu ennuoya le deluge sur sa terre:en sorte que toutes creatures viuantes tant hõmes/femmes/enfans bestes et opseaulx/furent tous noyez/submergez/⁊ mis a mort: excepte le bon hõme Noe et sa famille ⁊ ce que dieu luy commanda reseruer:lesquelz se sauuerent en larche par le commandement du diuin createur. Pour ce mauldict peche/furent les citez de Sodome et Gomorre ⁊ aultres/abismees:⁊ tous ceulx ⁊ celles qui y estoyent mortz/confonduz/⁊ perillez:excepte le bon hõme Loth/sa femme ⁊ ses deux filles/que dieu en voulut preseruer. Et pour cestuy abhominable peche/mille maulx/aduersitez/famines/guerres/⁊ pestilences en sont aduenuz sur la terre:ainsi quil est escript en la saincte Bible/⁊ aultres liures. Le luxurieux viuant en son peche est tormẽte de trois tormentz denfer:de chaleur/de puãteur/⁊ de remorz de conscience:car il brusle par cõcupiscence/il est puant par son infamete. Et tel peche est toute puãteur qui macule le corps ⁊ lame/que tous aultres pechez ne maculent point/sinon quilz maculent lame. Et si nest point luxure sans rẽmorz de consciẽce de loffense quon a faict a dieu. Luxure est la fosse du diable en laquelle il faict cheoir les pecheurs et pecheresses/lesquelz aucuns aydent au diable a eulxmesmes getter dedans: quant saientement vont pres de la fosse/en laquelle scauent bien que le diable les veult mettre. Pource bonne chose est non escouter la femme meschante/meilleure chose est non la regarder/⁊ tresbonne chose est ne la point toucher. A ce peche consonent les ordes parolles/villaines chansons ⁊ attouchemens deshonnestes qui sont de luxure/parquoy on peche souuent. Lesquelles parolles ⁊ chansons deshonnestes ne desprisent point/les macquereaulx/macquerelles/ruffiens/ruffiennes/paillars/putains ⁊ ribauldes:⁊ tous ceulx qui frequentent ⁊ ayment a hanter leur compaignie:ou qui ayment et desirent perseuerer en ce villain peche de luxure.

Fin de la seconde partie du compost et Kalendier des Bergers : en laquelle sont declarees les branches ⁊ rameaulx des sept pechez mortelz. Et consequẽment les declarations des peines denfer/correspondentes ausdictz sept pechez mortelz ⁊ damnables.

¶ La tierce partie du compost ⁊ Kalendier des Bergers : qui est science salutaire/et iardin ou champ des vertuz.

Quiconques veult faire porter
fruictz a vne terre en abondance : Premier on doibt
oster toutes choses qui sont
nuysibles : et apres la bien
labourer et emplir de toute bonne semence.
Ainsi doibt lhomme sa conscience nettoyer
de tous pechez : labourer par sainctes me-
ditations/et semer des vertuz de bonnes
oeuures pour cueillir la grace et vie eternelle: affin dauoir son desir acomply de longuement viure. Puis donc que cy deuant
a este dict des vices/combien que grossemet
et legeremet: Convient apres dire des vertuz en ceste tierce partie du present Liure:
laquelle sera comme vng petit iardin plaisant plein de fleurs et arbres : auquel la
personne contemplatiue se pourra solacier
et esbatre/et par bos enseignemes y cueil-
lir plusieurs vertuz/et soy edifier en bon exercice dont sera paree et aornee son ame deuant
son espoux Jesuchrist/quand il viendra la visiter et pour demourer auec elle. Au commencement de laquelle partie sera Loraison dominicale de nostre seigneur/auec sa declaration
pour mieulx lentendre.et contiendra six parties. La premiere sera ladicte declaration et
oraison de nostre seigneur. La seconde la salutation angelique que fit lange Gabriel a la
sacree vierge Marie quand elle conceupt son enfant Jesus. La tierce/des douze articles de
la foy catholique. La quarte/des dix commandemens de la foy. La quinte/des cinq commandemens de saincte eglise. La sixiesme/le champ des vertuz. Pour la premiere on
doibt scauoir que Loraison de nostre seigneur/cest la Patenostre. Quand nous la disons
nous demandons a Dieu suffisammet toutes choses necessaires pour le salut de noz ames
et de noz corps:nonpas seulement pour nous mais pour tous aultres. Et pour ceste cause
salutaire on doibt auoir ladicte oraison en grande contemplation/et la dire en grande venue-
rence et deuotion a dieu. Aux ieunes gens et aultres on la doibt apprendre/et enseigner/et
leur dire que se pleinement ne la peuent entendre:neantmoins elle leur pronffite comme aux
aultres pour auoir misericorde et finablement la gloire de paradis/silz la dient deuotement
en vraye foy/amour/et charite. Ladicte oraison contient sept petitions et requestes que on
faict a Dieu quand on la dict. Et par chascune des sept petitions on peult entendre sept
aultres choses bien singulieres et necessaires pour le salut de lame. Cestascauoir les sept
sacremens de saincte eglise/lesquelz fermement on doibt croire. Les sept dons du sainct
esperit/lesquelz humblemet doibuent estre venerez. Les sept armeures de iustice spirituelle
quon doibt vestir pour batailler contre les vices. Les sept oeuures de misericorde spirituel-
les:et les sept oeuures de misericorde corporelles/lesquelles piteablement on doibt faire et
acomplir.Les septz vertuz principales/lesquelles diligemment on doibt enquerir.Et sept
vices capitaulx qui sont les sept pechez mortelz/lesquelz tout homme doibt euiter et fuyr.

    Ly apres ensuyt ladicte oraison dominicale/que nostre seigneur apprint
    a ses Apostres. Et la declaration dicelle.

O iii

Ostre pere qui es es cieulx: sainctifie soit ton nom. Par laquelle petition nous requerons a Dieu nostre pere createur que soyons ses bons enfans : car aultrement ne pourroit estre dict nostre pere/ et que son nom soit sainctifie de nous plus que de nul aultre : parquoy recepuons le sainct sacremẽt de bapteſme: sans lequel nul ne peult estre appelle filz de dieu omnipotent/ne sainctifier son nom. ¶ recepuons le don du sainct esperit dict le don de sapiẽce/pour scauoir honorer et reuerer dieu le pere et dieu le filz. Nous Vestons le haulbergeon dhumilite contre le peche dorgueil: ¶ ayant compaſsion des poures indigens acquerons en nous la Vertu de prudence ¶ euitons le peche dorgueil.

¶La seconde petition. Ton royaulsme nous aduienne. Par laquelle petition pourtant que le nom de dieu ne peult estre perfaictemẽt de nous sainctifie en ce monde: nous luy requerons son benoist royaulsme auquel perfaictement le sainctifierons/et duquel serons heritiers comme ses bons et Vrays enfans. Laquelle petition nous donne a entendre le sainct sacrement de prebstrise/par leql nous sommes instruictz a faire bonnes oeuures : et le don du sainct esperit/dict don dentendement/pour scauoir desirer le benoist royaulsme de paradis. Si nous noꝰ armons du heaulsme de largesse contre auarice/dõnerons a manger a ceulx qui ont faim corporellement: ¶ corrigerons les dissolutz spirituellement: ¶ ainsi acquerrons en nous la Vertu de force/¶ fuyrons le mauuais peche dauarice. ¶La tierce petition. Ta Volunte soit faicte en la terre comme au ciel. Car a la Vraye Verite pour aller au royaulsme de paradis et faire la Volunte de nostre seigneur/cest que ses commandemens soyent acomplis. Et par ceste petition luy faisons obeyssance de noz cueurs quand luy requerons faire sa Volunte : qui nous donne a entendre le sacrement de mariage par lequel on peult euiter fornication:¶ le don de conseil du sainct esperit pour Veritablement ordonner nostre obedience. Donc armons nous du bouclier de consolation contre enuie/¶ donnons a boire a ceulx qui ont soif corporellement/¶ enseignons les ignorans spirituellement : parquoy acquerrons la Vertu de iustice et euiterons le peche denuie. ¶La quarte petition. Nostre pain quotidian donne nous auiourdhuy. Par laqlle petition requerons a dieu estre substantez de pain materiel pour noz corps/et de pain spirituel pour noz ames: cest du pain de Vie le corps de Jesuchrist: parquoy nous recepuons le sacrement de lautel en memoire de sa passion/¶ desirons auoir le don de force du sainct esperit/pour estre fermes en la foy chrestienne. Prenons le glayue de sapience contre le peche de ire: visitons les malades corporellement/¶ pacifions les discordz spirituellement. Et ainsi acquerrons en nous la Vertu dattrempance/¶ euiterons le mauuais peche de ire. ¶La quinte petition est telle. Et nous pardonne noz pechez cõme a tous nous pardonons. Es trois petitions sequentes nous requerons a dieu q̃ nous soyons deliurez de tous maulx/qui sont trois en nombre. Le premier et le pire est le mal de coulpe/celuy qui est ia cõmis ¶ que cõmettons par peche mortel. Et par ceste petition

demandons a nostre seigneur que en soyons absoulz/et nous en donne pardon par sa saincte misericorde : parquoy nous entendons le sacrement de penitence et la remission des pechez. Le don du sainct esperit/dict don de science/pour scauoir faire bonnes oeuures et euiter les vices. Vestons donc les habitz de legerete contre paresse: visitons et confortons poures prisonniers corporellement: et donnons bon conseil aux desolez et desconfortez spirituellement. Et ainsi acquerrons en nous la vertu de foy/et euiterons le peche de paresse.
¶ La sixiesme petition. Et ne souffre pas que nous soyons vaincuz en tentation. Pour
le second mal qui nest pas commis: mais peult aduenir et y pouons encheoir par le moyen
de tentation. Nous requerons a dieu par ceste petition que soyons fermes et perseuerans
en bonnes oeuures et en la vertu desperance/et fortz pour resister aux tentations. A quoy
nous vault le sacrement de confirmation qui nous donne certitude de bien/que nous espe-
rons moyennant le don de verite du sainct esperit qui nous faict perseuerer en nostre credece.
Donc deuons prendre la lance de sobriete contre le peche de glouttonie. et recepuoir en sa maison poures pelerins estrangers corporellement : pardonner les offenses a soy faictes spirituellemet. Car ainsi on acquiert la vertu desperance: et en est euite le peche de gloutonnie.
¶ La septiesme petition. Mais garde nous de mal. Amen. Le tiers mal est mal de peine
et de toute chose qui empesche a seruir a dieu : duquel mal et de tous nous requerons par
ceste petition estre deliurez/et que nous soyos sauluez en paradis: disons Amen. Lestadi-
re/ainsi soit faict comme nous desirons. Parquoy recepuons le sacrement de vnction/qui
nous donne certainete de voye de salut auec le don du sainct esperit: parquoy doubtons le
diuin iugement. Donc ceindons noz reins de la ceincture de chastete contre le peche de luxure: ensepuelissous les mortz corporellement/et prions pour noz ennemys spirituellemet.
Acquerons en nous la vertu de chastete/et euitons le peche de luxure.
¶ Aultre declaration de la Patenostre.
Ostre pere tressouuerain/merueilleux en creation/doulx a aymer/riche de
tous biens/qui es es sainctz cieulx/miroer de trinite/couronne de iocundite/
et tresor de felicite: Sanctifie soit ton nom : tant quil soit miel en nostre
bouche/harpe doulcement sonnante en noz oreilles/et deuotion perseuerante en
noz cueurs. Ton royaulme nous aduiéne. auquel seros tousiours ioyeux
sans aucune tristesse/en repos sans tribulation/et asseurez de iamais ne le perdre. Ta volunte soit faicte en la terre come au ciel. Affin que nous aymons tout ce que tu aymes/et
hayssons tout ce que tu hays/et que nous facions tousiours tes commandemens. Nostre
pain quotidian donne nous au iourdhuy. Lestascauoir pain de doctrine/pain de penitence/
et pain pour noz corps humains substanter. Et nous pardonne noz pechez que nous auons
faictz contre toy/contre noz prochains/et cotre nous mesmes : ainsi que nous pardonnons
a tous ceulx et celles qui nous ont offensez: ou par parolles/ou en noz corps/ou en noz biés.
Et ne souffre pas que nous soyons vaincuz en tentation. Lestascauoir du monde / de la
chair/et du diable. Mais garde nous de mal/soit passe/present/ou aduenir. Amen.

¶ En la declaration cy dessus faicte pour les simples gens est contenue la Patenostre. et
saincte oraison: laquelle se doibt dire a Dieu le pere/a dieu le filz/et a dieu le sainct esperit:
et non a aultre. come cy apres appert par lhistoire. Et contient tout ce que on peult iustement demander a dieu. Laquelle nostre seigneur Jesuchrist fit et composa: affin que plus
grande esperance et deuotion nous y ayons. Et fut quand vne fois il preschoit et endoc-
trinoit ses Apostres/en leur commandant et les enhortant specialement de faire oraison.
G iiii

Adonc se prierent humblemẽt/en disant. Seigneur ⁊ maistre apprens nous a prier. Lors
nostre seigneur ouurit sa saincte ⁊ sacree bouche:⁊ dist a ses Apostres.

¶ Quand vous vouldrez faire oraison a Dieu/vous direz ainsi.

Ostre pere qui es es cieulx/sainctifie soit ton
nom. Ton royaulme nous aduienne. Ta volunte soit faicte en la terre comme au ciel.
Nostre pain quotidian donne nous au iourdhuy. Et nous pardonne noz pechez/comme
a tous nous pardõnons. Et ne souffre pas que nous soyõs
vaincuz en tentation. Mais garde nous de mal. Amen.

¶ Secondement au liure de Jesus est le Aue maria. ⁊ est tel quil sensuyt.

Et te salue Marie pleine de grace:nostre seigneur
est auec toy:Tu es benoiste sur toutes femmes:
et benoist est le fruict de ton vẽtre Jesus. Saincte Marie mere de dieu : prie pour nous poures
pecheurs. Amen.

¶ En cestuy Aue maria. sont trois mysteres. Le premier
la salutation que luy fit lange Gabriel. Le second est la
louenge q̃ luy fit saincte Elizabeth/mere de sainct Jehan
baptiste. Le tiers est la supplication que luy faict saincte
eglise. Ce sont les plus belles parolles que puissons dire
a nostre dame que le Aue maria. quand nous la saluons/
louons/prions/ ⁊ a elle parlons. Et pource se doibt dire a
elle seullemẽt ⁊ non a aultre. Et se tu demandes comment
donc prierõs nous les sainctz ⁊ sainctes. Je te respõs quon
les doibt prier ainsi que faict saincte eglise/en disant. Mon
seigneur sainct Pierre prie pour nous. monseigneur sainct Estienne prie pour nous. mon
seigneur sainct Claude prie pour nous. Madame saincte Katherine prie pour nous. Madame saincte Barbe prie pour nous dieu/quil nous doint sa grace ⁊ nous pardõne noz pechez. Amen. Et ainsi aux aultres sainctz quon vouldra nommer.

¶ Tiercement au liure de Jesus/est le Credo. ou sont les douze articles de la foy.

Estuy Credo. a este cõpose des douze apostres desquelz chascun a mis son
article/cõme est mõstre cy apres par personnages. Et est nostre foy catholique contenue en ces douze articles/ou est le cõmencement de nostre salut:
sans lesquelz nul ne peult faire chose aggreable a dieu. Et doibt estre foy
au cueur par congnoissance de dieu:en la bouche par confession/et louẽges
de luy en operation par exercice de ses cõmandemens ⁊ bõnes oeuures:qui demõstrẽt que
ceulx qui les font ont vraye foy ⁊ viue. cestadire vertueuse pour les sauluer. Et combien
que la foy en cueur soit bonne/⁊ celle en bouche aussi: toutesfois la meilleure est celle qui
gist es bonnes oeuures que on faict. ⁊ est vne mesme foy qui gist en la bouche ⁊ au cueur
Car il ne doibt estre que vne foy/nõplus quil nest que vng dieu.

Sainct Pierre.

Ie croy en dieu le pere tout puis=
sant:createur du ciel & de la terre.

Sainct Andry.

Et en Iesuchrist son filz vnique
nostre seigneur.

S. Iacques le grant.

Qui fut conceu du sainct esperit:
ne de la vierge Marie.

Sainct Iehan.

Souffrit dessoubz ponce pilate:
fut crucifie/mort/& ensepuely.

Sainct Thomas.

Descēdit es enfers:le tiers iour
ressuscita de mort.

Sainct Iacques le mineur.

Mōta es cieulx:se sied a la dextre
de dieu le pere tout puissant.

Sainct Phelippe.

En apres viendra iuger
les vifz & les mortz.

Sainct Barthelemy.

Ie croy au Sainct
Esperit.

Sainct Matthieu.

La saincte Eglise
catholique.

La cōmunion des sainctz/
la remiſſion des pechez.

La reſurection de
la chair.

La vie eternelle
Amen.

¶Senſuyt donc le Credo. duquel ſainct Pierre a faict ⁊ cōpoſe le premier article/diſant.
Je croy en dieu le pere tout puiſſant createur du ciel ⁊ de la terre. Sainct Andry le.ii.diſāt.
Je croy en Jeſuchriſt ſon filz vnique noſtre ſeigneur. S.Jacques le grand le.iii.diſant.
Je croy quil fut conceu du ſainct eſperit/ne de la Vierge Marie. S.Jehan le.iiii.diſant.
Je croy quil ſouffrit deſſoubz ponce pilate/fut crucifie/mort ⁊ enſepuely. S.thomas le.v.
Je croy quil deſcendit es enfers/⁊ le tiers iour reſſuſcita de mort. S.Jacques le mineur
le.vi.diſant. Je croy quil monta es cieulx/ſe ſied a la dextre de dieu le pere tout puiſſant.
S.Phelippe le.vii.diſant. Je croy que en apres viendra iuger les vifz et les mortz.
S.Barthelemy le.viii.diſant. Je croy au ſainct eſperit.S.Matthieu le.ix.diſant. Je croy
la ſaincte egliſe catholique. S.Simon le.x.diſant. Je croy la communion des ſainctz/la
remiſſion des pechez.S.Jude.le.xi.diſant.Je croy la reſurrection de la chair.S.Mathias
le.xii.diſant.Je croy la vie eternelle.Amen. ¶Ceſtuy ſainct Credo.doibt ſcauoir tout
hōme ⁊ toute femme/ayāt vſage de raiſon. ⁊ ſe doibt dire matin ⁊ ſoir chaſcun iour deuo
temēt/car ceſt vne moult grāde deuotion.Et pource chaſcun bon chreſtien ſi toſt quil ſera
ſeue de ſon lict ⁊ habille ⁊ veſtu/ſe agenoille pres de ſon lict ou ailleurs:⁊ premierement ſe
ſigne du ſigne de la croix.puis apres auoir dict ledict Pater noſter.⁊ Aue maria.cōme cy
deſſus eſt dict:doibt dire Credo in deum.ou Je croy en dieu le pere tout puiſſant.cōme cy
deſſoubz ſenſuyt.⁊ ſe recōmander apres a ſon bon ange/en luy faiſant telle oraiſon ſe aul
tre ne luy ſcait faire/diſant.Mon bon ange garde moy bien. Et en dire ⁊ faire autant le
ſoir quand on ſen va repoſer.pour le moins deux fois le iour.
                    ¶Senſuyt le Credo. comme on ſe doibt dire.
¶Je croy en dieu le pere tout puiſſant createur du ciel ⁊ de la terre. Et en Jeſuchriſt ſon
filz vnique noſtre ſeigneur.Qui fut cōceu du ſainct eſperit:ne de la Vierge Marie. Souf
frit deſſoubz ponce pilate/fut crucifie/mort ⁊ enſepuely. Deſcēdit es enfers/le tiers iour
reſſuſcita de mort.Mōta es cieulx:ſe ſied a la dextre de dieu le perc tout puiſſāt. En apres
viedra iuger les vifz ⁊ les mortz. Je croy au ſainct eſperit: La ſaincte egliſe catholique.
La communion des ſainctz/la remiſſion des pechez. La reſurrection de la chair. La vie
eternelle Amen.

℣Ong seul dieu tu adoreras
et aymeras perfaictement.
Dieu en vain tu ne iureras :
naultre chose pareillement.
Les dimenches tu garderas :
En seruant dieu deuotement.
Pere & mere honoreras:affin que
viues longuement. Homicide
point ne feras:de faict ne voluntairement. Luxurieux point ne
feras: de corps ne de cōsentemēt.
Lauoir daultruy tu nembleras:
ne retiendras a esciēt.Faulx tesmoingnage ne diras:ne mētiras
aucunemēt. Loeuure de chair ne
desireras : quen mariage seulle-
ment.Biēs daultruy ne couuoi-
teras:pour les auoir iniustemēt.

Ꝑartement au liure de Jesus sont les dix commandemens de la loy / que
dieu bailla a Moyse en la montaigne de Sinay.Et iceulx cōmandemens
doibuent garder et acomplir sur peine destre damne/tous & toutes qui ont
vsage de raison.Car sans cōgnoissance diceulx cōuenablemēt on ne peult
euiter peche/ne le cōgnoistre/ne soy veritablemēt cōfesser. Parquoy lignbo-
rance diceulx venue par desir/affection ou malice/ne excuse point ceulx qui ne les scauēt/
mais accuse & condāne.Et pource nostre seigneur commande quon les apt en meditation
en sa maison & dehors/en veillant & en dormant/& en toutes oeuures.Et ainsi on est tant
oblige de les garder/que celuy qui nen auroit ouy parler/ne ne cuyderoit mal faire/sil en
trespassoit vng voluntairement & mouroit ainsi/seroit damne pardurablement.Et par ce
appert lignorance des commandemens fort perilleuse:parquoy chascun doibt prēdre peine
de les scauoir. Quatre benedictions auront ceulx qui garderont les commandemens de
dieu.Metz toutes tes affections a tenir & garder la loy:Et quatre benedictiōs de dieu des
scendront sur toy.Car tu seras premierement paisiblemēt en ta cite/sans auoir nulle ad-
uersite/ne souffrir nul encombrement. Secondement ton champ sera plein dheureuse ferti-
lite:Et viendra a maturite/ton bled/ton grain & ton froment. Et si tasseure tiercement
Ta femme aura fecondite:Et auras en ta necessite des biens mondains suffisamment.
Dieu te gardera quartement/de mauuaise sterilite:car en ta terre auras plante/darbres
fruictz et biens largement.

Ointement au liure de Jesus sont les cinq cōmandemens de saincte eglise que doibuent garder tous ceulx ꝗ celles qui ont vsage de raison selon quil sera possible. Et est dict selon quil sera possible: pource que se lhomme ou la femme ne se pourroit confesser/ou ouyr la messe/ou recepuoir nostre seigñr a Pasques/ou garder la feste cōmandee/ou la ieusne: de obligation quand il auroit la volunte de obeyr/ou quil fust legitimement empesche : adont il ne pecheroit pas. Mais se garde lhomme ou la femme que orgueil/auarice/luxure/ire/gloutonuie/paresse/enuie/ou desir de veoir esbatemens mondains : comme danses/ieux/ou batteleurs/ ou deprisement desdictz commandemens de saincte eglise ne soit cause quil nenfreigne ou trespasse le commandement/affin que il nencoure damnation. De laquelle nous vueille garder la misericorde de Dieu.			Amen.

℃Icy est a noter que la transgression des commandemens de saincte eglise oblige a peche mortel/ꝗ par consequent a damnation: comme obligation des cōmādemens de la loy: desquelz auons deuant parle. Car ceulx qui oyent les prebstres faisantz les commandemens en leglise aux dimenches a heure de la messe parrochiale/ꝗ acōplissent iceulx commandemens/oyent Dieu ꝗ font sa volunte. Mais ceulx qui mesprisent les prebstres et ne font leurs commandemens selon lordonnance de seglise: mesprisent Dieu ꝗ son espouse saincte eglise/et pechent mortellement.

℃Cy fine le petit liuret de Nostre seigneur Jesus.

¶O dieu du haultain firmament
Mon vaisseau est tout plein dordure
Par mon mauluais gouuernement
Nager me fault a laduenture.
Le vaisseau cest la creature
Et tout ce qua elle appartient
Cest delict mondain qui peu dure
Dont peu souuent nous en souuient.
¶Naturellement cheminer
Il me conuient vng iour auant

Et ne scay comment gouuerner
Mon vaisseau derriere ou deuant
Jen ay le cueur fort desplaisant
Moy qui suys encor en icune aage
Car ie men vois tout en parlant
Comme passe vent ou horrage.
¶De grand paour le cueur me depart
Aller me fault diligemment
Dicy/z ne scay quelle part
Tirer pour mon aduancement

Le Kalend.

H i

O dieu mon pere qui ne ment
Si mon vaisseau tient conuoye
Par vous a port de sauluement
En peril suys destre noye.
¶Ancrer me fault en ceste mer
Tant qua mon createur plaira/
Quung voyage doibt estre amer
Quand on ne scait ou on ira:
Ne le iour que on partira
Plus y pense & plus mennoye
Cil qui me fit & deffera
Me conduyse la droicte voye.
¶Neantmoins a dieu ie commetz
Mon voyage & tout mon affaire
Et en sa grace ie me metz
Mieulx ie ne me scaurois retraire:
Il scait ce quil mest necessaire
Dont ie le prie apres tous dictz
Quen fin aye pour mon salaire
Le royaulme de paradis.
¶Helas la dure departie
Quand il ny a point de deport

Pour dieu soyez de ma partie
Vierge Marie mon seul support
Faictes moy ancrer en bon port
Mon vaisseau & mon gouuernal
Arriere du puant & ord
Lieu dannable gouffre infernal.
¶A dieu ie men vois sans attendre
Mon chemin/car ie suys surprins
Puis que ma voille ay voulu tendre
Et que mon auiron iay prins:
Jamais ie ne seray reprins
De cheminer le droict chemin
Que noz ancestres ont apprins
Et qui deuant nous ont prins fin.
¶Je doubte la perdition
Mon vaisseau esgarer en mer
Pour finale conclusion
Mon voyage me fault finer:
Vray dieu vueillez moy desliurer
Du damne sathan plein denuie
Et mon ame en gloire mener
En saincte & pardurable vie.

¶Nos sumus in hoc mundo sicut nauis super mare. Semper est in periculo semper timet accubare. Preuigilanti oculo nos oportet remigare: Ne bibamus de poculo dire mortis et amare. Est homo res fragilis curis oppressa labore. Mortis/iudicii/baratri/perplexa timore. Si virtus sola tutam dat ducere vitam. Virtus sola potest eternam condere famam. Felicem merita faciunt non copia rerum. Grandia non ditant/ditat bene grandibus vti. Discite mortales q sint mortalia vana. Precessere patres matres magniqz parentes. Nos sequimur paribus ad mortem passibus imus. Vnde superbimus: in terram terra redimus. Nuper non fueram nec ero tunc tempore pauco. Milia nunc putrent quorum iam nulla voluptas. Perdita fama silet anima anxia forsitan ardet. Viue mori presto munda sub mente quietus. Semita nunc virtus deus optimus anchora/portus. Felix qui potuit tam tutum tangere portum. Sed miser est quicumqz cadet sub peste gehenne. Qui finem attendit felix est qui bene viuit. Ergo quisquis ades precor hic sta: perlege/pensa. Mortem premetuens veniam pete: cor tere/plora. De reliquis cautus: bene facte crimine serua.

HOmme mortel viuant au monde est compare au nauire sur mer ou riuiere perilleuse portant riche marchandise: lequel sil peult venir au port que le marchand desire/il sera heureux et riche. Quand la nauire entre en mer/iusques a fin de son voyage est en grad peril destre noyee/ou prinse des ennemys: car en mer sont tousiours perilz. Tel est le corps de lhomme viuant au monde: la marchandise quil porte est son ame. Les vertuz & bones oeuures/le port est paradis: car qui y paruient est souuerainemet riche. La mer est le monde plein de vices & pechez. Celuy qui fault a le passer est en peril & danger de perdre corps et ame & destre noye en la mer infernale. Dont dieu par sa grace nous vueille garder. Amen.

N cheminant plus oultre au champ des vertuz/ et en la voye de salut pour
venir en la tour de sapiece/necessairement conuient aymer dieu : Car sans
lamour de dieu on ne peult estre saulue : Et qui le veult aymer premier se
doibt congnoistre:car de sa cognoissance on vient a son amour qui est charite la souueraine des vertuz. Ceulx cognoissent dieu et laymēt qui font
ses commandemens/et ceulx lignorent qui ne les font mye: lesquelz le iour de leur trespas-
semēt il ignorera/disant : Je ne vous congnois et ne scay qui vous estes/allez mauldictz
hors de ma cōpaignie. Cōgnoissons dōcques dieu et laymons:et se ainsi voulons faire cō-
gnoissōs premieremēt nousmesmes:et par cōgnoissance de nous viēdrons a cōgnoissance
et amour de dieu : mais se sommes ignorans de nous ia naurons congnoissance de dieu.
A ce propos fault noter vne chose/et en scauoir sept. La chose quon doibt noter est. Qui
congnoist soymesmes congnoist dieu/et ia ne sera dāne/et qui ne se congnoist/ne congnoist
dieu/et ia ne sera saulue. Entendu de ceulx qui ont sens et discretion auec laage pour scauoir congnoistre:de laquelle cōgnoissance nulluy nest excuse pour dire quil est ignorant.
Par cecy appert lignorance de soy et de dieu tresperilleuse. Peche mortel est cōmencement
de tout mal/et cōtraire a la cōgnoissance de dieu et de soy:laquelle congnoissance est tresne-
cessaire vertu. Les sept choses quon doibt scauoir sont premierement Les .vii. articles de
la foy/lesquelz on doibt croire sur peine de damnation eternelle. Item les petitions contenues en loraison Nostre seigneur/par lesquelles on luy demande toutes choses necessaires pour son salut/et ce que on doibt esperer de luy. Item les dix commādemens de la loy/
et les cinq commandemēs de nostre mere saincte eglise/qui enseignent ce quon doibt faire/
et quon ne doibt pas faire. Item de quelle vacation quon est/et les choses appartenantes
a icelle. Item si on est en la grace de dieu ou non/et combien quon ne le puisse scauoir cer-
tainement/touteffois on en peult auoir aucunes coniectures lesquelles sont bonnes de scauoir. Item congnoistre dieu:Item congnoistre soymesmes: par lesquelles congnoissances
on vient a vraye amour et charite de dieu/pour acomplir ses commandemens/ et auoir le
royaulme de paradis. Des trois premiers est assez dict: cestascauoir des douze articles de
la foy/et des choses que debuons demander a nostre seigneur qui sont contenues en la Patenostre. Aussi des commandemens de la loy/et de saincte eglise:ou pour lamour de Dieu
acomplissant ses commandemens se prouue vraye charite. Reste dire des aultres quatre:
Et premier de la vacation dequoy on est/qui est chose que tout homme doibt scauoir sin-
gulierement:et si les choses appartenantes a icelle sont iustes et honnestes pour son salut.
Vng bon berger doibt scauoir lart et mestier de bergerie/et gouuerner brebis/et les scauoir
mediciner et tondre en la saison. Pareillement celuy qui taille sa vigne doibt congnoistre
le boys qui porte fruict et coupper le mauuais/et selon le lieu luy bailler les facons et tous
moyens qui sont a elle necessaires. Semblablement vng medecin doibt scauoir conforter
et guarir les malades desquelz il a charge. Consequemment vng marchand doibt congnoistre et scauoir les lieux ou il y a abondance de marchandise pour en auoir competant
marche/et la distribuer a gaing sans frauder aultruy. Aussi vng aduocat ou procureur
doibt scauoir les droictz et coustumes des lieux/que par sa faulte/iustice ne soit peruertie.
Vng bon iuge en apres doibt congnoistre les parties oupes laquelle a droict et laquelle
a tort/et rendre a chascune ce quelle doibt auoir. Vng prebstre aussi ou vng bon religieux
doibt scauoir sa reigle et garder:et sur tout doibt scauoir la loy de dieu et lenseigner a ceulx
qui ne la scauēt pas. Et ainsi de toutes autres vacations:car toute personne qui ne scait
sa vacation nest pas digne dy estre/et vit en peril et dāger de son ame pour la non scauoir.

Le Kalend.   H ii

¶ La cinquiesme chose que tout homme doibt scauoir sil a sens et entendement/cest sil est en la grace de dieu. Et combien quil soit fort difficile/car dieu seulement en a la congnoissance:touteffois on en peult auoir aucunes coiectures qui le demonstrent:¶ suffisent pour scauoir a bergers ¶ simples gens silz sont en lamour de dieu/et silz ont aucune coniecture dy estre/pour ce ne se doibuent reputer aucunement iustes ¶ ainsi se doibuent plus humilier et demander sa misericorde qui faict les pecheurs deuenir iustes. Principalement on doibt scauoir ceste science au temps quon veult recepuoir le corps de nostre seigneur Iesuchrist.car qui le recoipt en grace recoipt son sauluement : et qui ne le recoipt en grace recoipt son dānement. Les coiectures par lesquelles on peult cognoistre si on est en la grace de dieu/sont telles. La premiere coniecture est quand on traueille a nettoyer sa conscience par penitence autant comme on traueilleroit pour gaigner quelque grand bien/ou pour euiter quelque grād mal/¶ quon ne soit coulpable daucun peche mortel/ny en aucune sentence. Lors est bonne coniecture destre en la grace de dieu. La seconde coniecture qui monstre pareillement quon soit en la grace de dieu:cest quand on est prompt et diligent de obseruer ¶ garder les cōmandemens de dieu/¶ faire toutes bonnes oeuures quon doibt acoustumer de faire. La tierce coniecture est quand on entend voluntiers la parolle de dieu/les sermons ¶ bons enseignemēs pour son salut. La quarte est quand on a douleur et vraye contrition au cueur dauoir peche mortellement. La cinquiesme est quand on a bon propos et ferme volunte de soy garder de pecher le temps aduenir. Les coniectures sont par lesquelles bergers et simples gens scayuent se ilz sont en la grace de dieu autant comme a eulx est possible de scauoir. ¶ La sixiesme chose que tout homme doibt scauoir est:car tout hōme doibt congnoistre dieu pour acomplir sa voulente ¶ commandement: par leql veult estre ayme de tout le cueur/de toute same/¶ de toutes les forces quon a/ce que on ne pourroit faire qui ne le congnoistroit:doncques qui ayme dieu le doibt congnoistre/¶ tant plus on le congnoist ¶ plus on layme. Parquoy sera dict cy apres comment bergers ¶ simples gens se scaurōt congnoistre. Bergers ¶ simples gens pour congnoistre dieu de leur possibilite doibuent considerer trois choses. La premiere est/quilz doibuent considerer la tresgrande richesse de dieu/sa grande puissance/sa souueraine dignite/sa souueraine noblesse/ et sa souueraine ioye ¶ lyesse. La seconde est/quilz considerent de dieu les nobles/grans/ et merueilleux ouurages. Et la tierce est/quilz doibuent considerer les innumerables benefices quilz ont receuz/et que iournellement recoyuent de luy. et par ces considerations viennent a sa congnoissance. Premier pour congnoistre dieu/bergers ¶ simples gens considerent sa grande richesse ¶ plantureuse abondance quil a:car tous tresors ¶ biens du ciel et de la terre sont a luy/qui tous les biens a faictz/¶ desquelz est fontaine/createur ¶ maistre/¶ les distribue a largesse a chascun/¶ na necessite de nulluy:parquoy conuient dire quil soit tresriche. Secōdement il est trespuissant:car par sa grande puissance il a faict ciel/terre et mer/¶ toutes choses qui y sont/et les pourroit deffaire si son vouloir estoit. Par la premiere de ces considerations on congnoist dieu estre tresriche pour remunerer ses amys. et par la seconde trespuissant pour se venger de ses ennemys. Tiercement est souuerainemēt digne:car toutes choses du ciel ¶ du monde luy doibuent hōneur ¶ reuerence:car il est seul createur qui les a faictes/¶ duquel sont venues. Quartement il est souuerainement noble:car qui est souuerainement riche/puissant/¶ digne/conuient estre souuerainement noble:mais nul aultre que dieu na puissance/richesse/ou dignite comme luy:parquoy de telle noblesse fault dire quil soit tresnoble. Quintement il a souueraine ioye : car celuy qui est riche/puissant/digne/¶ tresnoble:nest point sans auoir souueraine ioye : Car ceste ioye est

plenitude de tous biens/a laquelle debuõs esperer de paruenir:cestascauoir veoir dieu en
souueraine ioye ⁊ lyesse.Et est la premiere cõsideration de nostre seignent ⁊ bergers ⁊ simples gẽs doibuẽt auoir. Secondemẽt pour cognoistre dieu/fault cõsiderer ses grãs ⁊ merueilleux ouurages:la bonte ⁊ beaulte des choses quil a faictes:pource quoy dict cõmune-
ment/on cõgnoist souurier a louurage.Cõgnoissans donc les ouurages de dieu estre bõs
et beaulx/⁊ que luy qui les a faictz est tresboy:fault cõsiderer les cieulx ⁊ ce qui y est de
tresmerueilleux ouurage.Aussi la terre/loz/sargent/tous metaulx/⁊ pierres precieuses en
elle:les fruictz quelle porte/les arbres ⁊ bestes quelle soustiẽt ⁊ nourrist.Aussi cõsiderer la
mer ⁊ les poissons qui y sont.Le tẽps/les elemẽs/les oyseaulx qui y vollent/⁊ tout pour
lusage ⁊ seruice de lhõme.Cõsiderons dõc que dieu par sa puissance a tout faict de riens:⁊
par ceste maniere bergers ⁊ simples gẽs congnoistront dieu en considerant ses ouurages.
Tiercemẽt pour cognoistre dieu doibuẽt cõsiderer les benefices quilz recoyuẽt chascuy iour
de luy/lesquelz on ne scauroit nõbzer ne dire.Touteffois en sont notez six en leurs cueurs
par lesquelz vng berger disoit en ceste maniere des louẽges de dieu. Sire dieu ie congnois
de voz benefices infiniz a moy faictz par vostre grãde bõte.Premieremẽt le benefice de ma
creation/par lequel mauez faict hõme a vostre image ⁊ semblance : sire vous mauez dõne
mes cinq sens de nature ⁊ entendemẽt pour moy gouuerner:dõt hũblemẽt vous rẽdz graces ⁊ louẽges. Secondement sire ie cõgnois le bien de ma redẽptiõ cõme par vostre doulceur ⁊ benignite mauez rachepte cheremẽt par leffusiõ de vostre paieux sang:⁊ mauez dõne vostre corps ⁊ vostre ame pour me garder de dãnatiõ:dõt hũblement vous rens graces ⁊ louenges.Tiercemẽt sire ie cõgnois le bien de ma vacatiõ cõme de vostre grace me
auez appelle pour estre heritier de paradis/⁊ mauez dõne la foy ⁊ congnoissance de vous/
le baptesme ⁊ les auttres sacremẽs de si grande dignite/⁊ tant de foys mauez mes pechez
pardõne.Sire ie cõgnois que ce mest vng biẽ singulier q̃ nauez pas faict a ceulx qui nõt
cõgnoissance de vous:dont hũblemẽt vous rens graces ⁊ louẽges.Quartemẽt sire vous
mauez dõne les biẽs de ce mõde pour moy seruice ⁊ vsage:dõt hũblemẽt vous rẽs graces
ẽt louẽges.Quintemẽt vous mauez dõne le soleil ⁊ la lune ⁊ les estoilles qui iour ⁊ nuict
me dõnent lumiere sans que leur face recõpense:dõt hũblemẽt vous rens graces ⁊ louen-
ges.Sextemẽt ie cõgnois que mauez appzeste vostre beau paradis/se ie garde voz cõmã-
demens/ou ie viuray auec vous en ioye eternelle : dont ie vous rens graces et louenges.
Par ces cõsiderations bergers ⁊ simples gẽs contemplent la bonte de dieu ⁊ les benefices
quilz recoyuent de luy. Cõgnoissons le/ne soyõs ingratz cõgnoissans ses benefices/luy
rendant louẽges/⁊ recõpense de noz biens en dõnant aux poures pour lamour de luy:car
ingratitude est vilaine qui trop luy desplaist.La.vii.⁊ derniere chose que tout hõme doibt
scauoir ⁊ cõgnoistre est soymesmes : ⁊ nest meilleur moyey pour venir a congnoissance de
dieu ne pour faire son saluemẽt/que soy premieremẽt congnoistre.Plusieurs cõgnoissent
moust de choses qui ne cõgnoissent pas eulx mesmes:ausquelz prouffiteroit plus eulx cõgnoistre que toutes les choses du monde. Ceulx qui cognoissent les choses du mõde les
ayment:ceulx qui ne les cõgnoissent ne les ayment ne pzisent:ne dieu pareillement quand
ne le cõgnoissent.Que prouffite a lhõme gaigner le monde ⁊ perdze soymesmes pour estre
damne.Plus luy prouffiteroit perdze tout le monde/⁊ quil se congneust pour estre saulue.
Bergers dient que le cõmencement pour faire son saluemẽt est soy cõgnoistre. ⁊ que par
le cõtraire ignozãce de soy est cõmencemẽt daller a dãnemẽt/⁊ de tous maulx quoy peult
auoir.Cõne questiõ dũg berger a vng simple berger pour scauoir cõmẽt se cõgnoissent/
et demandait en ceste maniere. Berger dy moy cõment te congnois tu/qui es tu:Respons

H iii

moy.Et le simple berger respōd. Je me cōgnois/car ie suys hōme chrestiey berger. Quest
estre hōme.Le simple berger respond.A ce que demādes quest hōme : Je dy que lhōme est
Bne substance cōposee de corps ⁊ dame:⁊ quant au corps est moꝛtel ⁊ faict de terre/et de la
condition des bestes : mais lame est faicte de la matiere des espꝛitz ⁊ condition des anges
et est immoꝛtelle.Moy corps Benu de semēce abbominable est Bng sac plein doꝛdure et de
puāteurs/⁊ Biāde que les Bers māgeront.Moy cōmēcemēt fut Bil/ma Bie pleine de labeur en crainte ⁊ subiection de la moꝛt/⁊ ma fiy sera douloureuse ⁊ en grās pleurs.Mais
mon ame est cꝛee de Dieu noblemēt a soy image et semblance:la plus perfaicte de toutes
creatures apꝛes les anges/⁊ belle par baptesme. et est fille ⁊ espouse de dieu et heritiere de
soy royaulme qui est paradis. ⁊ pour sa noblesse ⁊ grand dignite doibt estre dame/et moy
coꝛps cōme hūble seruiteur luy obeyꝛ:car raisoy la ainsi oꝛdōne.Et qui faict aultrement et
pꝛefere soy corps deuāt soy ame pert Bsage de raisoy/⁊ se faict semblable auy bestes bꝛu-
tes descēdant de noble dignite en miserable seruitude de sensualite/⁊ pouꝛce ie me cōgnois
hōme.Secondemēt que ie soye chrestiey/ie dy que estre chrestiey est estre baptise et suyure
Jesuchꝛist duꝗl oy est dict chrestiey.car estre baptise ⁊ non lensuyure/ou lensuyure ⁊ nestre
baptise ne saulueroit point lhōme:⁊ pouꝛce quand oy recoit baptesme oy renōce au diable
et a toutes ses pōpes / et faict oy pꝛomesse densuyure Jesuchꝛist quand oy dict Je Beulx
estre baptise.Laquelle ꝑmesse qui sa garde bien a Bray noy de chrestiey:⁊ qui ne la garde est dict pecheur/mēteur a dieu/⁊ seruiteur du diable/⁊ nest dict chrestiey sinoy cōme Bng
hōme moꝛt/ou painct en Bng mur ⁊ oy dict que cest Bng hōme.Jcy demāde le maistre berger en quātes choses doibt le chrestiey ensuyure Jesuchꝛist pour acōplir la pꝛomesse de ba-
ptesme.Respōd le simple berger.Je dy en six choses.La pꝛemiere est nettete de conscience.
car il nest chose plus plaisante a dieu que cōsciēce nette/⁊ Beult estre nette en deuy manie-
res:lune par baptesme quād oy se recoit/saultre par penitēce qui est cōtrition de cueur/con-
fession de bouche/satisfaction de oeuure:⁊ adōcques quād oy est net oy est plaisant a dieu
qui de leaue de sa misericoꝛde nettoye les pecheurs qui font penitence. La seconde chose en
quoy le chrestiey doibt ensuyure Jesuchꝛist/est humilite a leyēple de luy seigneur du ciel
qui sest humilie de Bestir nostre humanite/⁊ deuenir moꝛtel ꝗ est immoꝛtel/ Biure en pourete auec nous/poꝛter peines oppꝛobꝛes/⁊ en fiy estre crucifie:⁊ le chrestiey pour lamour
de luy lensuyuant se doibt humilier. La tierce chose est tenir et aymer Berite/et en especial
trois Beritez.La pꝛemiere est de soymesmes congnoistre quoy est moꝛtel et pecheur:et qui
mourra en peche sera cōdāne/⁊ ceste Berite garde de faire peche ⁊ eyhoꝛte le pecheur a faire
penitence ⁊ soy amender.La seconde Berite est des biens tempoꝛelz qui sont transitoires/
et les conuiendꝛa laisser/⁊ ceste Berite les fait mespꝛiser pour desirer ceuy du ciel qui sont
eternelz.La tierce Berite est de dieu qui est la ioye ⁊ felicite que tous chrestiēs doibuent de-
sirer/⁊ ceste Berite tire le chrestiey a soy amour ⁊ linduyt a faire bōnes oeuures pour me-
riter les ioyes de paradis.La quarte chose en quoy le chrestiey doibt ensuyure iesuchꝛist est
patience en aduersite ⁊ en pꝛosperite Biure penitent/soy confermant en lestat de iesuchꝛist
duquel toute sa Bie a este en peine ⁊ pourete quil a endure pour nous. La.B.est compaſ-
sioy des poures a leyēple de iesuchꝛist qui guarissoit les poures de toutes maladies coꝛ-
poꝛelles ⁊ les pecheurs des maladies spirituelles/ ⁊ nous par compassioy debuons donner de noz biens auy poures ⁊ les confoꝛter coꝛpoꝛellement ⁊ spirituellement. La.Bi.chose
en quoy le chrestiey doibt ensuyure iesuchꝛist est douleur/deuotioy ⁊ charite/cōtemplation
des mysteres de sa natiuite/⁊ de sa moꝛt ⁊ passioy/ ⁊ de sa resurrection/ de soy ascensioy/
et de soy aduenemēt au iugemēt/qui souuent doibt estre en nostre cueur par sainctes me-

ßitations.Et quant au dernier quelle chose est berger. Je dy que cest ma vacation com
me chascun la sienne ainsi que deuant est dit/a des choses dictes les transgressions côbien
de foys en chascune ont transgresse : Car autant on a offense de dieu/a qui bien y pense
roit trouueroit de grans omissions/lesquelles congneues feroit penitence. Et ainsi est cô
me ie congnois homme chrestien berger.

CChanson dung berger qui nestoit point maistre a qui sa congnoissance ne
prouffitoit riens.

CJe congnois que dieu ma forme
Et faict a sa digne semblance:
Je congnois que dieu ma donne
Ame/sens/vie/a congnoissance:
Je congnois ma iuste balance
Selon mes faictz iuge seray:
Je congnois moult;mais ie ne scay
Congnoistre dou vient la follie
Que ie scay bien que ie mourray
Et si namende point ma vie.
CJe congnois en quel pourete
vins sur terre a nasquy denfance:
Je congnois que dieu ma preste
Tant de biens en grande abondance:
Je congnois que auoir ne cheuance
Auecques moy nemporteray:
Je congnois que tant plus auray
Plus dolent mourray en partie:
Je congnois tout cecy pour vray
Et si namende point ma vie.
CJe congnois que iay ia passe
Grand part de mes iours sans doubtance:
Je congnois que iay amasse
Pechez/a faict peu penitence:
Je congnois que par ignorance
Excuser ie ne me pourray :
Je congnois que trop tard viendray
Quand lame sera departie

Pour dire ie mamenderay
Et si namende point ma vie.
CPrince ie suys en grand esmoy
De moy qui les aultres chastie :
Car il ny a pire que moy
Et si namende point ma vie.

CSensuyt vne aultre chanson dung berger qui bien se congnoissoit:a laquelle sa
congnoissance prouffitoit. Et disoit ce quil sensuyt.

CJe considere ma poure humanite
Et comme en pleur/nasquy sur terre :
Je considere moult ma fragilite
Et mon peche quil trop le cueur me serre:
Je considere que mort me viendra querre
Je ne scay lheure pour me tollir la vie:
Je considere que lennemy mespie
La chair/se monde/me guerroye si fort
Je considere que cest tout par enuie
Pour me liurer sans fin do mort a mort.
CJe considere les tribulations
De ce vil siecle/dont la vie nest pas nette:
Je considere cent mille passions
Que poure humaine creature est subiecte:
Je considere la sentence perfaicte
Du vray iuge/faire sur bons a mauls:

H iiii

Je considere tāt plus vifz/tant pis vaultz
Dont conscience bien souuent me remort
Je considere les damnez par deffaultz
Qui sont liurez sans fin de mort a mort.
¶Je considere les vers qui mangeront
Mon dolent corps/cest chose espouentable
Je considere les pecheurs que feront
Quand ce viendra au iugemēt doubtable:
O doulce vierge sur toutes delectable

Priez pour moy en icelle iournee
Qui tant sera merueilleuse z doubtee
Et ma poure ame conduysez a vray port
A vostre filz de long temps lay donnee
Pour la deffendre sans fin de mort a mort.
¶Prince du ciel vostre humble creature
Vous crye mercy pour faire son accord
Et de la grande peine qui tousiours dure
La deffendez sans fin de mort a mort.

¶Cy commence les dictz dung mort/disant ainsi.

¶Se mon regard ne vous vient a plaisir
Par sa hydeur quiest espouentable
Prenez en gre/congnoissez le desir
Parquoy pretēs quil vous soit proffitable
Il ny a point de moyen plus tirable
Les cueurs a bien/que de soy recōgnoistre
Cōgnoissez dōc par moy telz vo⁹ fault estre
Et preparez a mort vostre inuentoire
Les filz Dadam mourrōt to⁹/cest notoire.
¶Las toy mondain contēple ma maniere
Ung temps fuz vif/que iauoye visage
Pour peulx rias iay deux trous de tariere
Conduictz a vers/qui ont faict le passage:
La mort daultruy te rende doncques sage
Car comme moy tu deuiēdras en pouldre
Tout picquotte cōme ung dey a couldre
Dung tas de vers desquelz seras repas
A tous humains conuient passer ce pas.
¶Durant le tēps que iestoye en ce monde
Honnore fus de sublime puissance
Trop despourueu de conscience munde
Dont iay remors qui me poingt a oultrāce
Quesse dhonneur quesse de iactance
Que les fagotz des enfers allumer:
Bien est le fol qui fault bas trebuscher
Car seurete cy en bas na gesine
Qui trop hault monte/il ayme sa ruyne.
¶Je respandz larmes de forcenee rage
De la douleur qui me tient excessiue
Au feu denfer ie suys mis en ostage
Le quay seme il fault que ie mestiue
Las que fera ma poure ame chetiue
Pour se purger des pechez quay commis
Saigneur ne puis se nest par mes amys

¶Car ie suys ver qui ne puis plus q̄ paille
Qui faict peche il en payera la taille.
¶Dieu crea tout z benist de sa dextre
Fors que peche/qui peult donc delict estre
Quesse de luy dequoy print il engence
Peche nest riens fors carence de bien
Sil est ainsi sur moy requiert vengence
Frācz fusmes faictz vng chascun sur le sien
Quād dieu nous fit garnis de frāc arbitre
Mais mal iesleuz q̄ prins le feu pour mien
Dieu delaissant pour sentir son chapitre.
¶Ainsi enfer sur nulluy na droicture
Que par ses maulx ou par ses actions
Qui plus y met plus prēd grāde voyture
Nul nest tiece que de ses passions
Du iusticier ne des corrections
Nest a querir/car il est droicturier
Bienheureux est qui va le droict sentier
Car tel aira son iuge a protecteur
Cest le vray dieu de tous biens redditeur.
¶Las sil estoit que eusse espace donnee
Le temps dung iour pour faire penitence
Quel dueil/quelz pleurs/helas qlle menee
Feroit mon corps par dure repentance
Or nest appel apres ceste sentence
La ou ie suys/nay espoir dauoir mieulx
Jeune ie fus z ne puis quand ie veulx
Du repentir lheure si est faillie
Ja fol ne croit tant quil void sa follie.
¶Il appert donc par bien viue raison
Que fol espoir de viure longuement
Me fit iadis quand iestoye en choison
De mon salut ou de mon damnement:
A pied leue fus surprins chauldement

⸿La mort parlant aux mondains viuantz.

Prenez patron vous qui portez les hucques
Robes pompantz/ & pourpointz de satin
Les grans plumars & fardees perruques
Que cest de moy entendez ce latin
Ignorez vous quil fault quelque matin
Tous comme moy estre des vers la proye
Se dieu se taist/ si pense il a la paye
Du retribut de vostre sacrifice
De ses grans yeulx il cõtemple tout vice.

Et sans arrest de mort fut la saisine
Mais bien faict dieu qui lheure determine
Car qui ne craint en grand peril se boute
Quãd loeil ouuert en sõ fait ne void goutte
⸿Du sõt les pleurs le dueil de mõ trespas
Parens/amys/voisins a grand plante
Qui me ploroyent voire sans contrepas
Du est lespoir que sur eulx iay plante/
Bon faict penser de soy durant sante
Car cest folie daultruy querir suffrage
Apres la mort le vif na nul vsage

De se pourueoir apres son dernier iour
Donc chascun doibt y penser sans seiour.
⸿Helas pourtant vanite delaissee
Elisez mieulx que le viure mondain
Ne ignorez pas que mort vous soil pusse
Qui estes pres de tumber en sa main
Car tel est huy/ qui ne sera demain
Las quesse donc du monde & son plaisir
Dz vie/ou mort/ si est a ton choisir
Elis des deux & retiens la meilleure
Bienheureux est/ q mort prend en bon heure.

¶Depuis q̃ mort dessus tous a droicture
Efforcez vous dauoir des meurs leslite
Gaignez les cieulx deuant la pourriture
Apprestez vous contre la mort despite
Voyez aussi ceulx qui en ioye petite
En ce monde ont leurs delictz passez
Jeunes a vieulx sont ensemble entassez
Suppliant ceulx qui verront ceste histoire
Les trespassez auoir en leur memoire.

　　　¶Les dix comandemẽs du diable.
¶Toy qui les miens commandemens
Veulx de cueur garder a scauoir
Auras denfer les grans tormens
A iamais sans remede auoir.

¶Ton dieu point ne redoubteras
Ne recongnoistras sa bonte
Mais scauoirs mondains apprendras
Et a faire ta voulente.

¶Pour decepuoir tout homme a femme
Souuent tu te pariureras
Et pour plus fort damner ton ame
Dieu a ses sainctz blasphemeras.

¶Les festes tu tenyureras
Et perdras ton temps follement
Et les aultres prouoqueras
A viure vicieusement.

¶Pere a mere peu priseras
Et feras courroucer souuent
Et ia bien tu ne leur feras
Mais leur procureras tourment.

¶Haine a rigueur porteras
Contre ton prochain longuement
Et a nul ne pardonneras
Mais desireras vengement.

¶Grand luxurieux tu seras
De faict/a par attouchement
Ton mariage faulseras
No nobstant que dieu le deffend.

¶Le bien daultruy tu retiendras
Par tricherie a par fallace
Et iamais riens tu ne rendras
Pour courtoisie quon te face.

¶Pour ton voisin faulx tesmoingnage
En iurement allegueras
Diffame a aultre dommage
Par ta langue souuent feras.

¶Femmes souuent frequenteras
Pour leur donner consentement
A les veoir grand plaisir prendras
En les desirant follement.

¶Tout ton engin appliqueras
Pour auoir laultruy follement
Du au moins le couuoiteras
Se faire ne peulx aultrement.

¶Qui mes commandemens fera
Je le payeray certainement
Car en enfer damne sera
Sans auoir nul allegement.

¶Et quand viendra le iugement
Il mauldira le iour a lheure
Quil fut ne pour si grand torment
Soustenir/a si grand ardure.

　　　¶Les benefices que ont ceulx denfer.
En enfer sont tresgrans gemissemens
Grans desconfortz a desolations
Et anguoisses et crys a vrlemens
Et grans douleurs a grans afflictions
Tresgrans regretz et grãdz compunctions
Parquoy pecheurs se doibuent conuertir
Car on y oyt des maledictions
De gros blasphemes a detestations
Mais riens ny vault si tard le repentir.

¶Feu treshorriblement ardant
Froid aussi fort refroidissant
Grans crys de douleur sans cesser
Fumee quon ne peult laisser
Soulphre puant/infect/horrible/
Vision de diables terrible
Faim tormentant cruellement:
Et aussi pareillement
Grand honte a confusion
En tous membres affliction
De toute gloire deffaillance
Remors sans fin de conscience
Ire rancune/orgueil/gloutonnie
Dessus aultruy mauldicte ennie
Et crainte qui trop leur ennuye
Peine a torment qui point ne fault
Et de toute ioye default
Desir de la mort treshideuse
Et tribulation honteuse.

CEn lapocalypse est escript que sainct Jehan leuangeliste vid vng
cheual de couleur passe/sur lequel estoit assise la mort/& enfer suyuoit
ce cheual. Le cheual signifie le pecheur qui a la couleur passe pour sa
maladie de peche:et porte la mort. Car peche est la mort de lame : et en
fer se suyt pour lengloutir/sil mouroit impenitent.

CSur ce cheual hideux & passe
La mort suys fierement assise
Il nest beaulte que ie ne hasle
Soit vermeille/blanche/ou grise:
Mon cheual court comme la bise
Et en courant ie rue & frappe
Je tue tout/car cest ma guise
Tout homme trebusche en ma trappe.
CJe passe par montz & par vaulx
Sans tenir ne voye ne sente
Je prens par villes & chasteaulx
Mon tribut/mon cens/& ma rente
Sans donner delay ne attente
Ne iour/ny heure ne dempe
Deuant moy fault quon se presente
A tous viuans ie oste la vie.

CEnfer scait bien quelle tuerie
Des gens ie faictz:car pas a pas
Me suyt/& de ma boucherie
Souuent en faict de gros repas:
Quand ie besongne il ne dort pas
Par moy attent que proye aura
Daucun qui ne sen doubte pas
Sen garde qui garder vouldra.
CEncor me suyt raison pourquoy
De ceulx que ie tue de mon dard
Et sont sans nombre croyez moy
Car il en a la plus grand part:
Paradis nen a pas le quart
Ne la disme/on luy faict tort
Au moins sil auoit tost ou tard
Lhomme pecheur quand il est mort.

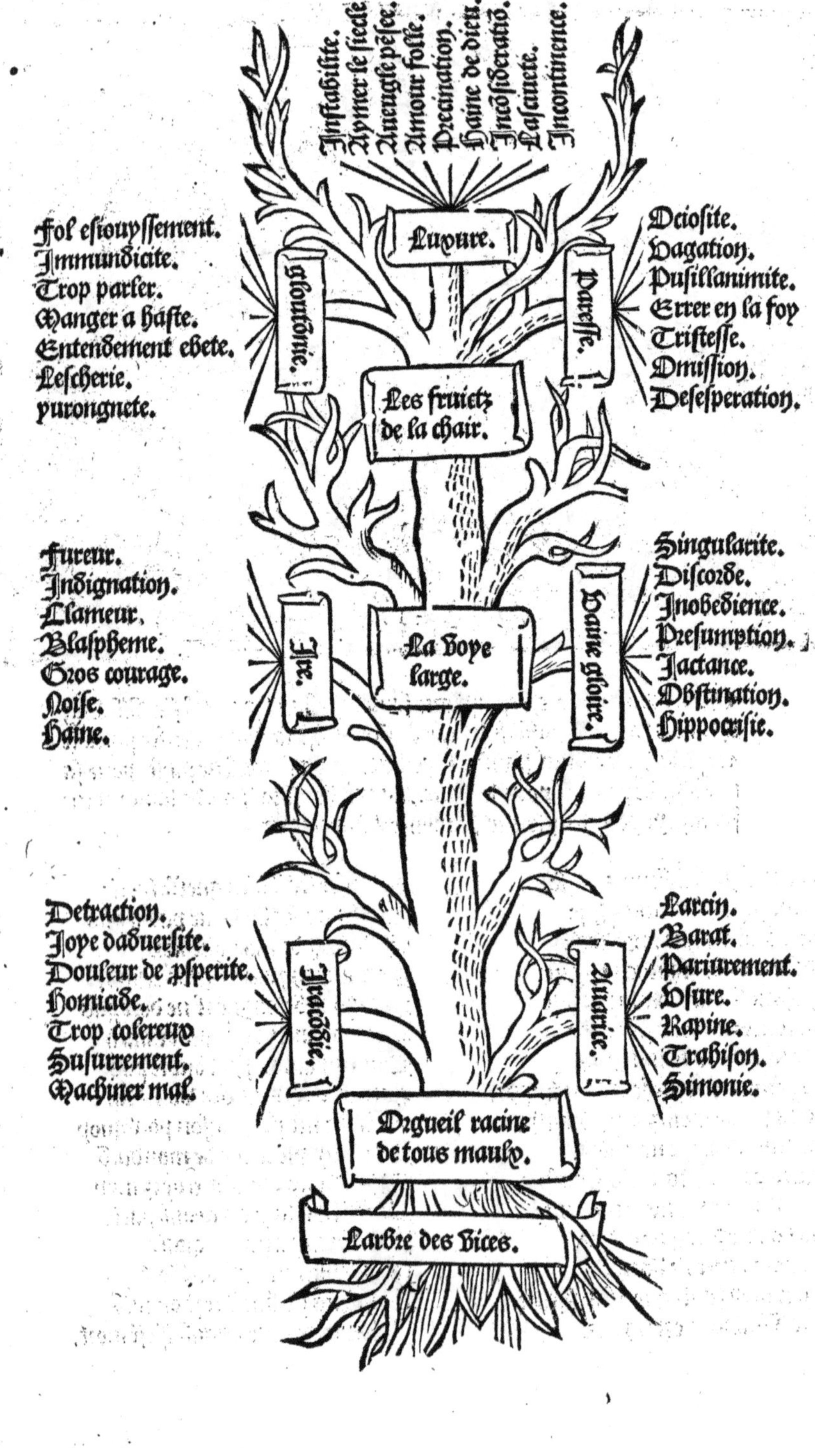

Instabilite.
Aymer le siecle.
Aueugle pe$ee.
Amour folle.
Precipitation.
Haine de dieu.
Incon$ideratio.
La$unete.
Incontinence.

Luxure.

Fol e$iouy$$ement.
Immundicite.
Trop parler.
Manger a ha$te.
Entendement ebete.
Le$cherie.
yurongnete.

Deio$ite.
Vagation.
Pu$illanimite.
Errer en la foy
Tri$te$$e.
Omi$$ion.
De$e$peration.

Parc$$e.

Les fruietz de la chair.

gloutonnie.

Fureur.
Indignation.
Clameur.
Bla$pheme.
Gros courage.
Noi$e.
Haine.

Singularite.
Di$corde.
Inobedience.
Pre$umption.
Jactance.
Ob$tination.
Hippocri$ie.

vaine gloire.

Ire.

La voye large.

Detraction.
Joye daduer$ite.
Douleur de p$perite.
Homicide.
Trop tolereux
Su$urrement.
Machiner mal.

Larcin.
Barat.
Pariurement.
V$ure.
Rapine.
Trahi$on.
Simonie.

Iractbie.

Auarice.

Orgueil racine de tous maulx.

Larbre des vices.

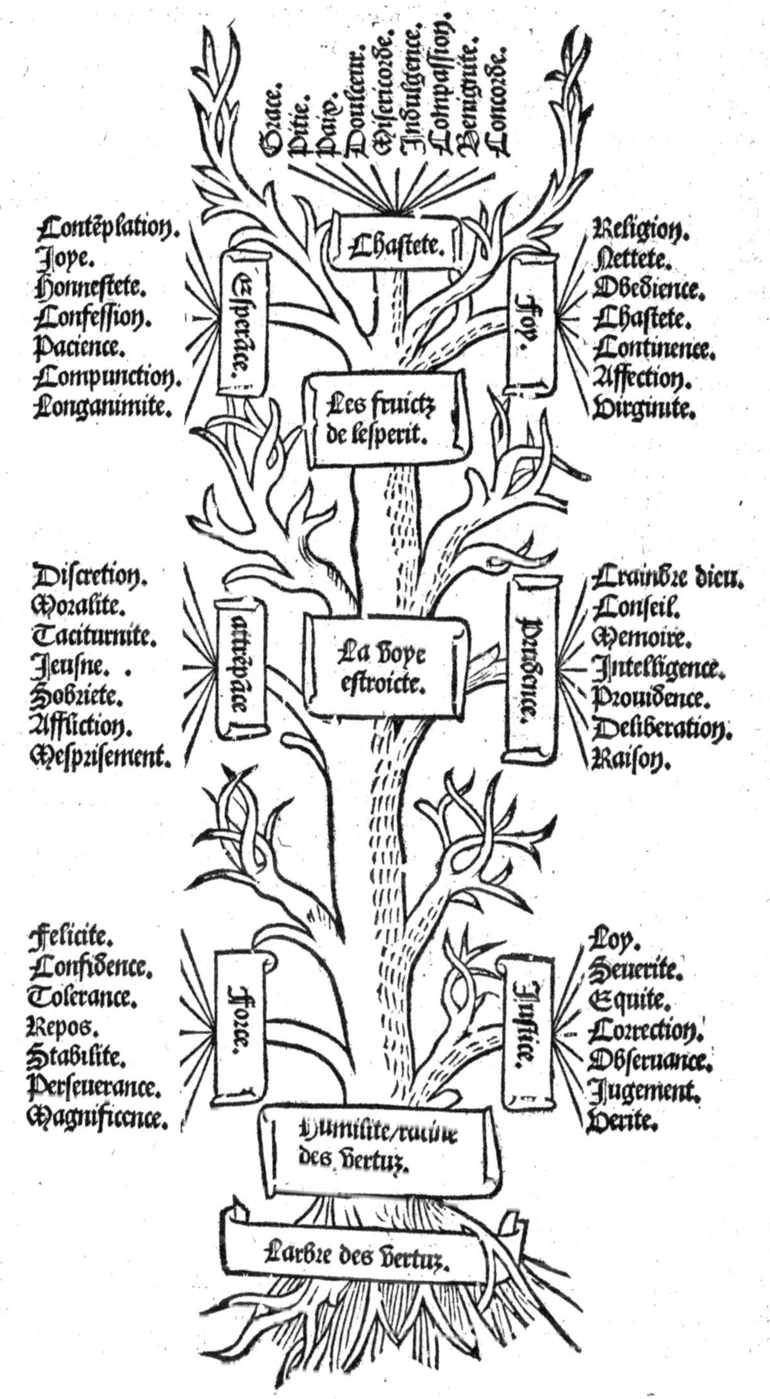

Grace.
Pitie.
Paix.
Douleur.
Misericorde.
Indulgence.
Compassion.
Benignite.
Concorde.
Contẽplation.
Joye.
Honnestete.
Confession.
Pacience.
Compunction.
Longanimite.
Religion.
Nettete.
Obedience.
Chastete.
Continence.
Affection.
Virginite.
Chastete.
Esperãce.
Foy.
Les fruictz de lesperit.
Discretion.
Moralite.
Taciturnite.
Jeusne.
Sobriete.
Affliction.
Mesprisement.
Craindre dieu.
Conseil.
Memoire.
Intelligence.
Prouidence.
Deliberation.
Raison.
attrẽpãce.
Prudẽce.
La Voye estroicte.
Felicite.
Confidence.
Tolerance.
Repos.
Stabilite.
Perseuerance.
Magnificence.
Loy.
Seuerite.
Equite.
Correction.
Obseruance.
Jugement.
Verite.
Force.
Justice.
Humilite/racine des vertuz.
Larbre des vertuz.

Cy est la signification de chascune vertu nõmee en larbre precedẽt. Et premieremẽt cest Humilite mere de toutes vertuz et racine de larbre/laquelle quand elle est bien ferme/larbre se tient droict: mais si elle fault/larbre est couche bas auec ses branches. Humilite est inclination voluntaire de pẽsee et courage venãt du regard ⁊ congnoissance de dieu. ⁊ a six branches principales qui cõstituent larbre des vertuz: ⁊ sont Charite/foy/Esperãce/Prudẽce/Justice/force/⁊ Attrẽpance. ⁊ de chascune viẽnent plusieurs aultres vertuz cõme larbre cy deuãt monstre/qui sont cy apres declarez.   Cest premierement De charite.

⸿ Charite treshaulte vertu de toutes/est desir de pẽsee ardant ordõne a aymer dieu ⁊ son prochain. ⁊ sont ses brãches Grace/paix/pitie/doulceur/misericorde/indulgẽce/cõpassion/benignite/concorde. Grace est par laquelle est demonstre vng seruice affectueux de beniuolence entre les amys de lung amy a laultre. Paix est tranquilite ⁊ repos bien ordonne de courage de ceulx qui sont cõcordãtz a bien. Pitie est affection ⁊ desir de secourir ⁊ ayder a tous: ⁊ vient de doulceur ⁊ grace par benigne pẽsee ⁊ courage quon a. Doulceur/est par laquelle trãquilite ⁊ repos de courage de celuy qui est doulx/⁊ hõneste ⁊ par nulle improbite ne pert point de ses metes. Misericorde/est vertu piteuse ⁊ esgale dignation de tous: auec inclination de courage cõpatiẽt en ceulx qui soustiẽnent afflictiõs. Indulgẽce/est remission du malfaict daultruy: par la cõsideration de soymesmes quon peult auoir offense plusieurs: ou auoir remission de ses offenses faictes. Cõpassion/est par laquelle sengẽdre vne affliction au courage cõdolent de la douleur ⁊ affliction quon void a son pchain. Benignite/est ardant regard de courage diligẽt dung amy a laultre: auec vne resplendissante doulceur de bõnes meurs quon a. Concorde/est cõuenance de courages concordz en droict qui ne sont point rompuz/⁊ tellemẽt sont vniz ⁊ conioinctz.   ⸿ De foy.

⸿ Foy/est par la verite cõgneue des choses visibles ⁊ eslieue la pẽsee en estudiemẽt saint pour venir a croire les choses quon ne void point: et les branches sont Religion/Nettete/Obedience/Chastete/Cõtinẽce/Virginite/⁊ Affection. Religion/est par laqlle sont faictz les seruices diuins a Dieu ⁊ aux sainctz/a grand reuerẽce ⁊ grand diligence: lesquelz seruices sont dictz cerimonies. Nettete ou Virginite est integrite bien gardee tãt en corps cõme en ame: pour le regard que on a de lamour/ou de la crainte de dieu. Obedience/est voluntaire abnegation ⁊ renõcement de sa propre volunte par piteable deuotion. Chastete est nette ⁊ honneste habitude de tout le corps par les chaleurs ⁊ furiositez des vices/bien domptee ⁊ tenue subiecte. Continence/est par laquelle limpetuosite des desirs charnelz est refrenee par vne moderation de conseil/prins de soy ou daultruy. Affliction/est effusion de piteable amour a son prochain/venant dung sainct esiouyssement/conceu par bõne foy en ceulx qui se ayment. Liberalite/est vertu par laquelle le liberal courage nest point garde par aucune couuoitise de faire plantureusement eslargissementz ⁊ donations de ses biens sans y commettre excen.   ⸿ De Esperance.

⸿ Esperance/est mouuemẽt de courage tendant fermement de prendre ⁊ dauoir les choses que on appete ⁊ desire: de laquelle les branches sont, Cõtẽplation/Joye/Hõnestete/Cõfession/Pacience/Cõpunction/Longanimite. Contemplation/est la mort et destruction des desirs ⁊ mouuemẽs charnelz: par vng esiouyssement interiore de la pẽsee esleuee pour cõtempler les choses qui sont haultes ⁊ spirituelles. Joye/est iocondite spirituelle venant tantost du cõtennement des choses presentes ⁊ mondaines. Honnestete/est vne vergõgne par laquelle lhõme se rend treshumble vers tous/de laquelle vient vng louable prouffit auec coustume pudique ⁊ hõneste. Confession/est par laquelle la maladie secrette de lame

est demonstree au confesseur a la louenge de dieu/auec esperance dauoir misericorde. Pa=
cience est voluntaire ¿ inseparable souffrance des choses aduersaires ¿ contraires pour re=
gard de leternelle gloire quon desire dauoir. Compunction/est vne douleur de grand ba=
sue a lame souspirant/ou pour craincte du diuin iugement/ou pour lamour du payement
quon attent. Longanimite/est soustenance dinfastigable vouloir dacomplir les sainctz et
iustes desirs quon a en sa pensee.   CDe Prudence.
CPrudence est diligence ¿ garde de soy auec sage prouidence de scauoir congnoistre et di=
scerner qui est bien/¿ qui est mal:¿ sont ces branches Crainte de dieu/Conseil/Memoire/
Intelligence/Prouidence/¿ Deliberation. Crainte de dieu/ est vne diligence qui veille
sur soy/par foy ¿ bônes meurs des diuins cômandemens. Conseil/est vng subtil regard
de pensee que les causes des choses que on veult faire ou quon a en gouuernement soyêt
bien examinees.Memoire/est vne representation imaginatiue par regard de la pensee des
choses preterites ¿ passees quon a veu faire/ou oupes racompter. Intelligêce/est disposer
par viuacite raisonnable lestat present/ou les choses qui sont presentes. Prouidêce/est par
laquelle on cueille en soy laduenement des choses futures/par sage subtilite ¿ regard des
choses passees.Deliberation/est vne consideration pleine de maturite ¿ esperance deuât le
cômencement des choses deliberees quon veult faire.   CDe Attrempance.
CAttrempance est vne ferme ¿ discrette domination de raison contre les impetueux mou=
uemens du courage es choses illicites.¿ sont ses branches Discretion/Moralite/Taciturni=
nite/Ieusne/Sobriete/Affection/et mesprisement du monde. Discretion/ est vne raison
prouide et asseuree bien moderee de humains mouuementz a iuger et discerner les causes
de toutes choses. Moralite/est contemperer ¿ reigler iustement ¿ doulcemêt par les meurs
de ceulx auec qui on conuerse/gardee touteffois la vertu de nature. Taciturnite/ est foy
attrempee de parolles inutiles dont vient vng repos fructifieux a celuy qui ainsi se mo=
dere. Ieusne/est vne garde discrette de sobriete/ordonnee pour veiller ¿ garder les choses
sainctes interiores. Sobriete/est vne pure ¿ sans tache attrempance de lune ¿ de l'aultre
partie de lhomme/cest de son corps ¿ pour son ame. Affection de corps/est par laquelle les
semences de lasciue pensee par chastiemêtz discretz sont comprimees. Mesprisement du sie=
cle/est amour des choses eternelles venant du regard des choses caducques ¿ transitoires
du monde.   CDe Iustice.
CIustice/est par laquelle grace de communite est entretenue/¿ la dignite de chascune per=
sonne est gardee/¿ le sien rendu.Et sont ses brâches:Loy/Seuertte/Equite/Correction/
Obseruâce/Iugemêt/¿ Verite. Loy/est par laqlle sont cômandees toutes choses liates
de faire/¿ deffendues toutes choses quon ne doibt faire. Seuerite/est par laqlle vengence
iuridique est phibee:¿ estroictemêt on faict iustice au pecheur qui a delinque. Equite/est
tresdigne retribution de rendre iustice a vng chascun. Correction/est inhiber et deffendre
par le frein de raison aucunes erreurs silz y sont. Obseruâce de iuremêt est vne iustice de
côtraindre aucune temeraire ou nuysible trâsgression de loix ou coustumes nouuellement
promulguees au peuple. Iugemêt/est par lequel selon les merites ou demerites daucune
personne oupe luy est baille ce qlle doibt auoir : tormêt pour auoir faict mal/ou salaire en
guerdon pour auoir faict bien. Verite/est par laquelle aucuns dictz ou faictz par raison
probable sont recitez/sans y adiouster/ny muer/ou oster riens.   CDe force.
Cforce / est auoir courage ferme entre les labeurs ¿perilz qui peuent aduenir : ¿ sont icy
ses branches : Magnificence/Confidence/Tolerance/Repos/Stabilite/Perseuerance/et
Raison. Magnificence est vne ioyeuse clarityde de courage administrant honnestement

I ii

choses ardues et magnifiques/cestadire haultes ꝯ grandes. Confidence est arrester ꝯ fermer sa pensee ꝯ son courage par constance immobile entre les choses qui sont aduerses ou contraires. Tolerance est quotidiänement souffrir ꝯ porter les estranges improbitez ꝯ molestes/cestadire opprobres ꝯ iniures que aultres gens font. Repos est vertu par laquelle vne securite est donee a la pensee du consentement de la variete des choses trãsitoires ꝯ mondaines. Stabilite est auoir pensee ou courage ferme/ꝯ ne le getter en choses diuerses pour aucunes varietez/ou changement de temps/ou des lieux. Perseuerance est vne vertu qui establit et conferme le courage par vne perfection des vertuz lesquelles on a/et sont perfaictes par force de longanimite. Raison est vne vertu par laquelle est cõmande de faire les bonnes choses conseillees ꝯ deliberees pour veoir et paruenir a aucune fin quon congnoist estre bonne ꝯ vtile destre faicte.

    Cy fine leslite ꝯ fleur des vertuz/auec la declaration dicelles nommees/ꝯ que signifie larbre ꝯ figure.

¶Cy commence la petite Astrologie des Bergers:pour cognoistre les corps celestes qui sont les planettes:ꝯ les douze signes estãt aux cieulx qui gouuernent le corps humain.

¶Aucuns bergers disent que lhõme est vng petit monde par soy/pour les couenãces ꝯ similitudes quil a au grand monde:qui est aggregation des.ix.cielz:des quatre elemẽtz et toutes choses qui y sont. Premierement lhõme a telle similitude au premier mobile qui est souuerain ciel ꝯ principale partie du monde:Car ainsi cõme en ce premier mobile est le zodiaque diuise en.xii.parties:lesquelles sont les.xii. signes.Ainsi lhõme est diuise en.xii.parties/qui sont dominees ꝯ regardees desdictz signes chascune partie de son propre signe/comme ceste figure le monstre. Les signes sont Aries/Taurus/Gemini/Cancer/Leo/Virgo.et aultres. desquelz trois sont de nature de feu Aries/Leo/ꝯ Sagittarius. Et trois de nature de laer Gemini/Libra/et Aquarius.Et trois de nature deaue Cancer/Scorpio/ꝯ Pisces. Et trois de nature de terre Taurus/Virgo/et Capricornus. Le premier qui est Aries gouuerne la teste ꝯ la face de lhomme. Taurus gouuerne le col ꝯ le noud de dessoubz la gorge.Gemini les espaules/les bras/ꝯ les mains. Cancer la poictrine/les costes/la rattelle/ꝯ le poulmon. Leo lestomach/le cueur/ꝯ le dos. Virgo le ventre et les entrailles. Libra le petit ventre/les eynes/le nombril/ꝯ les parties de dessoubz les hanches. Scorpio la partie honteuse/les genitoires/la vessie/ꝯ le fondement. Sagittarius a les cuysses seulement. Capricornus a les genoulx seulement. Aquarius a les iãbes depuis les genoulx iusques aux tallons et aux cheuilles des piedz. Pisces a les piedz par sa partie/laquelle il gouuerne.

On ne doibt point faire dincision ne toucher de ferrement le membre gouuerne daucun signe le iour que la lune y est/pour crainte de trop grand effusion de sang qui en pourroit ensuyure. Ne aussi pareillement quand le
Soleil y est pour le danger & peril qui en pourroit ensuyure.

¶ Sensuyt la nature des douze signes.

¶ Aries est bon pour faire saignee quand la Lune y est/fors
quen la partie quelle domine.

¶ Aries est chault & sec/& a nature de feu:il gouuerne le chef/cest la teste & la face de lhom-
me/lequel est bon pour saigner:cestascauoir quand la lune y est.

¶ Taurus/mauluais pour saigner.

¶ Taurus est sec & froid/nature de terre. Et gouuerne le col & le noud de dessoubz la gor-
ge/& est mauluais a faire saignee.

¶ Gemini/mauluais pour saigner.

¶ Gemini est chault et humide/nature de laer. Il gouuerne les espaules/les bras/et les
mains/et est mauluais pour saigner.

¶ Cancer/indifferent pour saigner.

¶ Cancer est froid & humide/nature deaue. Il gouuerne la poictrine/lestomach/& le poul-
mon/indifferent:cestadire ne trop bon ne trop mauluais pour faire saignee.

¶ Leo/mauluais pour saigner.

¶ Leo est chault & sec/nature de feu. Il gouuerne le dos & les costes de lhomme:& est maul-
nais pour faire saignee.

¶ Virgo/indifferent pour saigner.

¶ Virgo est froid & sec/nature de terre. Il gouuerne le Ventre & les entrailles. Ne fort bon
ne fort mauluais pour saigner.

¶ Libra/tresbon pour saigner.

¶ Libra est chault & humide/nature de laer: Il gouuerne le nombril/les reins/et la basse
partie du Ventre. et est bon pour saigner.

¶ Scorpio/indifferent pour saigner.

¶ Scorpio est froid & humide/nature deaue. Il gouuerne les parties genitales:& nest bon
ne mauluais pour saigner.

¶ Sagitttarius/est bon pour saigner.

¶ Sagittarius est chault & sec/nature de feu. Il gouuerne les cuysses. Et est bon pour
faire saignee.   ¶ Capricornus/mauluais pour saigner.

¶ Capricornus est froid & sec/nature de terre. Il gouuerne les deux genoulx/& est mauluais pour faire saignee.

¶ Aquarius/indifferent pour saigner.

¶ Aquarius est chault et humide/nature de laer/gouuerne les iambes/et nest ne bon ne
mauluais pour faire saignee.

¶ Pisces/indifferent pour saigner.

¶ Pisces est froid & humide/nature deaue. Il gouuerne les piedz:et nest fort bon ne fort
mauluais pour faire saignee.

¶ Aries.Libra.& Sagittarius:sont tresbons.

¶ Cancer.Virgo.Scorpio.Aquarius:& Pisces sont indifferentz.

¶ Taurus.Gemini.Leo:& Capricornus sont mauluais.

¶Oy peult contempler par ceste figure les parties du corps
humain sur lesquelles les planettes ont regardz et dominemens
pour garder dy attoucher de ferrement : ne faire incision es veines qui en procedent : pendant que la planette de ceste partie sera
conioincte auec aultre planette maliuole / sans auoir regard a aucune bonne planette qui puisse empescher et destourner sa maul-
uaistie aucunement.

¶Oy peult aussi contempler et penser par ceste histoire et figure
les os et ioinctures de toutes les parties du corps / tant dedans
côme dehors / de la teste / du col / des espaules / des bras / du hault /
du bas / des mains / des costez / de la poictrine / des hanches / de leschine / des cuysses / des genoulx / des iambes / ꝗ des piedz : desquelz
os les noms et nombre diceulx seront dictz cy apres. Et est appellee la figure Anathomie du corps humain.

¶Les noms des os du corps humain/ et le nombre diceulx:
qui sont en somme deux centz quarantehuict.

Remierement au sommet de la teste est ung os qui couure la ceruelle/lequel bergers appellent capital. Au testz de la teste sont deux os pres de celuy/qui nomment os parietaulx qui tiennent sa ceruelle close et fermee. Plus bas au cerueau est ung os appelle couronne du chef: et dune part et daultre sont deux pierreux. Dedans est los du palais. Es parties du derriere de la teste sont quatre os pareilz/et ausquelz tient la chaine du col. Les os du nez sont deux. Les os de la mandibule dessus sont vnze. Et de la maschoere dessoubz sont deux. A lopposite du cerueau est ung os derriere/dict collateral. Les os des dentz sont trentedeux: huict deuant/quatre dessus/et quatre dessoubz trenchantz les morceaulx: puis quatre agues/deux dessoubz et deux dessus/dictes conines: car elles ressemblent aux detz des conins. Apres sont seize dentz que nous appellons marteaulx ou dentz moulantz: car ilz moulent et maschent ce que on mange: et sont en chascun coste quatre dessus et quatre dessoubz:et puis les quatre dentz de sapience/en chascun bout vne dessus et vne dessoubz. En leschine depuis la teste iusques au bout sont trente os appellez noudz ou ioinctures. En la poictrine deuant sont sept os/et es costez sont quinze costes. Pres du col entre la teste et les espaules sont deux os nommez fourchettes:apres sont les deux os des espaules. De lespaule iusques au coulde en chascun bras est ung os qui est dict adiutoire. Du coulde iusques en la main/en chascun bras sont deux os qui sont appellez cannes ou mongnons. En chascune main sont huict os. Au hault de la palme sont quatre os quon dict le peigne de la main. Les os des doigtz en chascune main sont quinze/en chascun doigt trois. Au bout de leschine sont les os des hanches/ ausquelz sont attachez les deux os des cuysses. En chascun genoil est ung os que on appelle la platte du genoil. Du genoil iusques au pied en chascune iambe y a ung os appellez cannes. En chascun pied est ung os appelle la cheuille du pied/derriere laquelle est los du talon. Sur le coud du pied en chascun est ung os appelle canne. En la plante de chascun pied sont quatre os. Apres est le peigne du pied/ou sont en chascun cinq os. Les os des arteilz en chascun pied sont quatorze. Deux os sont deuant le ventre qui le tiennent ferme auec les deux hanches. Deux os sont en la teste derriere les oreilles/dictz oculaires. Nous ne comptons point les os tendres des boutz des espaules/ne des costes: ne plusieurs petites espines du dos qui ne sont aucunement comprinses aux nombres dessusdictz.

¶Cy fine lanathomie/et nombre des os du corps humain.

¶Cy apres ensuyt la figure des veines du corps humain
pour flebothomie et faire saignees deues.

J iiii

¶On peult congnoistre par ceste figure le nombre des Veines & les places du corps ou elles sont : esquelles on peult faire saignee & non ailleurs/pose quil soit bon iour pour saigner:que la lune ne soit nouuelle ne pleine/ne en quartier:et quelle soit en aucun signe deuant nôme bon pour saigner. Sinon que tel signe fust celuy qui domine le membre/lequel on Veult lors saigner:car adonc ny conuiendroit toucher. aussi que ne fust le signe du Soleil.

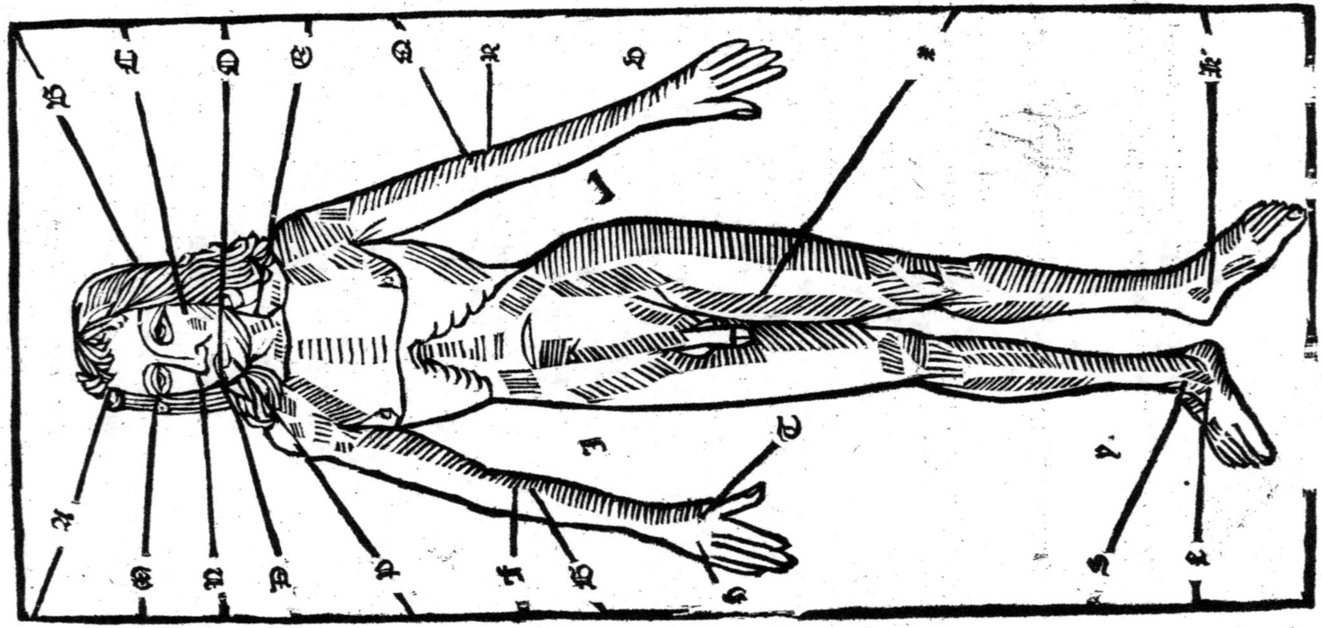

A ¶La Veine du my lieu du front Veult estre saignee pour les douleurs et maladies du chef/ɩ pour fiebure litargie ɩ goutte migraine.

B ¶Dessus les deux oreilles derriere a deux Veines lesquelles on saigne pour donner clair entendement ɩ bien ouyr/ɩ a qui laleine engrossist/ɩ pour doubte de meselerie.

C ¶Es temples a deux Veines dictes arteres pource quilz battent: lesquelles on saigne pour diminuer la grãd repletion ɩ abõdãce de sang qui est au cerueau q̃ pourroit nuyre au chef ɩ aux yeulx:ɩ si Vault cõtre goutte migraine ɩ aultres accidẽs q̃ peuẽt Venir au chef.

D ¶Dessoubz la langue a deux Veines lesquelles on saigne pour Vne maladie nõmee epilence:ɩ contre les enflures ɩ apostume de la gorge/ɩ cõtre equilence parquoy Vne personne pourroit mourir soubbdainement par faulte dune telle saignee.

E ¶Au col a deux Veines quon appelle originaulx pource quilz ont le cours ɩ labõdance de tout le sang qui gouuerne le corps humain ɩ principalement le chef : mais on ne les doibt saigner sans le conseil du medecin : ɩ Vault moult celle saignee a la maladie de lepre ɩ polixie/quand sont principalement causees de sang.

F ¶La Veine du cueur prinse au bras Vault pour oster aucũes humeurs ou mauluais sang/seql pourroit nuyre au cueur ou a son appartenãce:ɩ si Vault moult a ceulx qui crachẽt sang ɩ qui ont courte aleine:parquoy Vne personne pourroit mourir sil nestoit saigne.

G ¶La Veine du foye prinse au bras Vault moult pour oster ɩ diuertir la grãd chaleur du corps ɩ le tenir en sante:ɩ Vault celle saignee cõtre toute fiebure iaulne ɩ apostume de foye/ɩ cõtre pleuresie:parquoy Vne personne pourroit mourir par faulte de telle saignee.

H ¶Entre le maistre doigt ɩ le mirre on faict saignee qui Vault es douleurs q̃ Viẽnent en lestomach ɩ es costez cõme bosses ɩ apostumes qui Viennent par trop de sang .

J ¶Es costez entre le Ventre ɩ la hãche/cest le flanc/y a deux Veines desqlles on saigne celle de la partie dextre cõtre ydropisie/ɩ celle de la partie senestre pour aucunes douleurs qui Viẽnent entour la rattelle:ɩ doibt on selon que le personnage est gras ou maigre bien regarder a quatre doigtz pres de lincision:ɩ ne se doibt point faire sans cõseil de medecin.

K ¶En chascun pied sont trois Veines dõt en y a Vne soubz la cheuille du pied par de bãs qui sappelle sophene:laqlle on saigne pour diminuer ɩ mettre hors les humeurs pour bosses ɩ apostumes qui Viẽnẽt entour des eynes:ɩ si Vault moult aux femmes pour faire Venir leurs menstrues en bas:ɩ aux fycz ɩ emorroides qui Viẽnent es parties secrettes.

L ¶Entre le coud du pied ɩ le gros arteil a Vne Veine laqlle on saigne pour plusieurs maladies:cõme epydimie qui prẽd soubbdainemẽt par trop grãd abõdance dhumeurs : ɩ se doibt faire ceste saigne dedans Vng iour naturel:cestascauoir.xxiiii.heures depuis que la maladie est prinse au paciẽt ɩ deuant quil aye fiebure/ɩ soubbdainement.

M ¶Es angletz des yeulx sont deux Veines lesquelles on saigne pour les yeulx rouges ou larmoyãs ou qui pleurent cõtinuellement:ɩ pour plusieurs maladies qui y peuẽt Venir par trop grand abondance dhumeurs ɩ de sang.

N ¶Au bout du nez on faict Vne saignee qui est bõne pour le Visage rouge et bibeleux cõme sont gouttes rouges/pustules/botereaulx/ɩ aultres infections de cueur q̃ peuẽt Venir en iceluy par trop grãd repletiõ de sang ɩ dhumeurs/ɩ si Vault contre pollipe.

O ¶En la bouche es gẽciues sont.iiii.Veines/deux dessus ɩ deux dessoubz: lesquelles on saigne pour les eschauffaisons ɩ chancre de la bouche ɩ contre douleur des dentz.

P ¶Entre la leure et le mentoy a Vne Veine quon saigne pour donner amendement a ceulx qui se doubtent dauoir laleine puante.

Q ¶Es deux bras en chascun sont quatre Veines/dõt la Veine du chef est la pl⁹ haulte

la seconde daupres est celle du cueur. la tierce est celle du foye. la quarte est celle de la ratelle: aultrement dicte basse veine du foye.

R ¶La veine du chef prinse au bras droict/on la saigne pour diuertir la grãd repletion
et abõdance de sang lequel pourroit nuyre au chef/ou aux yeulx/ou au cueur. et si vault
moult aux chaleurs trãsmuables ⁊ enflures de la gorge:⁊ a ceulx a qui le visage enfle et
rougit:⁊ a moult daultres maladies qui peuẽt venir par trop grand abõdance de sang.

S ¶La veine de la ratelle aultremẽt dicte basse veine doibt estre saignee contre toutes
fiebures tierces ⁊ quartes. En icelle doibt on faire plus grande playe et moins parfonde
que en nulle aultre veine: pource quelle pourroit cueillir vent/⁊ pour paour de plus grand
inconuenient/a cause dũg nerf qui est dessoubz que nous appellons lezard.

T ¶Es deux mains a en chascune trois veines/dont celle de dessus le poulce on doibt
saigner pour oster la grand chaleur du visage/⁊ pour oster beaucoup de gros sang ⁊ dhumeurs qui sont au chef. celle veine euacue plus que celle du bras.

V ¶Entre le petit doigt ⁊ le doigt appelle mirre on faict vne saignee laqlle vault moult
contre fiebures tierces ⁊ quartes/⁊ cõtre colles ⁊ aultres maladies du pis ⁊ de la ratte.

X ¶Es cuysses sont deux veines/en chascune vne au plat: que on saigne pour la douleur ⁊ enflure des genitoires/⁊ pour diuertir du corps humeurs qui sont es eynes.

Y ¶La veine qui est soubz la cheuille du pied par dehors se nõme sciat/dont la saignee
vault es maladies des hãches pour diuertir plusieurs humeurs qui se veulent assembler
Et vault moult aux femmes pour restraindre leurs menstrues.

Fin de lanathomie ⁊ flebothomie des corps humains.

Y deuant nous auõs dict le regard des planettes sur les parties de lhõme:
et diuision ⁊ nõbre des os du corps humain. Sensuyt a cõgnoistre quand
aucun hõme est sain ou malade: ou aucunement dispose a maladie. Pourquoy trois choses sont par lesqlles les bergers cõgnoissent quãd vne personne est sain ou malade/ou quelle est disposee a maladie. Sil est sain soy
maintenir ⁊ garder. Sil est malade/querir pour soy remede. Et sil est dispose a maladie
se pourueoir quil ny tumbe. Et pour chascune desd trois choses cõgnoistre ⁊ scauoir/met-
tent iceulx bergers plusieurs signes. Sante propremẽt est temperance/accord/ ⁊ esgalite
des quatre qualitez de lhõme: qui sont chaleur/froideur/seicheresse/⁊ moisteur: lesquelles
quand sont esgales ⁊ bien attrẽpees que lune ne surmõte laultre/adonc le corps diceluy est
sain. Mais quãd sont inesgales ⁊ desattrempees que lune domine laultre: lors est malade
ou dispose pour lestre. Sont les qualitez que les corps tiẽnent des elementz/desquelz sont
faictz ⁊ composez: cestascauoir De feu chaleur: deaue froideur: de laer moisteur: de la terre
seicheresse. Lesquelles qualitez quand lune est desmoderee des aultres/sensuyt quon soit
malade. Et si lune destruict laultre du tout/adonc on est mort.

¶Signes par lesquelz Bergers congnoissent lhõme estre sain.

E premier signe a quoy Bergers cõgnoissent lhõme estre sain ⁊ bien dispose en son corps: est quãd il mãge ⁊ boit bien selon la couenãce de la faim et
soif quil a sans faire epces. Jtẽ quãd il digere bien tost/⁊ q̃ ce quil a mãge
et beu ne efforce point son estomach. Jtẽ quãd il trouue bõne saueur ⁊ bon
appetit en ce q̃l mãge ⁊ boit. Jtẽ quãd il a faim ⁊ soif aux heures q̃l doibt mãger ⁊ boire.
Jtẽ quand il sesiouyt auec ceulx qui sont ioyeux: ou quil prend recreation auec eulx de
ioyeux courage. Item quand il va voulentiers iouer aux champs et aux boys en prenant ioye et esbattement parmy les chãps/ou aupres des eaues/en toute resiouyssance.

Item quand il mange voluntiers de boy appetit du beurre/du fromage/des flans/z du laict des brebis/sans riés laisser en son escuelle pour enuoyer a lhospital. Item quand il dort bien sans resuer/ou songer/ne faire chasteaulx en espaigne. Ité quand il se sent leger et quil chemine bien. Item quand il sue tost z que peu ou point nesternue. Item quand il nest point trop gras ne trop maigre. Item quand il a bonne couleur au visage/z que ses sens sont bien disposez pour leurs operatiós faire:cóme des yeulx regarder/des oreilles a ouyr/du nez a odorer:z aussi selon la couenance de laage z de sa disposition de son corps et aussi du temps. Daultres signes ie ne dy riens:mais ceulx icy sont les plus communs/ et qui doibuent bien suffire pour Bergers a congnoistre signes de sante.

❧Signes opposites aux precedentz par lesquelz Bergers
congnoissent quand eulx ou aultres sont malades.

Remieremét quand on ne peult bien máger ou boire/ou quád on na point dappetit a lheure de manger/comme de disner ou soupper : ou quand on ne trouue bóne saueur en ce que on mange ou boit : ou quand on a faim z on ne peult máger:ou quand on ne faict pas bóne digestion/ou quelle est trop longue. Item quand on ne va pas a chambre moderement cóme on doibt. Ité quád on est triste z point ioyeulx/z en cópaignie la ou on se deburoit estre:lors mala die contrainct z faict estre lhóme triste. Semblablement quand on ne peult dormir ou pré dre son repos a droict:z quand il est lheure. Aussi quand on a les membres pesans/la teste les bras z les iambes. Et aussi quand on ne peult cheminer legeremét/quon ne sue point souuent/z quand on a la couleur passe z iausne:ou quád les sens cóme les yeulx/oreilles/ et les autres membres ne font point leurs operations. Pareillemét quand on ne peult la bourer ou trauailler. Item quand on oublie legerement ce qui est necessaire a souuenir : et quand on crache souuét:ou quand les narines abondent en grand superfluite dhumeurs. et on est negligent en ses oeuures/z on a la chair bouffie z le visage enfle/les iambes ou les piedz:ou quand on a les yeulx chassieux. Ce sont signes qui signifient estre lhóme en maladie. Et qui plus a de sesdictz signes/plus est malade.

❧Aultres signes quasi semblables aux dessusdictz:z demon
strent repletion dhumeurs mauluaises pour sey purger.

Epsletion de mauluaises humeurs est disposition a maladie selon lopinion des Bergers. Laquelle repletion est a congnoistre pour faire purger lesdi ctes humeurs/qui engendrent maladies. Et sont congneues par les signes qui sensupuent. Premierement quand on a trop grand rougeur au visage/ es mains/ou es ongles. Auoir aussi les veines pleines de sang/ou saigner du nez trop souuent/legerement/ou auoir mal au front. Aussi quand les oreilles cornent et quand les yeulx pleurent ou sont chassieux/z auoir lentendement trouble : et quand se poulx va legerement:z quand le ventre est trop resolu longuement. z quand on a la veue tronblee. Manger aussi z namoir point dappetit. Et tous les aultres signes deuantdictz sont par lesquelz on congnoist le corps estre mal dispose et auoir en soy humeurs corrum pues/superflues/z mauluaises.

❧Ly finent les signes par lesquelz Bergers peuent cógnoistre
quand ilz sont sains et bien disposez a sante. Et aussi apres
aultres signes opposites par lesquelz ilz cógnoissent quand ilz
sont disposez a maladies.

ⅭLa diuision du temps et le regime dequoy
Bergers doibuёt ѵser pour leur sante:ᷓ selon
les quatre saisons de lan.

ꝐⱵur remedier auᵹ maladies quoᵑ a
a soy garder de celles quoᵑ doubte ad
uenir/disent bergers que le tёps natu
rellement se change quatre fois lan. et
ainsi diuisent lan eᵑ quatre parties.
qui sont Printemps:Este:Automne:ᷓ Ⱶyuer. Et eᵑ
chascune de ces parties se gouuernent selon que la rai
son requiert a leur entendement : ᷓ bien leur eᵑ prend.
Et cõme les saisons se chãgent / aussi changent facon
et maniere de ѵiure ᷓ de faire:disent que changemёt de
temps qui bien ne se garde/souuёt engendre maladie :
pource que eᵑ ѵng tёps ne cõuient pas ѵser daucunes
ѵiandes lesquelles sont bõnes eᵑ aultre tёps: cõme eᵑ
ⱶyuer daucunes dequoy oᵑ ѵse eᵑ este/de toutes celles
quoᵑ ѵse eᵑ ⱶyuer. Et pour cõgnoistre le changement
du temps selon les parties:Lõsiderёt le cours du Ⱨo
leil par les douze signes.Et diёt que chascune desdictes quatre parties ᷓ saison dure trois
moys:ᷓ que le Ⱨoleil passe par trois signes : cestascauoir eᵑ Printёps/par Aries/Tau
rus/et Gemini. Et sont ces moys Ɱars/Auril/et Ɱay/ que la terre et les arbres se
iouyssent ᷓ se chargent de ѵerdures/de fueilles et fleurs : et les faict moult beau ѵeoir.
Eᵑ este par Lancer/Leo/ᷓ ѵirgo.ᷓ sont ces moys Iuing/Iuillet/ᷓ Aoust:q̃ les fruictz
de terre ᷓ des arbres se grossissent ᷓ meurissent.Eᵑ Autõne par Libra/Ⱨcorpio/ᷓ Ⱨagit
tarius.ᷓ sont ces moys Septembre/Octobre/ᷓ Ɲouembre: que la terre ᷓ tous les arbres
se deschargent de fruictz ᷓ de fueilles.ᷓ est le tёps quoᵑ doibt amasser ᷓ cueillir les fruictz.
Eᵑ ⱶyuer par Lapricornus/Aquarius/ᷓ Pisces.ᷓ sont ces moys Decembre/Ianuier/
et Feburier:que la terre ᷓ tous les arbres sont cõme mortz ᷓ desuestuz de fueilles ᷓ fruictz
et aussi de toute ѵerdure. Ⱨelon lesquelles quatre saisons Bergers diuisent le temps que
lⱶõme peult ѵiure eᵑ quatre aages:qui sont Ieunesse/force/ѵieillesse/ᷓ Decrepite. et se
rapportent auᵹ quatre saisons de lan.Lestascauoir ieunesse au Printemps qui est chault
et moiste:ᷓ cõme les arbres ᷓ fruictz de la terre croissent:ainsi faict lⱶõme ieune iusques a
ᵡᵡѵ.ans.ᷓ croist eᵑ beaulte ᷓѵigueur.force se rapporte au tёps chault ᷓ sec:ou le corps de
lⱶõme est eᵑ sa force ᷓ ѵigueur/ᷓ y demeure iusques a.ᵡlѵ.ans. ѵieillesse est cõparee au
temps Dautõne/froid ᷓ sec que lⱶõme descroist ᷓ affoiblist : ᷓ pense damasser pour paour
dauoir faulte quand il deuiёdra ѵieil:ᷓ dure iusques a.lᵡ.ans. Decrepite semble au tёps
dⱶyuer froid ᷓ humide/par abondance de froides humeurs ᷓ faulte de chaleur naturelle.
auquel lⱶomme despend ce quil a acquis ᷓ amasse eᵑ soᵑ temps passe. ᷓ sil na riёs esper
gne il demeure poure ᷓ nud comme la terre ᷓ les arbres.ᷓ dure iusques a soiᵡãte et douze
ans ou plus/iusques quil soit mort.

ⅭPrintemps est chault ᷓ moiste nature de laer ᷓ complexioᵑ du sanguin.Este est chault
et sec nature de feu ᷓ cõplexioᵑ du colerique. Autõne est sec ᷓ froid nature de terre:comple
xioᵑ du melencolique. Ⱶyuer est froid ᷓ moiste nature deaue/et cõplexioᵑ du flegmati
que.Quand ѵne complexioᵑ est bien proportionnee elle se sent mieulᵡ disposee au temps

auquel elle est semblable quelle ne faict auly aultres. Donc celuy qui nest pas bien com-
plexióne doibt faire cóme bergers font. cest prendze le regime selon les saisons/soy garder
et gouuerner par les enseignemés desquelz Vsent en chascune partie de lan pour Viure sai-
nement/longuement/z iopeusement.

Regime pour le Printemps. Mars/Auril/z May.

En printemps Bergers se tiénent assez bien Vestuz dhabillemés/ne trop froidz/ne
trop chaultz:cóme de tiretaine/pourpointz de fustaine/robes moyénemét longues/
et se fourrent dagneauly plus cómunement.En ce téps se faict bon saigner pour oster les
humeurs mauluaises qui en Chyuer se sont amassees au corps.Si maladies aduiénent en
printemps nest pas de sa nature/mais pzocedent des humeurs amassees en Chyuer passe.
Printemps est Vng temps attrempe pour prendze medicine a ceuly qui sont charnuz et
pleins de grosses humeurs pour euly purger. En cestuy temps on doibt máger legeres
Viandes qui refroident/cóme poussins/cheurotz au Vert ius:bzochetz/perches z tout poisson escaille:boire Vin tempere qui ne soit trop fozt ne trop douly:car en ce téps de tous choses doulces on se doibt garder den Vser:z doibt on dozmir longue matinee z ne point dozmir sur le iour. Vne reigle generale de Bergers pour tout temps/qui Vault moult contre
toutes maladies : cest que pour máger on ne perde son appetit et quon ne mange iamais
iusques a saturite z repletion. Item z que toutes chairs z poissons sont meilleures rosties
que bouillies:z que les bouillies amendent destre gresillees sur les charbons.

Regime pour le temps deste. Iuing/Iuillet/z Aoust.

En este Bergers sont Vestuz de robes froides et legeres : Leurs chemises et dzaps
esquelz couchent sont de lin/car sur tous linges ney est point de plus froid. Ilz ont
pourpointz de sope/destamine ou de toille despee:z mangét legeres Viádes/cóme poussins
au Vert ius/leurauly/ieunes cónins : laictues/pourcelaine/melons/cytrons/courles:poi-
res/prunes/z les poissons que nous auons deuant nómez.Et aussi mangent toutes Viá-
des qui refroident.Aussi mangent peu z souuent: desieunent ou disnent matin auant que
le soleil monte/z souppent deuant quil se couche. Et Vsent assez des dessusdictes Viandes
et de choses aigres pour donner appetit. Se gardent de manger trop salle/z de euly grat-
ter:boyuét souuent eaue fresche bouillie auec succre:ptizane z eaue qui refroide/z cecy font
a toute heure que appetit leur prend de boire :fozs que a lheure de manger/disner/ou soupper quilz boyuent Vin foible Verdelet/z messent demy deaue. Aussi se gardent de euly
trauailler et trop effozcer:car en ce temps nest chose qui plus les greue que de euly trop es-
chauffer.En celuy temps se gardent de coucher auec femme.z se baignent souuent en eaue
froide/pour la foible chaleur qui est dedás le corps effozcer par celle de dehozs. Tousiours
ont auec euly succre Violat/aultre succre z dzagee dequop Vsent peu z souuent : et en tout
temps le matin se parfozcét de toussir z cracher deVuyder les fleumes qui sont engendzees
la nuict/z se Vuydent par hault z par bas le mieuly quilz peuent: lauent leurs mains au
matin deaue froide/leur bouche z Visage.

Regime pour le temps Dautóne. Septembze/Octobze/z Nouembze.

En Autóne bergers sont Vestuz en la maniere du Printéps/expcepte que leurs dzaps
sont Vng peu chaultz. En cestuy temps se diligentent de euly purger et saigner
pour temperer les humeurs de leurs corps : car cest la saison plus maladine/en laquelle
perilleuses maladies aduiénent. Et pour ce mangent bónes Viandes/comme chappons/
pouletz/ieunes pigeons qui cómencent a Voller/z boyuent Vins sans euly trop remplir:
Et en ce temps se gardent songneusement de manger fruictz/car cest la saison de tout lan

<table>
<tr><td>Le Kalend.</td><td align="right">H i</td></tr>
</table>

la plus dangereuse a fiebures/et disent que celuy neust oncques fiebures qui oncques ne
mangea fruictz. Et en ce temps ne boyuent point deaue/(z si ne se lauent en eaue froide fors
que les mains (z le visage. Ilz gardent leurs testes du froid de la nupt (z de la matinee/et
silz se gardent de dormir entour mydi/(z de trauailler trop:(z nendurent ne faim ne soif:mais
mangent quand ont appetit sans greuer leur estomach.

℟ Regime pour le temps dhyuer:Decembre/Jenuier/(z Feburier.

EN hyuer Bergers sont vestuz de robes de laine bien espesses de drap velu hault ton=
du/fourrees de renardz/car cest la plus chaulde fourrure quilz puissent vestir:chatz
sont bons/aussi sont connins (z lieures (z autres fourrures a long poil qui sont espesses. En
ce temps Bergers mangent chair de beuf (z de porc/de cerf/de biche/(z de toutes venaisons/
perdrix/faisantz/lieures/oyseaulx de riuiere et aultres quilz ayment le mieulx/silz les
peuent auoir:car cest la saison de lan que nature souffre plus grand plante de viande/pour
la chaleur naturelle qui est retiree dedans le corps. En ce temps aussi boyuent vins fors
chascun selon sa complexion/vin bastard ou maluoisie deux ou trois fois la sepmaine:ilz
vsent de bonnes espices en leurs viandes:car ce temps est le plus sain de toute lannee:au
quel ne viendra ia maladie:si ce nest par grans exces faictz a nature par mauluais gou=
uernement. ℟ Les Bergers disent aussi que Printemps est chault (z moiste/de la nature
de laer (z complexion du sanguin/(z que en iceluy temps nature se resiouyt (z le sang se respand
parmy les veines plus que en aultre temps. ℟ Este est chault (z sec nature de feu (z com
plexion du colerique:auquel temps on se doibt garder de toutes choses qui esmeuuent a cha
leur:de tous exces (z de toutes viandes. ℟ Autonne est froid (z sec nature de terre (z comple
xion du melencolique:auquel temps on se doibt garder de faire exces plus que en aultre
temps pour le danger des maladies esquelles celuy temps est dispose. ℟ Hyuer est froid
et moiste de nature deaue (z complexion de flegmatique/que lhomme se doibt chauldement et
moyennement tenir pour viure sainement. Icy doibt on noter que lhomme est forme des
quatre elemens:desquelz tousiours lung a seigneurie sur les aultres/(z celuy sur qui le feu
a seigneurie est dict colerique/cestadire chault (z sec. Celuy sur qui laer a seigneurie est dict
sanguin/cestadire chault (z moiste. Celuy sur qui leaue a seigneurie est dict flegmatique/
cestadire froid (z moiste. Et celuy sur qui la terre a seigneurie est dict melencolique/cestadi=
re froid et sec. Desquelles complexions sera parle au commencement de la phisonomie
plus amplement.

<table>
<tr><td>

℟ Nescio quo ceco sentata papauere dormit
    Mens/que creatorem nescit habere suu.
Namqz iterum toto lingua crucifigitur orbe:
    Ac iterum patitur dira flagella deus.
Factorem factura suu stimulante tyranno
    Delictis factis deserit orba suis.
Inde fames/ac inde venit discordia regu :
    Inde cananeis preda cibusqz sumus.

</td><td>

Inde premit gladius carnalis spiritualem
    Et vice mox versa spiritualis eum.
Hinc subitos atropos pdatrix occupat art
    Nec sinit vt doleat peniteatqz miser.
Iure vides igitur qz recta ligamina nectit
    Immudus mud9 hec duo verba simul.

                Finis.

</td></tr>
</table>

℟ Cy fine la petite Astrologie/et le regime de sante
des Bergers.

¶ Sensuyt la grand Astrologie des Bergers.

¶ Celum celi domino/terram autem dedit filiis hominũ. Non mortui laudabunt te dñe: neq3 omnes qui descendũt in infernum. Sed nos qui viuimus benedicimus dño: quoniã videbimus celos tuos opera digitorũ tuorum/lunam ⁊ stellas que tu fundasti: quia subiecisti omnia sub pedibus nostris/oues ⁊ boues vniuersas insuper ⁊ pecora cãpi: Volucres celi ⁊ pisces maris/qui perambulant semitas maris. Domine dominus noster: q̃ admirabile est nomen tuum in vniuersa terra.

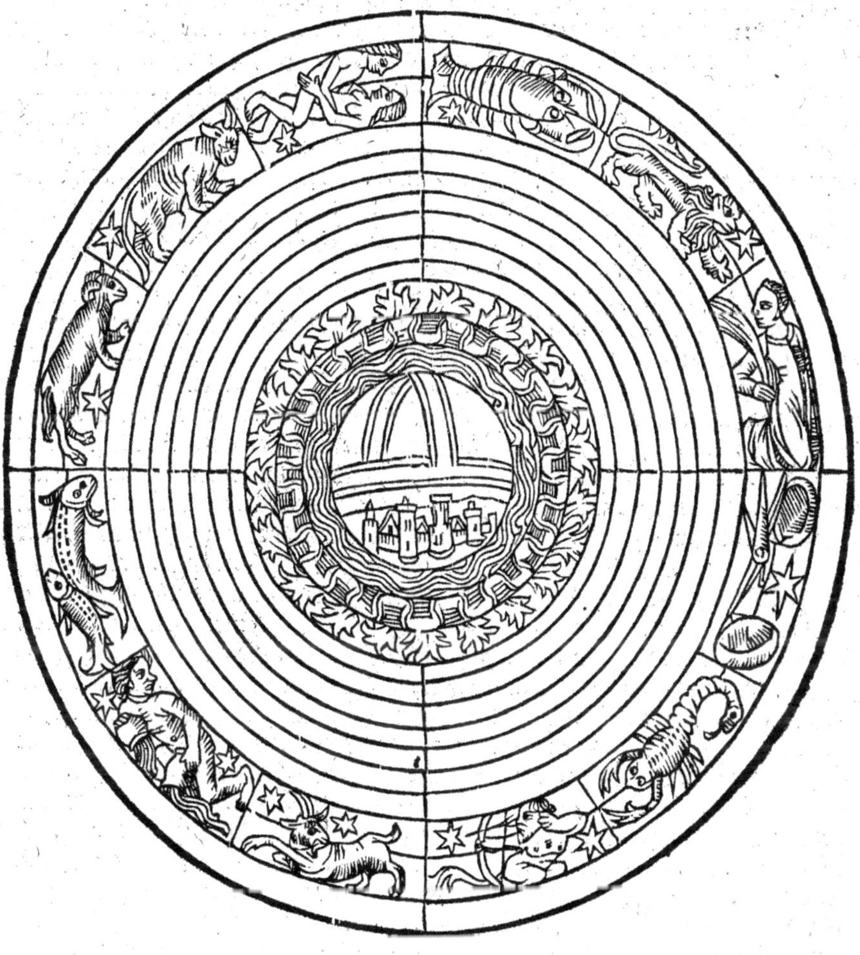

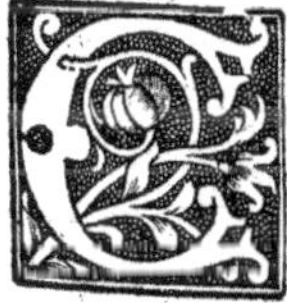

Celuy qui vit cõme Bergers qui gardent les brebis aux chãps sans scauoir lettres/mais seulement par aucunes figures quilz font en petites tablettes de boys: ⁊ veult auoir cõgnoissance des cieulx/mouuemens et proprietez: ⁊ plusieurs choses contenues en ce present compost ⁊ Kalendier des bergers: lequel est extraict ⁊ compose de leurs Kalendiers et mis en lettre

telle que chascun le pourra scauoir cõme eulx & les choses dessusdictes. ¶Premierement
considerãt la figure cy deuãt mise/on doibt scauoir que la figure & disposition du mõde et
de ce nõbre & ordre des elemẽtz & les mouuemẽtz des cielz appartiẽnent voluntiers a sca
uoir a tout hõme q est de frãche cõdition & de noble engin:& est belle chose delectable/puf
fitable & hõneste / & auec ce est necessaire pour auoir plusieurs aultres congnoissances/en
especial pour astrologie dicte des bergers.Parquoy est ascauoir q le mõde est rõd cõme vne
põme:& selon bergers nest possible de trouuer chose artificielle si ronde q le monde est/et est
cõpose du ciel & des quatre elemẽtz ses cinq principales parties.Apres doibt scauoir que la
terre est au mylieu du monde/car cest le plus pesant elemẽt:sur la terre est leaue & la mer/
mais elle ne couure pas toute la mer affin que les hõmes & les bestes y puissent viure:la
partie descouuerte est dicte la face de la terre/car elle est cõme la face de lhomme tousiours
descouuerte/& la partie qui est couuerte de mer est cõme le corps de lhõme q est couuert/et
ne le void on point. Sur leaue est laer q encloist la terre & mer/& est diuise en trois regiõs:
vne basse ou habitẽt bestes & oyseaulx:vne moyẽne ou sont les nues en laqlle se font im
pressions cõme esclairs/tõnerres/& aultres:& est tousiours froide. la tierce est plus haulte
ou na vẽt ne pluye/ne fouldre/ne aultre impression:& sont aucunes mõtaignes qui attain
dent iusques la/cõme est olympus qui attaint la plus haulte region de laer. Et lelement
du feu mõte iusques au ciel:& les elemẽtz soustiẽnent les cielz cõme les coulomnes soustiẽ
nent vne maison/de telles mõtaignes en a vne en affrique nõmee athlas. Apres est lele
ment du feu qui nest ne flambe ne charbon : mais est pur et inuisible pour sa tresgrande
clarte:car dautãt que leaue est plus claire que la terre/laer est plus clair & leger que leaue:
dautant le feu est plus clair/leger/& beau que laer.& les cielz a lequipolent sont tous plus
clairs & plus beaulx que le feu lequel tourne auec le mouuemẽt du ciel, & la prochaine re
giõ de laer aussi en laqlle sengendrent comettes qui sont dictes estoilles a cause quelles
sont luysantes & mouuent comme les estoilles. Selon aucuns bergers le feu est inuisible
pour subtilite/& non pour sa grand clarte:car dautãt que vne chose est plus claire/dautãt
est elle plus visible:pourtant void on bien les cieulx/& nompas le feu:car il est trop plus
subtil que laer qui est luysible:pour la mesme cause la terre & leaue est espesse parquoy est
visible.Les cielz ppremẽt ne sont pesantz/ne legers/ne durs/ne molz/ne chaultz/ne froidz/
ne nõt saueur/ne odeur/ne couleur/ne son/ne telles qualitez. Fors que ilz sont chaulx en
vertu/& froidz aussi:car ilz peuẽt causer chaleurs & froidures par leurs influences cy bas:
et sont pprement durs/car ilz ne peuent estre cassez ne diuisez: aussi sont pprement colorez
de lumiere/& en aucunes parties sont espes cõme la partie des estoilles. Esquelz ne peult
y estre estoille ny aultre partie adioustee ne ostee/ et ne peuent croistre ny appetisser/ne
estre daultre figure que spherique: ne estre corrumpuz ny alterez/ne reposer/ny retourner
daultres guises ne plustost ne plus tard/ne en tout ne en partie/ne en eulx auoir aultre
ment que leur cõmun cours:si ce nestoit par miracle diuin.Et pource sont les cielz & estoil
les daultre nature que les elemẽtz & choses qui en sont cõposees lesquelles sont trãsmua
bles & corruptibles. Les elemẽtz & toutes choses qui en sont cõposees sont encloses dedãs
le premier ciel cõme le moyeu de loeuf est enclos en laulbin:& le premier ciel est enclos du
secõd/& le secõd dedans le tiers & ainsi des aultres. Le premier ciel prochain des elemẽtz
est le ciel de la Lune.Apres est le ciel de Mercure. Puis le ciel de Venus.Puis le ciel du
Soleil. Puis celuy de Mars. Puis celuy de Jupiter. Et puis celuy de Saturne. et sont
les cielz des planettes selon leur ordre.Le.viii.ciel est des estoilles fixes:& sont ainsi dictes
pource quilz mouuent plus legerement et toutes dune guise que ne font les planettes.

Et par deſſus eſt le premier mobile/auquel nappert choſes que Bergers puiſſent Beoir. Aucuns bergers diſent que par deſſus ces.ix.cielz en a Bng dict immobile/par ce quil ne tourne point:deſſus lequel en a Bng aultre de criſtal/par deſſus lequel eſt le ciel imperial auquel eſt le troſne de dieu:deſquelz cielz nappartient a bergers den parler:mais ſeulemēt du premier mobile/ꜩ ce quil contient tout enſemble appelle le monde. Dune choſe ſeſmer= ueillent mouſt/ceſt cōment dieu a diſtribue les eſtoilles quil ney a mis nulles au.ix.ciel/ mais il en a tant mis au.Biii.quon ne les ſcauroit nombzer.ꜩ auɤ aultres.Bii.cielz ney a fozs en chaſcun Bne tant ſeulement/en appellant eſtoilles le Soleil ꜩ la Lune/Saturne/ Iupiter/Mars/Mercure/ꜩ Denus.

⁋Du mouuement des cieulɤ ꜩ des planettes.

Vcuns mouuementz ſont des cieulɤ ꜩ planettes qui eɤcedent les entende= mens des Bergers/cōme eſt le mouuement du firmament auquel ſont les eſtoilles contre le premier mobile en cent ans dung degre/ꜩ le mouuement des planettes en leurs epicicles:deſquelz combien que Bergers ney ſoyent ignozans du tout/ſi ney ſont ilz point icy de mention : car il leur ſuffit ſeu= lement de deuɤ/dont lung eſt de ozient en occident par deſſus la terre/ꜩ doccident en oziēt par deſſoubz/qui eſt dict mouuement iournal:ceſtadire ꝗl ſe faict de iour en iour en.ɤɤiiii. heures:par lequel mouuemēt le.ix.ciel eſt le premier mobile quil tire auec ſoy/ꜩ faict tour= ner les aultres cielz qui ſont deſſoubz luy.Laultre mouuement eſt des ſept planettes/ꜩ eſt de occident en ozient par deſſus la terre/ꜩ de ozient en occident par deſſoubz/ꜩ eſt contraire au premier.ꜩ ſont les deuɤ mouuementz des cielz que bergers congnoiſſent:combien quilz ſoyent oppoſites ſi ſe font ilz continuellement/ꜩ ſont poſſibles comme ilz demonſtrent par eɤemple.Si Bne nef ſur leaue Benoit dozient en occident/ꜩ Bng hōme eſtoit dedans celle nef en la partie doccident/ꜩ de ſon pzopze mouuement cheminaſt dedans la nef tout belle= ment contre ozient:celuy hōme mouueroit a double mouuement/deſquelz lung ſeroit de la nef ꜩ de luy enſemble:ꜩ laultre ſeroit ſon mouuemēt pzopze quil faict tout bellement con= tre ozient. Semblablement les planettes ſont tranſpoztees auec leurs cielz dozient en occi= dent par le mouuement iournal du premier mobile/mais plus tard et auſtrement que les eſtoilles fiɤes:par ce que chaſcune planette a ſon mouuement pzopze contraire au mouue= ment des eſtoilles : ꜩ par ce en Bng moys la Lune faict Bng tour moins enuiron la terre que ne faict Bne eſtoille fiɤe:ꜩ le Soleil Bng tour moins en Bng an:ꜩ les aultres planet= tes en certain tēps/chaſcune ſelon la quantite de ſon pzopze mouuement: ainſi appert que les planettes mouuent deuɤ mouuementz. Aucuns bergers diſent/poſe que tous les cielz ceſſaſſent de mouuoir du mouuement iournal/ceſt dozient en occident:encozes la Lune fe= roit Bng tour ou Bng circuit en allant doccident en ozient en autant de temps comme du= rent maintenant.ɤɤBii.iours ꜩ.Biii.heures.ꜩ Mercure ꜩ Denus ꜩ le Soleil feropent pa= reil tour en leſpace dung an.ꜩ Mars en deuɤ ans ou enuiron:ꜩ Iupiter en.ɤii.ans ou en= niron:ꜩ Saturne en.ɤɤɤ.ans ou enuiron. car maintenant ſont ilz leurs tours ꜩ reuolu= tions ꜩ acompliſſent leurs pzopzes mouuemens es eſpaces de temps cy nommez. Le pzo= pze mouuement des planettes neſt pas tout dzoict doccident en ozient:mais eſt ainſi com= me en biħais:ꜩ le Boyent Bergers ſenſiblement : car quand ilz regardent en Bne nuict la Lune deuant Bne eſtoille/ſa deuɤieſme ou la troizieſme nuict la Boyent derriere:nompas tout dzoict Bers ozient/mais ſera tiree Bne fois Bers ſeptentrion et autrefois Bers mɤdi : et cecy eſt pour cauſe de la latitude du zodiaque/auquel ſont les.ɤii.ſignes/ſoubz lequel mouuent les planettes.

k iii

¶De lequinoctial ⁊ du zodiaque qui sont au.ix.ciel
qui contient le firmament/et les aultres soubz soy.

AU concaue du premier mobile Bergers imaginent estre deux cercles/et y
sont realement ⁊ veritablement/lung gresle comme vng filet/et appellent
cestuy equinoctial.et laultre est large en maniere dune ceincture large ou
dung chappeau de fleurs lequel ilz appellent zodiaque:⁊ ces deux cercles
se intrinsequent et diuisent lung laultre esgalement/mais nompas droictement. Car le zodiaque croise en bihaiz et les endroictz ou se croisent sont dictz equinoxes:
comme appert en la figure cy apres.Pour entendre lequinoctial on void visiblement tout
le ciel tourner dorient en occident/⁊ se appelle le mouuement iournal : on doibt imaginer
vne ligne droicte qui passe parmy la terre venant dung bout du ciel a laultre : entour laquelle ligne est faict ce mouuemēt:⁊ ses deux boutz sont deux poinctz au ciel qui ne mouuent point/et sont appellez les poles du monde:desquelz lung est sur nous pres de lestoille
de nort qui tousiours nous appert/⁊ est le pole arctique ou septētrional.⁊ laultre est soubz
terre tousiours musse appelle pole antarctique ou pole austral: au mylieu desquelz poles
au premier mobile est le cercle equinoctial esgalement distant vne partie comme laultre
desdictz poles:⁊ selon ce cercle est faict le mouuemēt iournal de.xxiiii.heures cest vng iour
naturel:⁊ est dict equinoctial/pource q̃ quand le Soleil y est/le iour ⁊ la nuict sont egaulx
par tout le monde. Le zodiaque large comme dict est au premier mobile/est ainsi comme
vne ceincture gentillement ferree/ou figuree de images/de signes entaillez subtilement et
bien composez/⁊ destoilles fixes comme descarboucles luysantz/ou de pierres precieuses/
et de gemmes pleines de grandes vertuz/assises par maistrise et tresnoblement parees.
Auquel zodiaque sont quatre poinctz principaulx qui se diuisent esgallemēt en quatre par-
ties:vng hault/dict solstice deste:auquel quand le Soleil est entre en Cancer/cest le plus
long iour deste. vng aultre bas/dict le solstice dhyuer/auquel quand le Soleil entre en
Capricorne cest le plus court iour dhyuer. vng aultre moyen dict equinoctial Dautōne
est quand le Soleil entre en Libra au moys de Septembre.Et laultre est dict equinoctial
de Printemps/quand le Soleil entre en Aries au moys de Mars. lesquelles quatre parties diuisees chascunes en trois esgales parties/sont douze parties : lesquelles sont appel-
lees Aries/Taurus/Gemini. Cancer/Leo/Virgo. Libra/Scorpio/Sagittarius. Ca-
pricornus.Aquarius.Pisces. Aries commence ou lequinoctial croise ledict zodiaque.et
quand le Soleil y est commence decliner/cestadire approcher de septentrion. et vers nous
se estend vers orient. apres est Taurus le second/Gemini le tiers:⁊ ainsi des aultres com
me la figure cy apres le monstre. Item chascun signe est diuise en trente degrez : et sont
au zodiaque trois centz quarante degrez. et chascun diuise par soixante minutes : chascune
minute en soixante secondz: chascun second en soixante tiers. ⁊ suffist pour Bergers ceste
diuision. ¶Bergers congnoissent vne chose bien subtile au ciel. car les estoilles fixes
ne sont pas soubz les mesmes degrez des signes du zodiaque ou estoyent quand furent
creez a cause du mouuement du firmament ou elles sont contre le premier mobile/en cent
ans dung degre. pour laquelle mutation le Soleil peult auoir regard a vne autre estoille
et aultre signification quel nauoit le temps passe/⁊ mesmes quand les liures furēt faictz
par ce que lestoille a change le degre ou le signe soubz lequel elle estoit.Et cecy faict faillir par trop souuent ceulx qui font prenostications ⁊ iugemētz des choses futures:a cause
quilz ne congnoissent cestedicte mutation qui se faict de cent ans en cent ans.

ⓒTous cercles du ciel sont
gresles fors le zodiaque qui est
large : et contient en longueur
trois centz.sip.degrez/ꝗ en lar
geur douze:laquelle est diuisee
par le droict my lieu:sip degrez
dung coste ꝗ sip daultre: et est
faicte ceste diuision par vne si
gne nōmee Ecliptique/qui est
le chemin ꝗ voye du soleil:car
iamais le soleil ne part de des
soubz ceste ligne:ꝗ aisi est tou
iours au my lieu du zodiaque.
Mais les aultres Planettes
sont tousiours dung coste ou
daultre de ceste ligne / sinon
quād sont en la teste ou en la
queue du dragon/cōme la Lu
ne y passe to⁹ les moys deup
fois.ꝗ sil aduiēt ꝗ ce soit quād
se renouuelle il est eclipse de so
leil.et si elle est pleine ꝗ quelle
soit soubz le nadir du Soleil
si cest droictement/il est eclipse
generale/et si elle ny est ꝗ vne
partie/on ne la void gueres.
Quād est eclipse de Soleil/on
ne la void pas par tout les cli
matz/mais en aucū seulemēt:
Mais quād est eclipse de lune/
elle est generale par toute la
terre.

ⓒDe deup grandz cercles/cestascauoir vng meridien:ꝗ laultre
orizon/qui intrinsequent ꝗ croissent droictement.

ⓒMeridien est grand cercle imagine au ciel/qui passe par les poles du monde/et par le
poinct au ciel/droict sur nostre teste.lequel est appelle zenich. et toutesfois que le soleil est
venu dorient iusques a ce cercle il est mydi.ꝗ pource est appelle meridien : ꝗ est la moytie
de ce cercle sur terre/ꝗ lautre dessoubz qui passe par le poict de mynuict droictemēt opposite
a zenich. ꝗ quand le Soleil attouche celle partie du cercle il est mynuict. Et si vng hōme
va vers orient ou vers occidēt il a nouuel zenich ꝗ nouuel meridien:ꝗ pource est plustost
mydi a ceulp qui sont vers oriēt/que a ceulp qui sont vers occidēt:ꝗ si vng hōme est tou
iours en vng lieu/son meridien est tousiours vng:ou sil va droict côtre mydi ou vers se
ptentrion ne se peult remuer quil nayt aultre zenich. ꝗ ces deup cercles meridien ꝗ orizon
se intrinsequent et croissent droictement. Orizon est vng cercle qui diuise sa partie du ciel

Ʀ iiii

laquelle nous voyons de celle laquelle ne voyons pas:ꝗ disent bergers que se vng hõme
estoit en plat pays verroit iustement la moytie du ciel/laquelle appellent leur hemisphere
cestadire demye sphere:ꝗ est orizon ioingnãt presque a la terre/duquel orizon le centre ꝗ le
myslieu est la place en laꝗlle nous sommes/ainsi chascun est tousiours au myslieu de son
orizon : ꝗ zenich est le pole/ꝗ cõme vng hõme est transporte de lieu en aultre/il est en aultre
endroict du ciel/ꝗ aultre zenich/ꝗ aultre orizon. Tout orizon est droict ou oblique:ceulx ont
droict orizon qui habitent soubz sequinoctial/ꝗ ont leur zenich en sequinoctial : car leur orizon intrinseque ꝗ diuise sequinoctial droictement par les deux poles du monde : tellement
que nul des poles nest esleue sur lorizon ne deprime dessoubz. Mais ceulx qui habitent
ailleurs ꝗ soubz sequinoctial ont leur orizon oblique : car leur orizon intrinseque et diuise
seqnoctial en bihais ꝗ nõpas droict:ꝗ leur appert tout tẽps vng des poles du mõde esleue
sur leur orizon:ꝗ laultre leur est tousiours musse quilz ne voyẽt point plus ou moins selon
diuerses habitations ꝗ selon quon est eslongne de sequinoctial: ꝗ tãt plus est le pole esleue
et tant plus est lorizon oblique/ꝗ laultre pole deprime. Et est a scauoir que autãt y a il de
distance de lorizon au pole cõme en y a du zenich a seqnoctial/ꝗ ꝗ zenich est la quarte partie
du meridien ou le myslieu de larc iournal/duꝗl les deux boutz sont sur lorizon. Itẽ ꝗ que
du pole iusques a sequinoctial est la quarte partie de toute la rondeur des cielz et aussi du
cercle meridien puis quil passe par les poles et croise sequinoctial droictement.

ⅭExemple de lorizon de Paris selon lopinion des Bergers/sur leꝗl orizon disent que le
pole est esleue.xlix.degrez : parquoy disent aussi ꝗ du zenich de Paris a sequinoctial sont
xlix.degrez:ꝗ ꝗ de lorizon iusques au zenich ꝗ est la quarte partie du cercle meridien sont
xc. degrez : ꝗ du pole iusques au zenich sont.xli.degrez:et du pole iusques au solstice deste
sont.lvii.degrez:ꝗ du solstice iusques a sequinoctial sont.xxiii.degrez. Ainsi sont du pole
iusques a sequinoctial.xc.degrez/qui est la quarte partie de la rondeur du ciel : ꝗ de sequinoctial iusques au solstice dhyuer a.xxiii.degrez:et du solstice iusques a lorizon.xviii.
Ainsi seroit sequinoctial esleue sur lorizon de Paris.xli.degrez : ꝗ le solstice deste.lxviii.de-
grez:Auquel solstice est le soleil a heure de mydi le plus grãd iour deste. Et lors entre en
Cancer/ꝗ est le plus pres du zenich de Paris ꝗ aultre de nostre partie habitable quil pourroit estre. Et quand le Soleil est au solstice dhyuer le plus court iour de lan a heure de my-
dy:lors entre en Capricornus: ꝗ nest esleue cestup solstice sur lorizon de Paris que.xviii.
degrez. Lesquelles eleuations toutes facilemẽt on peult trouuer/mais que on en cognoisse
vne seulement:ꝗ en chascune region pareillement selon la situation.

ⅭDes deux aultres grans cercles du ciel ꝗ quatre petis.

Eux grans cercles sont au ciel nommez costures qui diuisent les cielz en
quatre parties esgales/ꝗ se croisent droictement passant lung par les poles
du monde ꝗ par les deux solstices/ꝗ laultre par les poles aussi ꝗ les deux
equinoxes. Le premier des petis est dict cercle arctique cause du pole du zodiaque entour le pole arctique : ꝗ son pareil est a son opposite/lequel Bergers nomment le cercle antarctique:les aultres deux sont nommez tropiques lung deste
et laultre est dhyuer. Le tropique deste est cause du solstice deste/cõmecemẽt de Cãcer:et le
tropique dhyuer du solstice dhyuer/cõmecemẽt de Capricorne:ꝗ sont esgalemẽt distãs lũg
cercle de laultre. Icy doibt on noter ꝗ les distãces du pole arctique au cercle arctique/ꝗ la
distãce du tropique deste a sequinoctial/ꝗ celle de seqnoctial au tropique dhyuer/ꝗ du cercle
antarctique au pole antarctique/sont iustemẽt esgales chascũe de.xxiii.degrez ꝗ demy ou
enuiron. Dõt la distãce de sequinoctial au tropique deste/ꝗ du cercle arctique au pole sont

ensemble. plviii.degrez. Lesquelz ostez du quartier dextre le pole ⁊ lequinoctial ou il y a.pc.
degrez/reste quil en demeure.plviii.qui sont la distãce entre le tropique deste ⁊ le cercle arcti=
que:pareillement entre le tropique dhyuer ⁊ le cercle antarctique:⁊ sont dictz cercles petis:
car ilz ne sont pas si grans que les aultres : Touteffois sont ilz diuisez chascun par trois
centz.lp.degrez comme les plus grans.

☞Du lieuement ⁊ resconsement des signes en lorizon.

Rizon et hemisphere different: car orizon est le cercle qui diuise la partie du
ciel laqlle nous voyõs/de celle soubz terre laqlle ne voyõs pas. Et hemis=
phere est celle partie du ciel sur terre q̃ nous voyõs. Jtẽ orizon est ung cer=
cle qui ne meut sinon cõme no⁹ motuõs de lieu en aultre:mais shemisphe=
re continuellement tourne/car vne partie lieue ⁊ mõte sur nostre orizon/et
laultre partie rescõse ⁊ entre dessoubz.Ainsi lorizon ne lieue ny ne rescõse/mais ce qui viẽt
dessus lieue/⁊ ce qui va dessoubz rescõse.Meridien aussi ne lieue ny ne rescõse. Equinoctial
est le cercle iournal qui lieue ⁊ rescõse regulieremẽt autãt en vne heure cõme en vne aultre
et tout en.prviii.heures. Le zodiaque cercle large ⁊ oblique auq̃l sont les signes lieue ⁊ res=
conse tout ung en iour naturel/mais nõpas regulieremẽt:car il en lieue plus en vne heure
que en laultre/pourtãt que nostre orizon est oblique/et diuise le zodiaque en deup parties:
dont lung tout tẽps est sur nostre orizon/⁊ laultre partie dessoubz. Ainsi la moytie des si=
gnes se tiẽnẽt sur nostre orizon chascun iour artificiel tant soit petit ou long:⁊ lautre moy=
tie par nuict:pourquoy cõuient que es iours qui sont plus briefz que les nuictz/les signes
lieuẽt plustost/⁊ es iours longz plus a loysir:⁊ ainsi le zodiaque ne lieue pas regulieremẽt
en ces parties cõme lequinoctial.Mais il y a deup fois variation/car la moytie du zodia=
que qui est du cõmencement de Aries iusques en la fin de Virgo/tout ensemble met au=
tant de tẽps a leuer cõme la moytie de lequinoctial qui est de coste de soy:⁊cõmencent a le=
uer en vng momẽt ⁊ acheuẽt en vng momẽt aussi.Mais ceste moytie du zodiaque lieue au
commencement plustost/⁊ ceste moytie de lequinoctial plus a loysir/⁊ ce est appelle leuer
obliquemẽt. Jtẽ laultre moytie du zodiaque qui est du cõmẽcemẽt de Libra iusques en la
fin de Pisces/⁊ la moytie de lequinoctial qui est de coste de soy/cõmẽcẽt ⁊ laissent a leuer
ensemble/mais lequinoctial en ceste partie lieue au cõmẽcemẽt plustost ⁊ le zodiaque plus
a loysir:⁊ ce est appelle leuer droict/qui est tousiours plus leue de lequinoctial que le zo=
diaque/⁊ neãtmoins finissent ensemble. ☞Exemple pour les deup mouuemẽtz qui sont
dictz:cõme se deup hõmes alloyent de Paris a sainct Denys ⁊partissent ensemble : mais
au cõmẽcemẽt lung cheminast plustost ⁊ laultre plus a loysir/celuy qui chemineroit plus
tost/seroit plustost au mylieu du chemin q̃ laultre:mais se de la celuy qui auroit chemine
tost cheminoit a loysir/⁊ lautre cheminast tost:aussi tost seropẽt a sainct Denys lung cõ=
me lautre. Item la moytie du zodiaque depuis le cõmencement de Cancer iusques en la
fin de Sagittarius en leuant emporte plus que la moytie de lequinoctial/si q̃ ceste moy=
tie siene sont droict:⁊ laultre moytie du zodiaque lieue obliquement.

☞De la diuision de la terre ⁊ des regions.

Euant que parler des estoilles ⁊ cognoissance q̃ bergers en ont/dirons de
la diuision de la terre ⁊ de ses parties a leur opinion.Parquoy est a noter q̃
la terre est cõme ronde:⁊ pource ainsi comme on va de pays en aultre on a
aultre orizon quon nauoit/⁊ apparoist aultre partie du ciel. et se vng hõme
alloit de septẽtrion droict vers mydi le pole arctique luy seroit moins esleue:
ce luidire apparoistroit pl⁹ pchain de la terre.⁊ sil alloit au cõtraire luy seroit plus esleue:

ceſtadire apparoiſtroit plus hault/τ pource ſil alloit vers mydi ſoubz vng meridien tant
que le pole arctique fuſt moins eſleue ſur ſon orizon par la.ɣɣɣ.partie de la.vi.partie de
larc meridien il auroit paſſe la.ɣɣɣ.partie dune des ſix parties de la moytie du circuit de
la terre/τ luy ſeroit le pole moins eſleue dūg degre:ou au contraire/tant quil fuſt plus eſleue dung degre.lors auroit paſſe vng degre du circuit de la terre/de laquelle tous degrez
enſemble ſont trois centz τ.lɣ.τ côtient vng degre de la terre.ɣl vui.lieues τ dempe ou enuiron. Et côme le ſphere du ciel eſt diuiſe par les quatre moindres cercles en cinq parties
dictes cinq zones/ainſi la terre eſt diuiſee en cinq regions/deſquelles la premiere eſt entre
le pole arctique τ le cercle arctique. La.ii.eſt entre le cercle arctique τ le tropique deſte. La
iii.eſt entre le tropique deſte τ le tropique dhyuer. La.iiii.eſt entre le tropique dhyuer et le
cercle antarctique. La.v.entre le cercle antarctique τ le pole antarctique. Deſquelles parties ou regions de la terre:aucuns bergers diſent que la premiere τ la.v.ſont inhabitables
pour trop grāde froideur/car elles ſont trop loingtaines du Soleil. La tierce q eſt moyēne
eſt trop pres du Soleil et ſoubz ſa voye/et eſt inhabitable pour trop grand chaleur. Les
aultres deux parties/la ſecōde τ la quarte ne ſont trop pres du Soleil ne trop loing: ainſi
ſont attrēpees en chaleur τ froidure/τ pource ſont habitables/ſe il ny auoit aultre empeſ-
chement.Et poſe quil ſoit vray/ſi neſt il poſſible de paſſer du trauers de la region ſoubz
la voye du Soleil dicte zone torride/pour aller de la ſeconde a la quarte. Car aucuns bergers y euſſent paſſe qui en euſſent parle.parquoy diſent quil ny a region habitable que la
ſeconde/en laquelle nous tous τ aultres viuans ſommes habitans.

❡De la variation qui eſt pour diuerſes habitations
et regions de la terre.

Es bergers diſent que ſil eſtoit poſſible que la terre fuſt habitee tout en-
tour/τ poſent le cas que ainſi ſoit.Premierement ceulx qui habitent ſoubz
lequinoctial ont en tout temps les iours et les nuictz eſgaulx/et ont les
deux poles du monde aux deux coingz de leur orizon/τ peuent veoir toutes les eſtoilles quand itz voyent les deux poles. et le Soleil paſſe deux
fois lan par ſur leurs teſtes:τ quand itz paſſent par les equinoctiaulx.ainſi le Soleil leur
eſt par vne moytie de lan vers le pole arctique/τ par laultre moytie deuers laultre pole.
et pource ont deux hyuers en vng an ſans grand froid.lung quand nous auons hyuer:τ
laultre quand nous auons eſte. Semblablement itz ont deux eſtez:Lung en Mars quād
nous auons Printēps.Laultre en Septēbre quand nous auons Autōne.τ par ainſi ſont
quatre ſolſtices.deux chaultz quand le Soleil paſſe par leur zenich/τ deux froidz quand
decline dune part ou daultre.τ ainſi ont quatre vmbres en lan. Car quand le Soleil eſt
equinoxe deux fois lan/du matin leur vmbre eſt en occident:τ du ſoir en orient. et a mydi
nont point dumbre.Mais quād le Soleil eſt es ſignes ſeptētrionaulx leur vmbre eſt vers
la partie des ſignes meridionaulx/τ au contraire. Secondemēt ceulx qui habitent entre
lequinoctial τ le tropique deſte/ont pareillement deux hyuers τ deux eſtez/τ quatre vmbres en lan:τ nont difference des premiers/ſinon quilz ont plus longz iours en eſte/τ plus
courtz en hyuer:Car côme on ſe eſlongne de lequinoctial les iours deſte allongent. Et en
ceſte partie de la terre eſt le premier climat τ preſque la moytie du ſecond:τ eſt nōmee Arabie en laquelle eſt Ethiope. Tiercemēt ceulx qui habitēt ſoubz le tropique deſte ont le Soleil ſur leurs teſtes le iour du ſolſtice deſte a mydi:τ tout le demourant de lan ont vmbre
côme nous/mais a mydi plus petit que nous.τ en y a vne partie Dethiope. Quartemēt
ceulx qui ſont entre le tropique deſte et le cercle arctique ont les iours plus longz en eſte

que les deſſuſdictz/de tãt quilz ſont plus loing de lequinoctial ꝗ plus courtz eŋ yuer ꝗ nõt
iamais le ſoleil ſur leur teſte/ne deuers ſeptentrioŋ:et eŋ ceſte partie de la terre habitons.
Quintemẽt ceulx qui habitent ſoubz le cercle arctique ont lecliptique du zodiaque leur orizõ:ꝗ quand le ſoleil eſt au ſolſtice deſte ne leur reſcõſe point: ꝗ ainſi ilz nõt point de nuict
ꝟng iour naturel de.ꝟpiiii.heures. Semblablemẽt quãd le ſoleil eſt au ſolſtice dʒhyuer il
eſt ꝟng iour quilz ont continuellemẽt nuict/ꝗ que le ſoleil ne leur luyſt point. Septemẽt
ceulx qui ſont entre le cercle arctique ꝗ le pole arctique/ont eŋ eſte pluſieurs iours naturelz
qui leurs ſont ꝟng iour artificiel ſans nuict:ꝗ auſſi eŋ hyuer ſont pluſieurs iours naturelz
eſquelz il leur eſt touſiours nuict.ꝗ tant plus oŋ ſapproche du pole tãt eſt le iour artificiel
deſte plus grand : ꝗ dure eŋ ꝟng lieu ꝟne ſepmaine:eŋ ꝟng aultre ꝟng moys/eŋ laultre
deux/ꝗ eŋ laultre trois ou plus/ꝗ proportiõnellemẽt eſt plus grande la nuict dʒhyuer : car
aucuns de ces ſignes ſont touſiours ſur leur orizõ/ꝗ aucuns touſiours deſſoubz : et tant
cõme le ſoleil eſt es ſignes deſſus il eſt iour:ꝗ tant cõme le ſoleil eſt es ſignes deſſoubz il eſt
nuict. Septieſmement ceulx qui habitent droictement ſoubz le pole ont la moytie de laŋ le
ſoleil ſur leur orizõ ꝗ continuel iour:ꝗ laultre moytie de laŋ continuellement nuict:car le
quinoctial eſt leur orizõ qui diuiſe les ſignes ſix haultz ꝗ ſix bas : pourquoy quãd le ſoleil eſt es ſignes qui ſont haultz ilz ont continuel iour. ꝗ quant eſt a ceulx qui ſont bas ilz
ont continuelle nuict:ainſi nont eŋ laŋ que ꝟng iour ꝗ ꝟne nuict.

⚓Diuiſioŋ de la terre habitable.

Ergers ꝗ aultres cõme eulx diuiſent la terre habitable eŋ ſept parties quilz
appellent climatz:ꝗ les nõment Le premier climat dyamerocs. Le ſecond
climat diacienes.Le.iii.climat daleyandrie.Le.iiii.climat diarhodes.Le.ꝟ.
climat diatomes. Le.ꝟi.diabozistenes. Le.ꝟii.diariſpheos. Deſquelz chaſcuŋ a ſa longueur determinee ꝗ ſa largeur auſſi:ꝗ tãt plus ſont pres de lequinoctial tãt ſont plus longz ꝗ larges:ꝗ procedent eŋ longueur de orient eŋ occidẽt. et eŋ
largeur de mydi a ſeptẽtrioŋ.Le premier climat ſelon aucũs bergers cõtiẽt de lõg la moytie du circuit de la terre/qui eſt cent mille et.deux centz lieues : ainſi auroit.l.mille et cent
lieues.Le.ii.climat eſt plus court ꝗ moins large. Le.iii.plus que le ſecond:ꝗ ainſi des autres pour lappetiſſement de la terre ꝟenãt ꝟers ſeptẽtrioŋ.Pour entẽdre que ceſt de climat
oŋ doibt ſcauoir ꝗ climat eſt ꝟne eſpace de terre eſgalement large/de laquelle ſa longueur
eſt dozient eŋ occidẽt.ſa largeur eſt ꝟenãt du mydi ꝗ de la terre bieŋ habitable ꝟers lequinoctial tirant a ſeptẽtrioŋ tãt que ꝟng horloge ne ſe chãge point : car eŋ la terre habitable
les horloges ſe chãgent ſept fois eŋ la largeur des climatz:il eſt neceſſaire de dire ꝗlz ſoyẽt
ſept:ꝗ ou eſt la ꝟariatioŋ des horloges eſt la diuerſite des climatz: cõbieŋ que telle ꝟariatioŋ propremẽt doibt eſtre prinſe au myſieu des climatz/ꝗ noŋ au cõmencemẽt ne a la fiŋ
pour la proximite ꝗ cõuenãce de lung a laultre. Jtẽ eŋ ꝟng climat touſiours a ꝟng iour
artificiel deſte plus long ou plus court queŋ laultre climat.ꝗ ce iour mõſtre la differẽce au
myſieu de chaſcuŋ mieulx ꝗ au cõmencemẽt ou eŋ la fiŋ.luꝗlle choſe oŋ peult congnoiſtre
ſenſiblemẽt a loeil/ꝗ par iuger la difference des climatz.ꝗ eſt a noter que ſoubz lequinoctiaꝇ
les iours ꝗ nuictz eŋ tout tẽps ſont egaulx chaſcuŋ de.pii.heures:mais ꝟenãt ꝟers ſeptẽtrioŋ les iours deſte allongiſſent/ꝗ ceulx dʒhyuer appetiſſent: et tant plus oŋ approche ſe-
ptentrioŋ plus les iours croiſſent:tellemẽt que eŋ la fiŋ du dernier climat les iours eŋ eſte
ſont plus grãs trois heures ꝗ demye quilz ne ſont au cõmẽcemẽt du premier/ꝗ le pole eſt
plus eſleue de.pppꝟiii.degrez. Au cõmẽcemẽt du premier climat le plus long iour deſte
a.pii.heures et.plꝟ.minutes. et eſt le pole eſleue ſur ſorizõ.pii.degrez et.plꝟ.minutes.

et au mylieu du climat le plus long iour deste a.viii.heures (et.pv.minutes:(et le pole esseue
pp.degrez (et demy.laquelle largeur a deux centz (et.pp.lieues de terre. Item le second climat comence ou est la fin du premier:(et le mylieu ou est le plus long iour a.viii.heures et
dempe/(et le pole est esseue sur lorizon.ppviii.degrez (et.pvp.minutes.(et dure sa largeur iusques ou le plus long iour a.viii.heures (et.pvp.minutes. et le pole est esseue.ppvi.degrez
et demy:et contient de terre ceste largeur deux centz lieues tout iustement. Le tiers climat
comence ou est la fin du second/et son mylieu est ou le plus long iour a.viii.heures. et le
pole est esseue.ppp.degrez (et.pvp.minutes : et sa largeur se estend iusques ou le plus long
iour a.viii.heures (et.pv.minutes.(et le pole est esseue.ppiii.degrez (et.pl.minutes.Le quart
climat comence a la fin du tiers:(et son mylieu est ou le plus long iour a.viii.heures (et de-
mpe/(et le pole est esseue.pppvi.degrez et.pp.minutes.sa largeur dure iusques ou le plus
long iour a.viiii.heures (et.pvp.minutes:(et le pole est esseue.pppi.degre : (et contient de terre
sa largeur cent (et cinquante lieues. Le.v.climat comence en lu fin du quart:(et son mylieu
est ou le plus long iour a.pv.heures:(et le pole est esseue.plvi.degrez (et.pp.minutes.(et dure
sa largeur iusques ou le plus long iour a.pv.heures (et.pv.minut.(et le pole est esseue.pliii.
degrez (et demy:(et sa largeur contient de terre cent.ppvi.lieues. Le.vi.climat comence en la
fin du.v.(et son mylieu est ou le plus long iour a.pv.heures (et dempe:(et le pole est esseue sur
lorizon.plv.degrez (et.ppiii.minutes:duquel sa largeur dure iusques ou le plus long iour
a.pv.heures et.plv.minutes:laquelle largeur a de terre cent.vi.lieues. Le.vii.climat comence en la fin du sipiesme:(et son mylieu est ou le plus long iour a.pvi.heures : et le pole
est esseue.plviii.degrez et.pl.minutes. sa largeur se estend iusques ou le plus long iour a
pvi.heures (et.pv.minutes.(et le pole est esseue cinquante degrez (et demy et contient sa largeur de terre quatre vingtz.pii.lieues.

(Cone merueilleuse consideration de grand
entendement des Bergers : (et estoyent deux
ensemble deuisant lung a saultre.

(Soit pose le cas q selon la longitude des climatz on peult
enuironner la terre tout entour en allant droict vers occident
tant que on fust retourne au lieu dont on seroit party : disant
que se vng homme faisoit ce tour en.pii.iours naturelz allant
regulierement vers occident (et comencast maintenant a mydi
il passeroit chascun iour naturel la.pii.partie du circuit de la
terre/(et sont.ppp.degrez/dont conuiendroit q le soleil fist vng
tour entour la terre (et.ppp.degrez oultre auant quil retournast
lendemain au meridien de celuy homme : (et ainsi auroit celuy
homme son iour (et nuict de.ppvi.heures (et seroit plus long par
la.pii.partie du iour naturel que sil se reposoit : parquoy sensuyt de necessite que en.pii.iours naturelz celuy homme auroit
tant seulement.pi.iours et.pi.nuictz (et quelque peu moins/et
que le soleil ne luy leueroit que.pi.fois/ne il ne resconseroit que
pi.fois:car.pi.iours (et.pi.nuictz/chascu iour et nuict de.ppvi.
heures font.pii.iours naturelz/chascun de.ppiiii.heures.
(Item par semblable consideration conuiendroit que vng
auultre homme qui feroit ce tour allant vers orient eust son iour (et nuict plus court que nest
vng iour naturel de deux heures:(et ne seroit son iour (et nuict que de.ppii.heures.Doncques

fil faifoit ce tour en mefine temps ceftafcauoir en .vii. iours naturelz enfuyuiroit par necef-
fite quil auroit .viii. iours ꝓ peu plus. Ainfi fe Jehan faifoit le tour vers occidēt ꝓ Pierre
vers orient ꝓ Robert les attendift au lieu dont feropent partis lung quand laultre : et re-
tournaffent auffi lung quand laultre/Pierre diroit quil auroit deux iours ꝓ deux nuictz
plus que Jehan:combien quilz euffent faict ce tour en .vii. iours naturelz/ou en cēt ou en
dix ans ceft tout vng:ꝓ ce eft beau aconfiderer entre bergers:comme Jehan ꝓ Pierre arri-
ueropent en vng mefme iour : pofe quil fut Dimenche:et Jehan diroit il eft famedy : et
Pierre diroit il eft lundy:et Robert diroit il eft Dimenche.

¶Comment deux Bergers deuifoyent enfemble des eftoilles
fixes : ꝓ premier du pōmeau des cieulx eftoille: nōmee leftoille
de Nort/pres laquelle eft le pole arctique dict feptentrional.

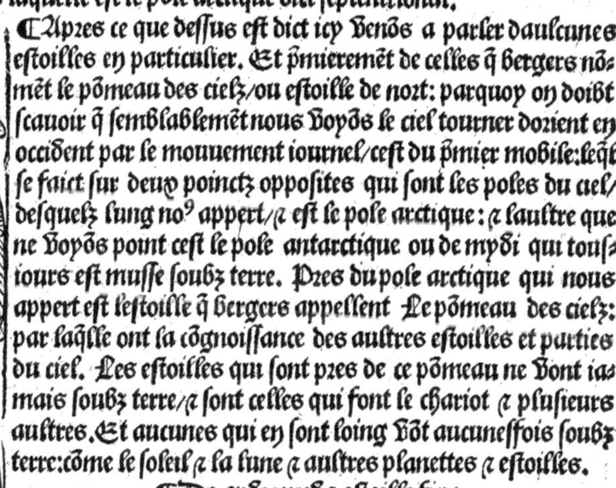

¶Apres ce que deffus eft dict icy venōs a parler daulcunes
eftoilles en particulier. Et pmieremēt de celles ꝗ bergers nō-
mēt le pōmeau des cielz/ou eftoille de nort: parquoy on doibt
fcauoir ꝗ femblablemēt nous voyōs le ciel tourner dorient en
occident par le mouuement iournel/ceft du pmier mobile:leꝗl
fe faict fur deux poinctz oppofites qui font les poles du ciel/
defquelz lung no⁹ appert/ꝓ eft le pole arctique : ꝓ laultre que
ne voyōs point ceft le pole antarctique ou de mydi qui touf-
iours eft muffe foubz terre. Pres du pole arctique qui nous
appert eft leftoille ꝗ bergers appellent Le pōmeau des cielz:
par laꝗlle ont la cōgnoiffance des aultres eftoilles et parties
du ciel. Les eftoilles qui font pres de ce pōmeau ne vont iamais foubz terre/ꝓ font celles qui font le chariot ꝓ plufieurs
aultres.Et aucunes qui en font loing vōt aucuneffois foubz
terre:cōme le foleil ꝓ la lune ꝓ aultres planettes ꝓ eftoilles.

¶De andromeda eftoille fixe.

¶Aries eft figne chault ꝓ fec qui gouuerne de lhōme le chef/
la tefte/ꝓ la face:ꝓ les regions de Babylone/Perfe ꝓ Arabie.
et fignifie petis arbres. Et foubz luy au .xvi. degre fe fieue
vne eftoille fixe nōmee andromeda/que bergers figurēt vne
fille en cheueulx fur le riuage de la mer/mife pour eftre liuree aux monftres marins qui
yffent:mais Perfeus filz de Juppiter cōbatit de fon efpee le monftre ꝓ le tua/dont fut deliuree ladicte andromeda. Ceulx qui font nez foubz fa conftellation font en danger de prifon ou de mourir es prifons.mais fe bonne planette y regarde/efchapperōt de prifon ꝓ de
telle mort. Aries eft exaltation du Soleil au .xix. degre. et fi eft Aries maifon de Mars
auec Scorpio/en laquelle Mars fefiouyft le pluo.

¶De leftoille fixe nōmee Perfeus/feigneur de lefpee.

¶Taurus a fes arbres/plantes/ꝓ entes:ꝓ gouuerne de lhōme le col ꝓ le noud du gofier:
et les regions Dethiope/Egypte/ꝓ le pays dentour. et foubz fon .xvii. degre fe fieue vne
eftoille fixe de la pmiere magnitude que bergers appellent par nom Perfeus filz de Juppiter qui couppa la tefte de Medufa:laꝗlle faifoit mourir tous ceulx qui la regardoyent:
tellemēt que par nul engin ne fen pouoyent garder. Bergers difent que quand Mars eft
conioinct auec cefte eftoille:ceulx qui font nez foubz telle conftellation ont la tefte trenchee
fe dieu ne leur faict grace : et appellent aucuneffois ladicte eftoille feigneur de lefpee:et la

figurent a vng homme lespee en vne main/ᶜ en laultre le chef de medusa/ᶜ ne le regarde
point.Et est Taurus lexaltation de la Lune au.iii.degre.

ᶜDe Drizon estoille fixe/ᶜ ses compaignes.

ᶜGemini signifie largesse/bon courage/sens/beaulte/clergie:ᶜ gouuerne de lhomme les
espaules/les bras/ᶜ les mains:ᶜ des regions iuge armenie/cartage/ᶜ les moyês arbres:
et soubz luy au.xviii.degre se lieue vne estoille fixe nômee Drizon ᶜ.xxx vi.auec elle:ᶜ est
en figure dûg hôme arme vestu dûg haubergeon ᶜ ceinct vne espee:ᶜ signifie grans capi-
taines.Ceulx qui sont nez soubz sa constellation sont en danger de mort violente ᶜ destre
tuez en trahison/se bône fortune en leur natiuite ne les saulue. Gemini ᶜ Virgo sont les
maisons de Mercure: mais Virgo est celle ou sesiouyst le plus : ᶜ si est Gemini au.iii.de-
gre lexaltation de la teste du dragon.

ᶜDe lestoille que bergers appellent alhabor/estoille fixe.

ᶜCancer domine les arbres longz ᶜ esgaulx : ᶜ du corps de lhôme la poictrine/le cueur/
lestomach/les costes/la rattelle ᶜ le poulmon: ᶜ les regions darmenie la petite ᶜ la region
dorient.ᶜ se lieue soubz luy au.viii.degre vne estoille fixe nômee alhabor:cestadire le grâd
chien. Et ceulx qui sont nez soubz sa constellation quand est ascendant au mylieu du ciel
signifie bonne fortune. ᶜ se la Lune est auec elle ᶜ la partie de fortune/celuy qui y sera ne
deuiêdra riche. Et est Cancer maison de la Lune : ᶜ exaltation de Juppiter au.xv.degre.

ᶜDe lestoille fixe nommee Cueur de lyon.

ᶜLeo gouuerne les grans arbres/cestadire ql les seigneurie:ᶜ signifie hôme terrigineux
plein de courroux ᶜ dâguoisse:ᶜ du corps de lhôme regarde le cueur ppremêt/le dos ᶜ les
costes/ᶜ des regiôs artety iusques a la fin de la terre habitable.ᶜ soubz son.xxviii.degre se
lieue vne estoille nômee cueur de lyon.Et ceulx q̃ sont nez soubz sa côstellation ainsi que
disent bergers sont esseuz en haulte seigneurie ou office:ᶜ puis sont deprimez ou rabbaissez
et en dâger de leur vie : Mais se bonne planette regarde ladicte estoille/ilz sont sauluez de
grand peril.Leo est la maison du Soleil/ᶜ en Aries est son exaltation côme dict est.

ᶜDe lestoille fixe dicte nebuleuse:ᶜ de lestoille couppe dor.

ᶜVirgo gouuerne tout ce quest seme sur terre: ᶜ signifie homme de bon courage/philoso-
phie/largesse/ᶜ toute maniere de sens:ᶜ de lhôme regarde le vêtre ᶜ les entrailles:ᶜ les regions algeramita/assey qui est vne region pres Hierusalem/eufrates/ᶜ lisle despaigne:se-
lon sa longitude au.xv.degre se lieue vne estoille dicte nebuleuse ou queue de lyon:ᶜ en latitude septentrionale dudict signe de Virgo/soubz luy se lieue vne aultre estoille nommee
couppe dor/ᶜ est au.viii.degre dudict signe vers la partie meridionale. laquelle estoille est
de la nature de Venus ᶜ de Mercure.ᶜ signifie a ceulx qui sont nez soubz sa constellation
scauoir choses dignes ᶜ sacrees.

ᶜDu porc espic estoille fixe.

ᶜSoubz le signe de Libra qui domine les grans arbres ᶜ larges signifie iustice.ᶜ de lhôme domine les reins ᶜ le dessoubz du ventre.ᶜ les regiôs des pays de Rômenie ᶜ de Gre-
ce.Soubz son.xviii.degre se lieue vne estoille que bergers appellent porc espic.Ceulx qui
sont nez soubz sa constellation ont belle figure/sont hônestes:ᶜ font choses dequoy les gês
sesiouyssent.ᶜ signifie richesses par marchandises honnestes/ᶜ sont voluntiers aymez des
dames ᶜ seigneurs. Libra soubz qui se lieue ceste estoille est vne des maisons de Venus.
Taurus est laultre ou se resiouyst.ᶜ si est lexaltation de Saturne:car le temps y cômen-
ce a deuenir froid/cest au moys de Septembre.ᶜ Saturne planette est seigneur de froidu-
re/qui se veult epaulcer quand entre en Libra.

¶De la couronne septentrionale:estoille fixe.

¶Soubz lescorpion qui seigneurie les arbres qui sont longz ꝛ larges est signifie faulsete:
et du corps de lhõme gouuerne les parties hõteuses:ꝛ des regions de la terre hebergier et
le chãp darabie. En son second degre se lieue vne estoille q̃ bergers nõmẽt courõne septen-
trionale:laquelle quand est en lascendant au myfieu du ciel donne hõneur ꝛ exaltation a
ceulx qui sont nez soubz sa constellation/specialement quand est bien regardee du Soleil.
Lescorpion est vne des maisons de Mars ou sesiouyst le plus/et Aries laultre/et si est le
signe auquel commence Mars a cheoir de son exaltation.

¶Du cueur descorpion estoille fixe.

¶Soubz le Sagittaire qui signifie lhõme plein dengin ꝛ sage/qui gouuerne les cuysses
de lhõme/ꝛ des regiõs dethiope/maharoben/ꝛ aenich:soubz son premier degre se lieue vne
estoille de la pmiere magnitude q̃ bergers nõmẽt Cueur descorpion: laq̃lle quãd est biẽ regardee de Juppiter ou de Venus elle essieue ceulx q̃ sont nez soubz sa cõstellation en grãd
hõneur ꝛ richesse:mais quãd est mal regardee de saturne ou de mars/elle met ceulx q̃ sont
nez soubz sa cõstellation a pourete.Le sagittaire est maison de Juppiter en laq̃lle sesiouyst
plus/ꝛ Pisces est son autre maison:ꝛ si est led Sagittaire exaltatiõ de la queue du dꝛagõ.

¶De laigle vollant estoille fixe.

¶Lapꝛicoꝛne signifie hõme de bõne vie/sage/ꝛreux/ꝛ de grãd tristesse:il gouuerne les ge-
noulx/ꝛ des regiõs dethiope arabõ ꝛ gehamen iusq̃s au deux mers:ꝛ soubz son.xx viii.
degre se lieue vne estoille q̃ bergers nõmẽt Aigle vollant:q̃ signifie les empereurs ꝛ roys
souuerains.ceulx q̃ sont nez soubz sa cõstellation quãd elle est bien regardee du soleil ꝛ de
iuppiter mõtẽt en seigneurie ꝛ sont amys aux roys.Lapꝛicoꝛn⁹ꝛ aquari⁹ sont maisõs de
saturne.mais en aquari⁹ saturne sesiouyst plus:ꝛ si est capꝛicoꝛn⁹ exaltation de Mars.

¶Du poisson meridional estoille fixe.

¶Soubz Aquarius q̃ regarde les iãbes de lhõme iusques aux cheuilles des piedz/ꝛ les
regiõs hazenoth/astmpha:ꝛ vne partie de la terre despaigne/ꝛ vne partie degypte:en son
xxi.degre se lieue vne estoille que bergers appellent poisson meridional.Ceulx q̃ sont nez
soubz sa constellation sont heureux en pescherie en la mer de mydi. Et soubz son.ix.degre
se lieue le delsphin qui signifie seigneurie sur les choses marines/sur estãgz/ꝛ sur riuieres
cõme dict est.Aquarius est maison de Saturne en laquelle sesiouyst.

¶De Pegasus qui signifie cheual dhõneur/estoille fixe.

¶Pisces regarde de lhõme les piedz.ꝛ signifie hõme subtil ꝛ sage/de diuerse coulcur:ꝛ les
regions tabasay/iurgem/ꝛ toute partie habitable qui est plus septẽtrionale.Et soubz son
xxvi.degre se lieue vne estoille que bergers appellẽt Pegasus/cheual dhõneur:ꝛ est figure
en foꝛme de beau cheual. Ceulx qui sont nez soubz sa constellation sont a honneur entre
les capitaines ꝛ entre les seigneurs. Et quãd Venus est auec luy il est ayme des dames
mais que ladicte estoille soit au myfieu du ciel en lascẽdãt. Et est Pisces vne de maisons
de Juppiter:ꝛ Sagittarius laultre:en laquelle sesiouyst plus. et sont lesdictz poissons au
xxvii. degre lexaltation de Venus.

Es cielz et pareillement la terre peuent estre diuisez en quatre parties par
deux cercles qui se croisent dꝛoictement sur les deux poles:ꝛ croisent quatre
fois lequinoctial. Chascune de ces quatre parties diuisee en trois esgalemẽt seroyẽt en sont douze parties esgales tãt au ciel cõme en la terre: q̃ bergers appellẽt maisons:ꝛ sont.xii.desq̃lles six sont tousiours sur terre/ꝛ six
dessoubz:ꝛ ne mouuẽt point les maisons:aincois sont tousiours chascune en son lieu:ꝛ les

signes et ses planettes touꝫ y paſſent vne fois en.xxiiii.heuꝛ. trois
des maiſons ſont doꝛiēt a mynuict
allant ſoubz terre. La pmiere la.ii.
ꝗa.iii.dont la pmiere ſoubz terre cōmēce a oꝛiēt ꝗ eſt nōmee maiſon de
vie. La.ii.de ſubſtance ꝗ richeſſes.
Le.iii. qui fine a mynuict/eſt maiſoꝑ des freres. La.iiii.qui cōmēce
a mynuict venāt eꝯ occidēt.eſt nōmee maiſoꝑ de patrimoine. La.v.
eſt maiſoꝑ de filz. La.vi.finiſſant
eꝯ occident ſoubz terre/eſt maiſoꝑ
de maladie. La.vii.cōmēce eꝯ occident ſur terre tendant contre mydi
eſt dicte maiſon de mariage. La
viii.ſuyuant eſt maiſon de moꝛt.
La.ix.finiſſant a mydi eſt maiſon
de foy de religion:ꝗ peregrination.

La figure des
douze maisons
tant en la terre
comme au ciel.

La.x.cōmēcāt a mydi venāt cōtre oꝛiēt eſt maiſoꝑ dhōneur ꝗ de royaulme.La.xi.eſt maiſoꝑ des amyꝫ.et la.xii.finiſſāt ſur terre eꝯ oꝛiēt eſt maiſoꝑ de charite. Pouꝛce ꝗ ceſte matiere eſt difficile bergers ſeꝯ depoꝛtent legerement:ꝗ leur ſuffiſt de ce que dict eſt auec la figure preſente deſdictes douze maiſons.

Qvi veult
ſeauoir cōe
bergers ſcauēt ꝗlle
planette regne cha-
ſcune heure du iouꝛ
et de la nuict:ꝗ ꝗlle
planette eſt bōne ou
mauuaiſe doibt ſca-
uoir la planette du
iouꝛ ꝗ veult ſenꝗ-
eir:ꝗ la pmiere heu-
re tēpoꝛelle du So-
leil leuāt ce iouꝛ eſt
celle planette: la ſe-
cōde heure eſt pouꝛ
la planette enſuy-
uāt:ꝗ la tierce pouꝛ
laultre cōe ſont cy
figurez par oꝛdꝛe:ꝗ
cōuiēt aller de Sol

a Venus/Mercure ꝗ Luna:puis retenir a Saturne iuſques a.vii.qui eſt pour lheure de-

uãt le soleil couchãt:ʒ tout incõtinẽt ǧ le soleil est couche cõmence la premiere heure de la
nuict ǧ est pour la .viii. planette/ʒ la secõde heure de la nuict pour la .viiii.ʒ ainsi tousiours
iusques a .vii. heures pour la nuict ǧ est lheure ꝓchaine deuãt le soleil leuãt:ʒ vient droicte-
mẽt cheoir sur la .vviiii. planette/ǧ est ꝓchaine deuãt celle du iour ensuyuãt.ainsi le iour a
vii.heures ʒ la nuict .vii. lesǧlles sont heures tẽpozelles.differẽtes auy heures des horloges
qui sont artificielles.Bergers disent ǧ Saturne ʒ Mars sont mauuaises planettes. Juppiter ʒ Venus sont bõs.Sol ʒ Luna sont moytie bõs ʒ moytie mauuais.La partie de deuers la bõne planette est bõne/ʒ la partie deuers le mauuais/mauuaise. Mercure cõioinct
auec vne bõne planette est boy/ʒ auec vne mauuaise mauuais.Et est entendu quãt auy
influences bõnes ou mauuaises:que lesdictes planettes influent icy bas.

Vendredy   Mercredy   Lundy

Venus   Mercurius   Luna

CLes heures des planettes differẽt a celles des horloges:car les heures des horloges tout tẽps sõt esgales chascũe de .ly. minutes:mais celles des planettes quãd les iours ʒ les nuictz sont esgauly/ǧ le soleil est ey vng des eǧnoyes sont esgales : mais si tost que les iours croissẽt ou descroissẽt aussi font les heures naturelles: par ce ǧl cõuiẽt tout tẽps le iour auoir .vii. heuꝰ tẽpozelles/ʒ la nuict .vii. aussi. et quãd les iours sont plꝰ grãs ʒ les heures plus grãdes/ʒ quãd sõt petis ʒ les heures petites pareillemẽt de la nuict. Nõobstãt vne heure de iour auec vne de la nuyt ont siy vingtz minu.car ce ǧ lune laisse lautre prẽd. Et ꝓnõs le iour des planettes a soleil leuãt nõpas deuãt/iusques a soleil couchãt ʒ non apres.ʒ tout le demourãt est nuict. Eyẽple de
ce que dict est. Ey Decẽbre les iours nõt ǧ huyt heures artificielles des horloges:ʒ ilz ey
ont .vii. tẽpozelles.Soyẽt diuisees les .viii. heures artificielles ey .vii. parties esgales:ce serõt .vii. fois .vl. minutes:ʒ chascune partie sera vne heure tẽpozelle/laǧlle sera de .vl. minu.
et nõplus. Ainsi ey decẽbre les heures tẽpozelles de iour nõt que .vl. minutes:mais celles
de nuict ey ont quatre vingtz:car ey celuy tẽps les nuytz ont .yvi. heures artificielles:les-
ǧlles diuisees ey .vii. parties sont .iiii.yy. minutes pour chascune ǧ est vne heure tẽpozelle.
Ainsi les heures de nuict ey Decembre ont quatre vingtz minutes: ʒ les heures du iour
vl.minutes.ʒ par ainsi vne heure du iour/ʒ vne heure de la nuict ont siy vingtz minutes:
donc deuy heures tẽpozelles ont autant cõme deuy artificielles : qui sont chascune de .ly.
minutes.Ey Juing est par le cõtraire.Ey Mars ʒ ey Septẽbre toutes heures sont esgales cõme les iours sont esgauly:ʒ les aultres moins par esgale portion. CAuec chascune
planette cy dessus sont figurez les signes ǧ sont maisons dicelle planette cõme a este deuãt
dict.Lapricornus ʒ Aquarius sont maisons de Saturne. Sagittariꝰ ʒ Pisces de Juppi-
ter.Scorpio ʒ Aries de Mars.Leo du Soleil.Tanrꝰ ʒ Libra de Venus.Virgo ʒ Gemini de Mercure.Lãcer de Luna.Auec daultres significatiõs trop longues a racõpter.

¶Mon filz ie te donne a entendre
Ce que ie scay & puis comprendre
Du ciel & estoilles qui y sont
Du ie pense bien au parfond
Je considere les signes tous
Partie sur terre laultre dessoubz:
Pareillement des sept planettes
Tant belles tant cleres & nettes
Je pense a la Lune coucher
Et du Soleil qui veult leuer:
Je considere dorient
La partie mydi & occident
Septentrion & le pommeau
Des cieulx/moult cler & moult beau
Pour toute creature humaine.
Je veulx monstrer voye certaine
A toy congnoistre & bien reigler
Comme tu te doibs gouuerner
Et pourras icy veoir comment
Tous bergers scauent seurement
Les natures des planettes
Que dieu a ordonnees & faictes
En les suyuant dedans leurs signes
Tu trouueras belles doctrines
Qui te donront aduisement

De ton faict & gouuernement:
Car ie te dy & si tenseigne
Que chascune porte son enseigne
Lune est triste laultre est ioyeuse
Lune fiere laultre amoureuse/
Lune chaulde/laultre tresfroide
Lune doulce & laultre roide
Lune venteuse/laultre fresche
Lune moiste & laultre seiche:
Lune arrogante/laultre bonne
Ainsi que dieu si les ordonne.
Conclusion plaise ou non plaise
Lune bonne/laultre mauluaise:
Saturne froid qui tient lempire
Des sept planettes est le pire
Et Mars chauld qui bien lappercoit
Ne vault mieulx en chose quil soit.
Juppiter bon/aussi Venus
Les deux sont les premiers tenuz
Mercure ploye a deux endroictz
Bon ou mauluais comme par droictz
Se trouue ioinct a quelque aultre
Le fera tel que luy/non aultre.
Soleil & Lune ont les renoms
De moytie mauuais/moytie bons.
Ainsi scauras sans faire doubte
Leur mauuaistie/ou bonte toute
Par lescripture qui sensupt
Congnoistras de iour & de nupt
En chascune heure quel planette
Regne/si bien scauoir te haitte.
Et comme leurs heures sont toutes
Aucun temps longues/aultres courtes.
Je te descripray par figure
Dune chascune la nature
Parquoy scauras pour verite
Sa vertu & propriete.

¶Ly apres ensupt la declaration des natures des sept planettes: & de ceulx qui sont constellez de leurs natures.

¶Et premierement de Saturne.

C Saturnus significat hominem inter nigrum & croceum / ambulando mergentem in terram qui ponderosus est incessu adiungens pedes & macer recuruus : habens paruos oculos siccam acutam barbam raram / labia spissa / callidus / ingeniosus / seductor / interfector /
hominémq3 corpore pilosum / iunctis superciliis.

C Saturne planette nommee
Je suys sur toutes renommee
En mon hault ciel plus noblement
Que tous / & naturellement
Donnant eaue / & grand froidure
Sec & froid suys de ma nature
En lescreuice veulx venir
Pour mieulx a mes fins paruenir
Et si ne puis enuironner
Les douze signes / ne passer
Vne fois seulse tout conclus
Que ny mette trente ans ou plus.

    C De sa propriete.
Saturne par sa faulse enuie
A toutes choses qui ont vie
Est ennemy de sa nature.
Qui soubz luy est ne par droicture
Il est plein de mauuais malice
A vil & ord mestier propice
Fort propre pour cuyrs controyer
Et en toutes guises ouurier.
De pain & de chair grand mangeur
En sa bouche puante odeur:
Pesant / pensif / malicieux /
Triste / dolent / & conuoiteux:

De science tresmal apprins
De rober ou battre reprins:
Cheueulx a noirs & bien agus
Et sil nest point trop fort barbus;
Petitz yeulx / caulx & seducteur
Visage maigre / grand menteur:
Pour secret assez conuenable
A donner conseil prouffitable
Scaura parler choses antiques
Histoires / batailles / croniques:
Grosses espaules / bas deuant
Mal language / mal aduenant /
Grosses leures / noire couleur
Est celle qui luy est meilleur.
Se fortune ne luy faict guerre
Grand amasseur sera de terre :
Et fera grosse nourriture:
Basse sera sa regardure
Naymera gueres voluntiers
Ne les sermons ne les monstiers
Pays cheminera loingtains
Garder se fauldra de ses mains
Son regard est en deux parties
Sur la rattelle & les ouyes.

    C Hensuyt de Juppiter.

C Juppiter significat hominem album habentem ruborem in facie : oculos non prorsus
nigros / nares inequales & breues : caluum : in aliquo dentium habentem nigredinem : pul-
chre stature : boni animi & moribus : pulchri corporis / hominémq3 habentem magnos oculos /
pupillam latam / barbam crispam.

C Juppiter seconde planette
De sa nature claire & nette
Moult chauld e moiste & vertueuse
Et de deux signes amoureuse
Des poissons / & du Sagittaire
Nul meschef on ne luy void faire
Naucune perte ne dommage
En lescreuice se soulage
Et sy maintient ioyeusement
Il faict son debuoir seurement

Dedans douze ans denuironner
Les douze signes & passer.
    C De sa propriete.
Qui soubz Juppiter sera ne
Bening & gracieux troue
Sera riche de grand substance
Sage / discret / de grand science:
Il aymera paix & concorde
Bon iugement / misericorde /
Joyeuse vie / vraye verite /

L iiii

Religion/vraye equite
Toutes choses ingenieuses
Congnoistre pierres precieuses
Abondera fort en nature
Et de tous ars il aura cure
Auoir aucune congnoissance
Vouldra de lart de nigromance
De mesurer large et long
Le hault et aussi le parfond
Au visage blanche couleur
Bien peu couuerte de rougeur
Aucuns dentz noirs et nez camu
Chaulue sera et fort barbu
Grandz yeulx et larges sourcilles
Cheueulx crespes grosses narilles

Choses qui sont delicieuses
Odorantes et sauoureuses
Aymera fort: et beau languasge
Net corps aura et franc courage
Le drap aymera verd ou gris
De nulluy ne sera repris
Pour mal: mais sera tout plaisant
Daultruy ne sera mesdisant:
De nobles faictz entremettable
Chantant riant et veritable
En marchandise droicturier
Dor et dargent grand tresorier
Estomach/foye/oreille senestre
Ventre et bras de lhomme gouuerne.

¶Ensuyt de Mars.

¶Mars significat hominem rubeum habentem capillos ruffos et faciem rotundam/leui
ter homines dehonestantem/habentem oculos croceos/horribilis aspectus audacem/haben
tem in pede signum vel maculam:hominemqz ferocem:habentem acutum aspectum:super
biam/leuitatem/mobilitatem et audaciam.

¶Mars ie suys planette troiziesme
Qui bien ay tout aultre regime
Chault et sec a la barbe rousse
Voluntiers et tost me courrouce
Lung de mes signes est le mouton
Et laultre est lescorpion:
Quand en eulx ie me puis retraire
Guerres et batailles faictz faire
En lescreuice veulx monter
Pour les signes enuironner
Tous les douze par ma vigour
Passe en deux ans cest mon droict tour.

　　¶De sa propriete.

Quiconques sera ne soubz Mars
A plusieurs maulx faire est espars
Il est rouge et malicieux
Les yeulx petis et noirs cheueulx
Du tout sadonne a faire guerre
Du vng grand chemineur par terre
Faiseur despees et de cousteaulx
Batteur de fer ou de metaulx
Felon/despiteux/plein diniures
Respandeur de sang par battures
Fort desmesure en luxure

Grosses bestes nourrir a cure:
Rousse barbe et rond visage
Hideux regard/et fier courage
Barbier/tailleur/bon pour saigner
Playes/scauoir dentz arracher
Soubz Mars sont nez qui larrecins
Font/et qui espient les chemins
Et ceulx qui font mouuoir sans faille
Noises/debatz/guerre/bataille
Diligent et bien peu sommeille
En toute chose ou il traueille
Dauec toute homme se discorde
Car en luy na misericorde
Sa force a plusieurs maulx encline
Et en ses piedz a quelque signe
Jureur de dieu et de ses sainctz
Fort dangereuses sont ses mains
Des biens daultruy veult estre riche
Et de ce quil a est fier et chiche
Sur les couleurs ayme le rouge
Du celle qui plus pres lattouche
Du corps humain soyez certains
Gouuerne le fiel et les reins.

¶Ensuyt du Soleil.

¶ Sol significat hominem habentem colorem inter croceum & nigrum. i. fuscum tinctum cum rubore: breuis stature/crispum caluū/pulchri corporis/capillos parū rubeos : oculos aliquantulum croceos/& mixtam habet naturam cum planeta qui cum eo fuerit: dum dignioren habeat locum eius insequitur naturam.

¶ Je suys planette non pareil
Des aultres nomme le Soleil
Et si suys tousiours les moyens
De mes freres tresanciens :
Chault & sec suys de ma nature
Du Lyon iayme la figure
Et en sa maison me retraire :
Saturne si mest fort contraire
Par sa froideur: car sans cesser
Ma grand chaleur quiert abbaisser
Les signes passe sans sciours
En trois centz soixante six iours.

¶ De sa propriete.

Qui soubz le Soleil sera ne
Beau de face sera trouue
Blanche aura couleur & tendre
Et si vouldra en soy contendre
Monstrer estre de belle vie
Secret/ vsant dypocrisie
Sil se donne par bonne guise
Bon pourra estre homme deglise
Sage/net/& de bonne foy/
Gouuerneur daultre que de soy
Aymera dedupt de la chasse
Dyseaulx/& chiens suyure la trasse
Auoir vouldra honneur/science/
Chantera de voix a plaisance:
Hault courage/bien diligent/
Pour seigneurs & non aultre gent :
Juge sera entre les sages
Eloquent/plein de doulx languages/
Baillif/preuost/ou chastelain
Point ne sera son cueur vilain
Car son vouloir sera gramment
Auoir daultruy gouuernement
Subtil sera en faict de guerre
A luy on viendra conseil querre
Par femmes aura benefice
Du en court de seigneur office:
En court de seigneur aura chance
Par son conseil & sa prudence
Son seing portera au visage
Et sera petit de corsage
Crespes cheueulx/la teste chaulue
Et les yeulx tyrans sur le iaulne:
Des membres regarde le cueur
Qui est de tout le corps meilleur.

¶ Hensuyt de Venus.

¶ Venus significat hominem album trahentem ad nigredinem : pulchri corporis & capillorū: faciē rotundam/paruam habentem maxillam : pulchros oculos & pulchram faciem: multos capillos habentem ad album confectum rubore crassum ostendentem beniuolentiam/prudentiam/& constantiam.

¶ Venus planette suys nommee
Des amoureux fort bien aymee
Moiste & froide suys par nature
Deux signes sont toute ma cure
En eulx ie suys a ma plaisance
Cest le thoreau & la balance
Mener le faictz ioyeuse vie
Aux amoureux/car seigneurie
Ay sur eulx. Mars la mosteroit
Voluntiers/se puoir auoit.
En douze moys sans riens laisser
Par douze signes veulx passer.

¶ De sa propriete.

¶ Qui sera ne dessoubz Venus
Amoureux gay sera tenu
Plaisant/ioly a laduenant
yeulx noirs/peu bruy/bouche riant
De clairons/trompettes/haulxboys
Querra iouer/car doulce voix
Aura bonne pour bien chanter
Pource vouldra danser/sauter/
Jouer aux eschetz & aux tables
Et estre longuement a tables
Parler/manger/boyre bon vin

Tant que soit pure soir ou matin
Aymera dames/et tous beaulx
Vestemens/τ riches ioyaulx:
Painctures/pierres precieuses/
Fleurs τ odeurs delicieuses:
Veritable τ de bonne foy
Aultruy aymera comme soy
Large pour festoyer amys
Peu gens seront ses ennemys
Dispose sera par facon
Pour bien chanter toute chanson
Tant est propre et bien devisant

Car tout ce quil faict est plaisant
Brun de face/mais bien forme
De corps τ de membres aorne
Visage rond/courtes mavilles
Barbe noire τ les sourcilles
Grosse perruque τ tresfort noire
Quand il iure on le doibt croire
Les reins/aussi tout ce qui est entre
Les cupsses/avec le petit ventre
Le sont endroictz secretz tenus
Tous gouvernez dessoubz Venus.

¶Sensuyt de Mercure.

¶Mercurius significat hominem non multum albu(m) neq(ue) nigru(m)/frontem eleuatum,/longam faciem et nasum longum/barbam in maxillis: oculos pulchros/non ex toto nigros:longos τ digitos/τ perfectum magistrum.

¶Mercure planette notable
Suys pour fort venter aggreable
Sec τ plein suys de grand chaleur
En deux signes est ma haulteur
Lung est appelle Gemini
Laultre Virgo de grand soucy
Mon deduyt par conditions
Prens en Virgo τ aux poissons
Point ne requiers avoir repos
De bien labourer iay propos.
Iay les signes passez tousiours
En trois centz τ.xxxviii.iours.
¶De sa propriete.
¶Qui soubz Mercure sera ne

De subtil engin est trouve
Devot de bonne conscience
Et plein sera de grand science
Amys acquerra par labeurs
Hantera gens de bonnes meurs
De marchandise τ descripture
Aura souvent soucy τ cure
De femmes sera harye
Ne luy chauldra estre marie
Vouldra voluntiers aymer dames
Mais que de luy ne soyent dames
Bon religieux sans faintise
Sera sil est homme deglise
Aussi marchand par mer par terre

Naymera point aller en guerre
Or/argent/ꝗ grosse cheuance
Amassera par sa prudence :
Ou pourra estre bon ouurier
Daulcun mechanique mestier
Grand prescheur/rethoricien/
Philosophe/geometrien/
Bien aymera les escriptures
Nombres ꝗ metrificatures
Lart de musique ꝗ mesurer

Draps/toilles/scaura composer
Procureur daucun grand seigneur
Ou de ses deniers recepueur
Hault front/ꝗ si a longue face
Verdz yeulx/ꝗ barbe non espesse:
En iustice tresgrand plaideur
Des aultruy dictz contrediseur.
Les cuysses ꝗ les hanches regarde
Cest la partie du corps quil garde.

¶ Sensuyt de la Lune.

¶ Luna significat hominem album confectum rubore: iunctis superaliis: beniuolum habentam oculos non ex toto nigros: faciem rotundam: pulchram staturam: ꝗ in facie eius signum in initio quando crescat significat omne quod faciendum est/quia crescat: ꝗ in plenitudine quod destruendum quia decrescat.

¶ Luna suys planette derniere
Donnant sobrement ma lumiere
Froide ꝗ moiste de ma nature
Suys la plus belle pour conclure:
En lescreuice est ma maison
De moy sont deux roes enuiron
Quand ie regarde bien mes meurs
Faire ne puis mauuais labeurs
Car en lescorpion descend
Qui en moy grand douleur comprend
Les douze signes sans seiours
Enuironne en.xxvii.iours.
    ¶ De sa propriete.
Qui soubz Luna peult estre ne
Bon pour seruir sera trouue

Il aura la figure belle
Ronde/ia nen trouueras telle
Fort sera doulx ꝗ pacient
Et si viura honnestement
Blanc bien forme de corps assez
Et ses deux souraitz amassez
Vestu sera honnestement
Et sil viura moult chastement
Le plus sera presque tousiours
Vestu de diuerses couloirs
Le front luy suera en partie
Sa couleur blanche peu rougie:
Sur eaues estangz/mer/ꝗ riuiere
Scaura gouuerner la maniere
Pour pescher ꝗ prendre poissons

Engins faire (z les facons
En ses dietz sera veritable
Et aura beau maintien a table
Fozt (z leger pour cheminer
Et scauoir viande apprester
Bon poursuyuant/bon messager
Dz et argent vouldza forger
Compaignee querra pour manger
Pour deuiser (z pour coucher
Et haine garder par faintise
Pourra soubz couleur de seruice

Pour parler contentera gent
Autant comme aultre pour argent
Femmes honnestes aymera
Aultres non/(z sil nourrira
Les siens enfans de bon courage
Sera plein (z de beau corsage
Le poulmon (z le cerueau fozt
De bien garder est son effozt.

Fin des propzietez des planettes.

¶Une question que deux Bergers font lung a laultre touchant le nombze des estoilles.

Aucuns Bergers passent leurs temps en faisant diuerses questiõs lung a laultre touchant le nombze (z la multitude des estoilles/dont lune des questions est telle : (z dist vng berger a laultre. Je te demande quantes estoilles sont soubz vne des douze parties du zodiaque/cest soubz vng signe tãt seulement. Respõd laultre Berger. Soit trouuee vne piece de terre en plat pays comme on diroit en Champaigne ou en la Beausse/et que celle piece de terre aye trente sieues de long et douze de large : et apzes quoy aye des clouz a grosse teste/comme clouz a ferrer roues de charrettes tant quil suffise : (z soyent iceulx clouz fichez iusques a la teste en icelle piece de terre/a quatre doigtz lung de laultre / si que toute ladicte piece de terre en soit pleine. Je dy que autant comme sont de clouz fichez en celle piece de terre/autant sont destoilles soubz le contenu dung signe seulement:(z autant soubz vng chascun de tous les aultres : (z a lequipolent soubz les aultzes endzoictz de tout le firmament. Et de rechef le pzemier Berger suy demande : Comment le pzouuerois tu. Respond le second Berger : que nul nest oblige ne tenu a pzouuer choses impossibles:(z quil doibt assez suffire a Bergers touchant ceste matiere/(z croire simplement : sans soy enquerir trop de ce que les pzedecesseurs en ont dict et exposé.

¶Ly dessoubz est note Lay que ce pzesent Compost et Kalendier a este faict (z cozrige.

An Mil quatre centz quatre vingtz.(z vii. est lan que ce pzesent Kalendier a este faict en impzession (z cozrige premierement:duquel an le pzemier iour du moys de Januier le Soleil estoit au signe de Capzicoznus.xxi.degre et vne minute. La Lune en architenens.xxvi.degrez (z.xxi.minute. Saturne en Aries.v.degrez (z.xxi.minute. Juppiter en architenens.iiii.degre (z viii.minutes. Mars en Lescozpion.iiii.degre.xlii.minutes. Venus en Aquarius.iii.degre.xxxix.minutes. Mercurius en Capzicozne.vii.degre.xxviii.minutes. La teste du dzagon au Lyon.xii.degrez.iii.minutes.

¶Ly est la fin de la grand Astrologie des Bergers: touchant la congnoissance quilz ont des estoilles planettes/et mouuementz des cieulx.

Hizonomie est vne sciēce que Bergers scauēt pour congnoistre linclinatiō naturelle bōne ou mauluuaise des hōmes ȝ femmes par aucuns signes en eulx en les regardant seulement. Laquelle inclinatiō quand est bōne on la peult ȝ doibt on ensuyuir:mais quand est mauuaise par force ȝ vertu dentendemēt on la doibt euiter ȝ fuyr quant aulx effectz: et a ceste fin Bergers vsent de ceste science et non aultrement. Lhomme sage prudēt ȝ vertueulx peult estre tout aultre quant aulx meurs que les signes de luy ne monstrent. Ainsi la chose demonstree quant est a vice:nest point en lhōme sage combien que signe y soit. Cōme lenseigne du vin peult estre deuāt la maisō en laquelle na point de vin: car nōobstant que lhōme par sagesse de sō entendement nensuyue point les influences mauuaises des corps

celestes qui sont sur luy:pourtant ne corrompt pas les signes ȝ demonstrations desdictes
influence. Mais iceulx signes naturelz ont seigneurie et dominatiō en ceulx esquelz ilz
sont pour auoir naturellement ce quilz signifient ȝ demonstrent/pose quon saye ou quon
ne saye mye. Parquoy Bergers disent certainement que la plus part des hōmes et des
femmes ensuyuent leurs inclinations naturelles a vices/ou a bōnes vertuz:pource que
la plus part ne sont pas sages ȝ prudēs cōme deburoyēt estre/ȝ si ne vsēt pas de la vertu
de leur bon entendemēt/mais ensuyuent leur sensualite:ȝ par ainsi linfluēce celeste est de
monstree en eulx par signes exterieurs:ȝ de telz signes est la presente sciēce que Bergers
disent Phizonomie. Par laqlle cōme dict est doibt on scauoir que le tēps est diuise par qua
tre parties. Lestascauoir Printēps/Este/Autōne/ȝ Hyuer:qui sont cōparez aulx quatre
elementz:desquelz tout hōme ȝ toute femme sont formez ȝ faictz/ȝ sans eulx nul ne peult
estre ne viure. Este/est de nature de feu chauld ȝ sec. Printēps est de laer/moiste ȝ chauld.
Autōne/nature de terre froid ȝ sec. Hyuer/nature deaue/froid ȝ humide. Et disent les ber
gers que la personne sur qui le feu a seigneurie/est de cōplexiō colerique:chault ȝ sec. Ce
luy sur qui laer a seigneurie est de cōplexiō sanguine:moiste ȝ chauld. Celuy sur q̄ leaue
a seigneurie est de complexiō flegmatique/moiste ȝ froid. Et celuy sur qui la terre a sei
gneurie est de cōplexiō melencolique/froid ȝ sec. Lesquelles cōplexions sont congneues ȝ
diuisees lune des aultres par les signes qui cy apres sont declarez.

Le Kaled.   M i

Le colerique.   Le sanguin.   Le flegmatique.   Le melencolique.

Le colerique est de nature de feu/chault et sec. Naturellement est maigre et gresle:cou
uoiteux/ireux/hastif et mouuant:esceruele/fol/large/malicieux/deceuant/subtil ou il ap=
plique son sens. Il a vin de lyon:cestadire quâd a bien beu/il veult tenser noiser ⁊ battre:
Voluntiers ayme a estre vestu de moyenne couleur/comme de draps gris.

Le sanguin a nature de laer/moiste ⁊ chault : Il est large/plantureux/attrepe/amya=
ble: abondant en nature:ioyeux/chantant/riant/charnu/vermeil/et en chere gracieux. Il
a vin de cinge/cestadire tant plus il a beu tant plus est ioyeux : se tire pres des dames:et
naturellement ayme robe de haulte couleur:comme escarlate/violet ⁊ fines couleurs.

Le flegmatique est de nature deaue froide ⁊ moiste : ⁊ si est triste/pensif/paresseux/pe=
sant ⁊ endormy:caut et ingenieux:abondant en flegmes : Voluntiers crache quand il est
esmeu:il est gras au visage/⁊ a vin de mouton:cestadire quand il a bien beu semble estre
plus sage/et mieulx entendu a ses besongnes.⁊ naturellement ayme la couleur verde.

Le melencolique est de nature de terre/sec et froid : Il est triste/pesant/et couuoiteux/
eschars/maldisant/suspitionneux/malicieux/⁊ paresseux.Il a vin de pourceau/pesant et
endormy:cestadire quand il a bien beu ne quiert que a dormir ou sommeiller : ⁊ naturelle=
ment il ayme robe de couleur noire.

Pour venir au propos de parler des signes visibles, commencerons a ceulx du
chef: mais auant nous aduertissons que songneusement on se garde de toutes personnes qui ont deffaulte de membre naturel en eulx, come de pied, de
main, doeil, ou daultre membre quel quil soit, de boiteux, et especialement dhomme esbarbe: car ilz sont enclins a plusieurs vices et mauuaistiez: et sen doibt
on garder come de son ennemy mortel. Apres ce Bergers disent que les cheueulx soefz signifient personne piteuse et debonnaire. Et ceulx qui ont cheueulx roux sont voluntiers
ireux et ont faulte de sens et sont de petite loyaulte. Personne qui a les cheueulx noirs, bon
visage et bonne couleur signifie droicte amour de iustice. Les fors cheueulx signifient que
sa personne ayme paix et concorde, et si est de bon engin et subtil. Personne qui a les cheueulx noirs et la barbe rousse signifie estre luxurieux, mesdisant, desloyal et vanteur. Les
cheueulx crespes et blons signifient homme riant, ioyeux, luxurieux et deceuant. Les cheueulx noirs et crespes signifient homme melencolieux, luxurieux et mal pensant, et fort large. Ceulx qui ont les cheueulx pendans signifiet sens auec malice. Grand plante de cheueulx en femme signifie estre robuste et auare. ¶ Sensuyt des yeulx. Personne qui a les
yeulx fort grans est bien paresseux, peu honteux, inobedient: et cuyde plus scauoir quil ne
scait. Mais quand les yeulx sont moyens, quilz ne sont ne trop grans ne trop petis, qui
ne sont fort noirs ne fort verdz, telle personne est de grand engin, courtoisie et loyaulte.
Personne qui a les yeulx escaillez, gastez et estenduz signifie malice, vengence, et trahison.
Ceulx qui ont les yeulx grandz et ont grandz paupieres et longues, signifient folie, dur
engin, et de mauuaise nature. Loeil qui se meult tost et a veue ague, telle personne est pleine de fraulde, de larcin, et est de petite loyaulte. Ceulx qui ont les yeulx qui sont noirs: et
goutelettes parmy claires et luysantes, sont les meilleurs et les plus certains: et signifient
sens et bonne discretion: et telle personne est a aymer, car elle est pleine de loyaulte et de toutes bonnes conditions. Ceulx qui ont les yeulx ardans et estincellans, signifient gros
cueur et puissance. Les yeulx blanchars ou charnuz signifient personne encline a vice et a
luxure, et est pleine de fraulde. Bergers disent que quand vne personne les regarde et est
comme esbahy et ainsi come honteux et paoureux et en regardant semble quil souspire, et si
a goutelettes apparentz en ses yeulx, lors sont certains que telle personne les ayme et desire a celuy quil regarde bien et honneur aussi. Mais quand aucun regarde en gettant ses
yeulx par acoste ainsi que par mignotise, telle personne est deceuant et pourchasse a vergo-
gner, et ce font telz gens pour deshonorer filles ou femmes, et sen doibuet moult bien garder: car tel regard est faulx, luxurieux, et fort decepuant. Ceulx qui ont les yeulx petis
rousseletz et agus signifiet personne melencolieuse, hardye, mesdisante, et cruelle. Et se vne
petite veine deliee appert entre soeil et le nez de la fille, disent qlle signifie bonne virginite:
et en lhomme grand subtilite dentendement, et si elle est grosse et noire elle signifie corruption
chaleur et melencolie en femme: et en homme rudesse et aussi defaulte de sens: mais icelle
veine nappert pas tousiours. Les yeulx qui sont iaulnes signifient meselerie, et mauuaise disposition du corps. Item qui a grandes paupieres et longues signifie grande rudesse, dur dentendement, et luxurieux. Les sourcilz qui sont grandz et ioingnent ensemble
par dessus le nez, signifient moult grand malice, cruaulte, luxure, et grand enuie. Et qui a
les sourcilz deliez et longz signifient subtilite dengin, sens, raisonnable, et loyaulte. Ceulx
qui ont les yeulx enfoncez et aussi grans sourcilz par dessus, signifiet personne maldisant
mal pensant, qui boit trop, et voluntiers applique son engin a mal. ¶ Sensuyt de la face.
¶ Ceulx qui ont le visage petit et court et qui ont gresse col et le nez gresle, long et delie,

signifient personne de moult grand cueur/hastiue et ireuse. Item le nez long et hault par
nature/signifie prouesse et hardyement. Item nez camus/signifie hastiuete:luxure:et har=
diement grand entrepzeneur. Le nez begue qui descëd iusques a la leure de dessus/signifie
personne malicieuse/deceuante/desloyalle/et de moult grande luxure. Le nez hault et gros
au myslieu/signifie homme sage et bien emparle. Le nez qui a grandes narines et ouuertes
signifie gloutonnie et aussi ire. Item visage qui est court et roux signifie personne pleine
de riote/de noise/et de debat/et bien peu de loyaulte. Item visage qui nest ne trop long ne
trop court/et qui na mye trop grand gresse et a bonne couleur signifie personne veritable et
amyable/sage/et de bon engin/seruiable et debonnaire et bien ordonnee en toutes ces cho=
ses.Visage gras et plein de chair rude/signifie gloutonnie et bien peu songneux/negligët/
rudesse de sens/dentendement/et dengin. Visage/gresle et longuet signifie personne aduise
par mesure en toutes ses oeuures. Visage qui est petit et court et qui a iaulne couleur si=
gnifie personne deceuante/peu loyalle/et pleine de vergongne. Visage long et beau signi=
fie personne cuysante/et bien peu loyalle/despiteuse/pleine de ire et de grand cruaulte. Et
ceulx qui ont la bouche grande et fendue sont signes de ire et de hardyesse. La petite bou=
che signifie melencolie pensante/dur engin et mal pensant. Item celuy qui a grosses le=
ures/cest signe de moult grande rudesse et deffaulte de sens. Les leures gresles signifient
lescheries et mensonges. ¶Apres aussi disent Bergers des dentz et du parler. Les dentz
serrees et menues signifient personne qui ayme loyaulment luxure/et est de bonne cople=
xion. Item dentz qui sont longues et grandes / signifient hastiuete et ire en la personne.
Grandes oreilles en la personne signifient folie: mais il est de bonne memoire. Itë oreil=
les petites signifient luxure ou larcin. Personne qui a bonne voix/bien souuent est har=
dye/sage/et moult bien parlante entre gens. Item voix moyenne en la personne qui nest
trop delyee ne trop grosse/signifie sens/pourueance/verite/et aussi droicture. Item person=
ne qui parle hastiuement et qui a gresse voix est personne de moult grand valeur.Grosse
voix en femme est vne tresmauuaise signification. Item doulce voix signifie personne
pleine denuie/de suspection/et de mensonge. Aussi voix trop delyee signifie gros cueur et
grande felonnie. Item grosse voix signifie hastiuete et ire. Personne qui se remue quand
elle parle et mue sa voix/est enuieuse et nice/yurongne/et tresmauuaisement conditionnee.
Personne qui parle attrempeement sans soy mouuoir/est de grand et perfaict entendemët
de tresbonne condition et de loyal conseil. Item personne qui a le visage roux et les yeulx
chassieux et aussi les dentz iaulnes/est personne peu loyalle/et traistre/et a puante aleine.
Item personne qui a long col et gresle/est cruelle et sans pitie/hastiue et esceruelee. Person=
ne qui a le col par trop court est plein de fraulde et barat/de toute mauuaistie et deception
et ne se y faict pas trop bon fier. Item la personne qui a long col et gros signifie glouton=
nie/lescherie/force/et de grand luxure. Femme qui est hommacee et est de grans membres
et rudes/est par droicte nature melencolieuse/variante/et aussi luxurieuse. Item personne
qui a gros ventre et long signifie peu de sens et dentendement/orguilleux/et luxurieux.
Personne qui a petit ventre/et larges piedz/signifie bon entendement/bonne conscience et
loyaulte.Item personne qui a les piedz larges et haultes espaules et courbes/signifie har=
dyesse et prouesse/hastiuete/sens/et aussi loyaulte.Les espaules agues et longues signifiët
desloyaulte/barat/tröperie/et personne de tresmauuaise nature. Quand le bras est si long
quil se peult estendre iusques a la ioincture du genoil/signifie prouesse/largesse/loyaulte/
honneur/bon sens et bon entendement. Item quand le bras est trop court cest signe digno=
rance et tresmauuaise nature/et personne qui ayme noises/tricheries/contëptions et debatz.

⸿Item celuy qui a longues mains et longz doigtz gresles/signifie subtilite et personne
qui a Vouloir ⁊ grand desir de scauoir et Veoir plusieurs choses. Grosses mains et gros
doigtz signifient force/hastiuete/legerete/hardyesse/et plein de sens et bon entendement.
Ceulx qui ont les ongles clairs ⁊ luysans ⁊ de bonne couleur signifient sens ⁊ accroisse
ment de biens ⁊ dhonneur. Item ceulx qui ont les ongles haultz ⁊ longz:signifie personne
dauoir assez peine/tribulations/anguoisses ⁊ trauaulx. Ceulx qui ont les ongles courtz
et regrongnez/signifiet personne auaricieuse/luxurieuse/orguilleuse ⁊ de cueur gros/plei
ne de sens ⁊ mauuaise malice. Ceulx qui ont les piedz gros ⁊ pleins de chair/signifient
personne de dur entendement ⁊ peu de loyaulte. Ceulx qui ont les piedz platz ⁊ courtz/si
gnifient personne anguoisseuse/peu sage/⁊ mal courtoise. Personne qui Va a grand pas
et lentement/signifie bien prosperer en toutes choses. Personne qui Va le petit pas ⁊ tost/
est suspectioneuse/pleine denie ⁊ de mauuaise Volunte. Personne qui a petis piedz ⁊ platz
et les gette come Vng enfant:signifie hardyement loyal ⁊ de bon sens:mais celle personne
a moult de diuerses pensees. Item personne qui a la chair molle qui nest ne trop froide ne
trop chaulde/signifie sa personne tresbien disposee ⁊ saine/de grand entendement ⁊ de sub
til engin/plein de loyaulte:et signifie aussi plein de tous biens ⁊ de grand honneur. Per
sonne qui rit Voluntiers ⁊ a les yeulx Verdz/est debonnaire ⁊ de bone complexion et de bon
engin/loyal/prudent/sage/et luxurieux. Personne qui rit enuis/est paresseux/melenco
tieux/suspectioneux/malicieux/⁊ subtil. Bergers disent/que pource quil y a de diuers si
gnes en lhome ⁊ en la femme qui sont aycunesfois contraires lung a laultre/on doibt iu
ger plus comunemet selon les signes du Visage:⁊ premierement des yeulx car ce sont les
plus Vrays ⁊ les plus probables : et dient aussi que dieu ne forma oncques creature pour
demourer en ce monde plus sage que lhome/car il nest condition ne maniere en nulle be
ste qui ne soit trouuee en lhome. Les conditions des bestes sont quasi semblables au con
ditions de lhome. Naturellement lhome est hardy come Vng lyon. Preux comme le beuf.
Large come le coq. Ennieux comme le chien. Dur ⁊ aspre come le cerf. Soliciteur come la
poule. Debonaire come la tourterelle. Malicieux come le leopard. Priue come le coulomb.
Douloureux/trompeur ⁊ baratcux come le renard. Simple ⁊ debonaire comme laignel.
Leger ⁊ isnel come le cheual. Lent ⁊ piteux come lours. Cher ⁊ precieux come lelephant.
Vil ⁊ paresseux come lasne. Rebelle et inobedient come le rossignol. Humble come la cou
lombe. Fol ⁊ sot comme laustriche. Prouffitable come le formis. Dissolu ⁊ Vague comme
la cheure. Despiteux comme le faisant. Soef ⁊ doulx come le poisson. Orguilleux come
le lyon. Auaricieux come le chameau. Glouton come le pourceau. Ireux come le loup.
Luxurieux come le bouc. Fort ⁊ puissant come le cheual. Aduise come la souris. Raison
nable comme lange. Et pource il est appelle le petit monde:car il participe de tout en tout
la ou est appellee toute creature raisonnable ⁊ irraisonnable. car comme dict est il partici
pe et a condition de toutes creatures.

Fin de la Phizonomie des Bergers.

⸿Quatuor his casibus sine dubio cadit adulter.

Aut hic pauper erit/aut subito morietur:
Aut cadet in causam qua debet iudice Vinci:
Aut aliquod membrum casu/Vel crimine perdet.

Q iij

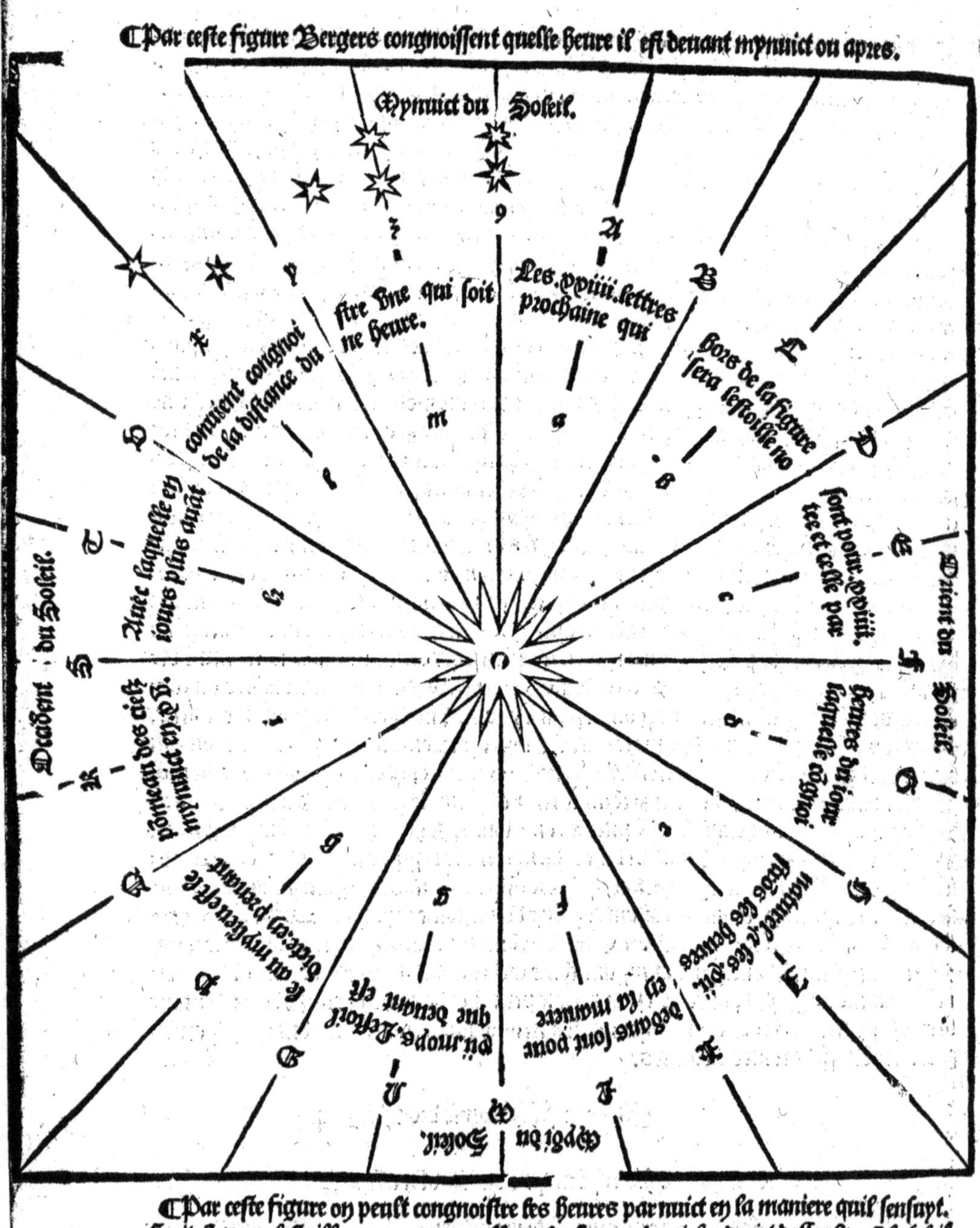

¶ Par ceste figure on peult congnoistre les heures par nuict en la maniere quil sensuyt.
Soit cogneue lestoille que nous appellons le pomeau du ciel: a droict dessoubz est le soleil
a lheure de mynuict: a lendroict de lestoille sur la terre nous appellons anglet de la terre:
lequel quad voulons veoir a loeil regardons nostre pomeau soubz une corde/lors le bout

dembas de la corde est langlet de la terre/ et le soleil est droict dessoubz. Les grandes lignes qui trauersent lestoille qui est le pommeau du ciel seruent a.ii.heures/ et les petites pour vne heure chascune/quand on veult scauoir les heures. Mais encores seruent lesd lignes a aultre chose:cest au changement de lestoille qui signe la mynuict/ et apres les autres heures:car les grandes lignes seruent a vng moys/ et les petites a.pv.iours. Soit tendue la corde quon la voye droict soubz le pommeau/notee aucune estoille soubz la corde quon puisse bien tousiours congnoistre:car ce sera celle qui tous temps nous enseignera les heures par nuict. Apres soit imagine vng cercle entour le pommeau de la distance de lestoille notee/auql cercle soyent imaginees les lignes de ceste figure. Autant de distances comme lestoille notee sera deuant la corde:autant seront dheures deuant mynuict/ et autant comme sera apres la corde autant dheures apres mynuict.

¶Pour congnoistre par mynuict lendroict de mydi:come celuy de mynuict:le hault orient et le hault occident:le bas orient et le bas occident : et lendroict au ciel q chascun signe lieue/bergers vsent de ceste practique. Soit tendue vne corde qui tiene ferme en hault et en bas:puis vne autre a plomb qui abbaisse iusqs quil soit temps de larrester:et qlles soyent vng peu distantes lune de laultre: et tellement dressees quon voye lestoille du pommeau droict soubz les deux cordes ensemble:puis soit arrestee la corde au plomb par hault et par bas: et qui vouldra veoir mydi droicte-ment soit nuict soit iour/se mette de laultre partie des cordes/il verra lendroict du mydi/et de laultre part verra lendroit de mynuict/combien ql soit iour:pour le pl9 hault poinct du zodiaq au plus long iour deste soit veu le soleil soubz les deux cordes a heure de mydi/ et soit si pres quil touche les cordes/ et note en la corde vers le soleil la haulteur ou on la veu: puis par nuict soyent notees aucunes estoilles quon puisse tousiours congnoistre/vne ou plusieurs en celuy endroit:cest le passage du solstice deste:et quand les iours sont au plus court les estoilles quon void a mynuict en celuy poinct de mydi/sont celles q sont prochaines du solstice deste/sequel a le signe prochain deuers orient Cacer/vers occident Gemini. Et pareillement on peult practiquer le bas solsticial dhyuer quon void sur le mydi quand les iours sont cours sur lendroict de mynuict/ et son prochain signe deuers orient est Capricornus/ et vers occident Sagittarius. On pourroit aussi noter le hault orient et le bas/ et conuiendroit q ce fust quand les iours sont plus longz et plus petis/ et la distance entre eulx diuisee en six parties esgales/ et par chascune se sieuent deux signes. Par la premiere partie donc du hault orient sieuent Gemini et Cacer.par la seconde Taurus et Leo. par la tierce Aries et Virgo. Par la.iiii.Pisces et Libra.Par la cinquiesme Aquari9 et Scorpio.Par la.vi.plus pres doccident Capricorn9 et Sagittarius.

 ergers qui couchent de nuict au champs Voyent plusieurs impressions en
laer ↄ sur terre/que ceulx qui couchent en leurs lictz ne Voyent pas. Au-
cunesfois Voyent en laer Vne comette en facon de dragon gettant feu par
la gorge. Laultre fois du feu saillant en maniere de cheures qui saultent
sans durer longuement. Et aultresfois Vne impression blanche laquelle
appert tout temps par nuict ↄ a toutes heures : dont en icelle impression sont douze estoilles six a six de coste lung laultre/ↄ y en aucunes grandes ↄ petites:ↄ est appellee le grãd
chemin de sainct Jacques en galice.

℣Aussi Voyent aultres en laer/qui sont comme feu flambant qui monte. Aultres cõme
feu flambãt qui Va de coste. Aultres cõme feu areste/ↄ dure longuemẽt. Daultres font
grandz flambes ↄ ne durent pas longuement. Aultres sont cõme chandeliers ↄ chãdelles
dedans bruslantes/aucunesfois petites:ↄ cestes cy Voyent en laer ↄ sur la terre. Vne aultre comette Voyent cheoir du ciel comme Vne lance ardante.

 ncores Voyent Bergers des comettes en aultres manieres cõme cy apres
la figure le monstre:cestascauoir en facon dune colomne ardante cõme Vng
pillier ↄ dure longuement.Vne aultre en forme dune estoille Vollant/ↄ est
tost passee.Mais la troiziesme est comette couee/celle qui plus dure de toutes. Item aussi Voyent cinq estoilles erratiques qui ne Vont pas comme
les aultres/ↄ sont celles quilz appellent planettes/mais ont forme destoilles : et sont Sa-
turne/Juppiter/Mars/Venus/et Mercure. Et silz Voyent des estoilles quilz appellent
lune estoille barbue:laultre estoille cheuelue:ↄ laultre estoille a queue.

Colomne ardant.   Estoille Vollant.   Comette couee.   Estoilles erratiques.

Estoille barbue:Estoille cheuelue:Estoille a queue.

℣Combien que les impressions cy dessus semblent choses merueilleuses a gens qui ne
les ont Veues/parquoy aucuns disent quilz sont en partie impossibles. Sachent iceulx
et aultres que lan quon disoit Mil quatre centz quatre Vingtz ↄ douze:le.Vii.iour de No-
uembre:chose plus merueilleuse aduint en la côte de Ferrare en la duche Dautriche pres
dune Ville nommee Enseichein ou faisoit celuy iour tõnerre horrible:En plains champs
pres ladicte Ville cheut Vne pierre de fouldre laquelle pesoit.cc.l.liures et plus. Laquelle
pierre est gardee de present en ladicte Ville/ↄ la Void on qui y Veult aller Veoir.

CLy apres ensuyt la declaration des douze moys de lan:
touchât de la nature des hommes et femmes/q est selon laage quilz peuent Viure / soit en
sagesse ou en folie/depuis leur
ieunesse iusques en Vieillesse :
et tout selon le cours de nature.

CEt comment le pere Berger
endoctrine son filz pour mieulx
entêdre q scauoir ledict cours des
douze moys de lan.

CJl est Vray par iustes raisons
Que lhomme en douze saisons
He change de sens q de meurs
De conditions q lubeurs
Tout ainsi que les douze moys
He changent en lan douze foys
Et chascun par cours de nature
Trestous ensuyt la creature
Et change de six ans en six ans
Par douze fois en douze temps:
He sont soixante q douze en nombre

Que lors Va gesir lhomme a lombre
De Vieillesse ou se fault Venir
Du luy conuient ieune mourir.
CEt premierement du moys de
Januier.
Premier doibs prendre q commencer
Six ans pour le moys de Januier
Qui na ne force ne Vertu
Quand lenfant a six ans Vescu
Tel est sans aucun bien scauoir
Ne force ne Vertu auoir.
CFeburier.
Les aultres six ans le font croistre
Adonc sapprend Vng peu congnoistre
Et estre doulx q amyable
Plaisant/gracieux/seruiable
Ainsi faict Feburier tous les ans
Car apres luy Vient le Printemps.
CMars.
Mais quand a des ans dixhuyt
Lors se change a tel dedupt
Quil cuyde Valoir mille marcz
He comparant au moys de Mars
Quand beaulte change q prend coulour.
CAuril.
Lors Vient Auril si tresbeau iour
Que toute chose sesiouyt
Lherbe croist q larbre florist
Les oyseaulx reprennent leurs chantz
Et ainsi a Vingt q quatre ans
Deuient lhomme fort Vertueux
Joly/gentil/q amoureux
Et se change en maint estat gay.
CMay.
A trente ans Va regnant en May
Le plus puissant des douze moys
Sur tous les aultres plus courtois
Et ainsi deuient lhomme fort
A trente ans q ferme du corps
Pour bien tenir lespee au poing
Puis Va Venir au moys de Juing.
CJuing.
Trente six ans ne plus ne moins
Tous hommes sont de chaleurs pleins
Et ainsi a trente et six ans

Hommes viennent chaulx a bouillans
Et commencent fort a meurer
Et cueillir sens et aduiser
Et quand vient regner en Juillet
On ne lappelle plus varlet.
¶Juillet.
Quand a des ans quarantedeux
Le moys a passe toutes fleurs
Et se commence a decliner
Aussi se commence a passer
La beaulte dune creature.
¶Aoust.
Apres vient Aoust qui tout meure
Quand lhomme a quarante huyt ans
Or a mal employe son temps
Se quarante huyt ans a daage
Ne change en maniere saige
Car adonc se doibt aduiser
Combien quil a peu amasser
Pour auoir repos en vieillesse
Car en ce temps ny est ieunesse
Et se change en couleur de marbre
Comme faict le bled a larbre
Qui se changent en ce moys daoust
En grand folie vse son goust
Qui de soucy ne se remembre.
¶Septembre.
Et quad vient regner en septembre
Il a des ans cinquante quatre
Ong seul on ney pourroit rabattre
Septembre ie vous signifie
Estre saison riche a iolye
Car elle faict les bledz semer
Et commence on a vendanger
Qui des biens a si les engrange
Si lhomme na riens en sa grange
Quand il a cinquante quatre ans
Jamais il ny viendra a temps.
¶Octobre.
Se a soixante ans lhomme est riche
Aussi la saison est tresriche
Du moys qui vient apres Septembre
Cest Octobre ie men remembre
Et qui a soixante ans ou plus
On deuient vieulx a tout chanus

Sil est riche cest a bonne heure
Sil est poure il plainct a pleure
Le temps quil a mal despense
Lors sesbahist par pourete
Damne le corps a gaste lame
Et auec ce chascun le blasme
Pour les oultrages quil a faict.
¶Nouembre.
Or vient Nouembre qui se trait
Jusques aux ans soixante six
Que lors on void tout desuestir
Les arbres:si que tout entour
Ny demeure fueille ne flour
Toute verdure meurt et cesse
Toute beaulte pert sa noblesse
Celuy qui soixante six ans a
Doibt bien congnoistre quil sen va
Et peult bien scauoir sil na tort
Que ses biens desirent sa mort
Soit en ce temps ou poure ou riche
Car sil est poure il est dict nice
Et sil ne peult gaigner ne auoir
Mais sil a grand plante dauoir
On le bouldroit bien veoir mourir
Affin quon peust au sien partir.
¶Decembre.
Deuant que vienne en Decembre
Luy appetisse chascun membre
Car il a soixante a douze ans
En ce moys tout meurt par le temps
Toute verdure pert sa puissance
Tous esbatz sont en desplaisance
Et tous enseignent cest la somme
Que plus na de puissance en lhomme
Puis quil a soixante a douze ans
Il aymeroit mieulx deux chauldz flans
Que lamour dune damoiselle
Mol lict a parfonde escuelle
Et vault pis en cest an quantan
Ainsi ne vit lhomme quung an.
¶Lautheur.
Par les douze moys figurez
Et leurs natures rapportez
Selon les regnes mesurez
Au monde na point de dedupt

Car la moytie sen va par nuyt
Que lhomme dort ⁊ pert son temps
Et en mouuant iusques a.v v.ans.
Aultres cinq ans pert de saison
Par maladies ou par prison
Demy le temps sen va par nuyt
Que lhomme dort nest dict quil vit
Trente six ans que dormir monte
Et quinze ⁊ cinq rabas du compte
Seize en y a de demourant
Ne plus ne va lhomme regnant
Se follement il se marie
Jamais naura bien en sa vie
Et quand il a tous ses souhaitz
En fin na gaigne que ses faictz.

¶Ly apres ensuyuent les dictz des
oyseaulx comme pasteurs gardant
leurs brebis les oyet chanter ⁊ parler.

¶Et premieremēt Laigle cōmence.
De tous oyseaulx ie suys le roy
Voller ie puis en si hault lieu
Que le Soleil de pres ie voy
Heureux sont ceulx qui voyent dieu.
¶Le chahuan.
Chascun oyseau si me deboute
Pourtant me fault voller de nuict
De mes yeulx de iour ne voy goutte
Qui faict peche/peche luy nuyst.
¶La caille.
Charnalite est tant en moy
Que ie ne me puis abstenir
Je faictz ce que faire ie doy
Luxurieux doibt dieu cremir.
¶La huppe.
Manger ne veulx sinon ordure
Car en punaisie me tiens
Je suys dassez belle figure
Beaulte sans bonte ne vault riens.
¶Le faulcon.
¶Dy mappelle faulcon gentil
Aucuneffois ie suys ramage
Jayme les grans ⁊ les petis
Ainsi fit dieu lhumain lignage.

¶Le butor.
Quand ie veulx en leaue crier
Je faictz vng treshorrible son
Nul ne doibt son mal publier
Ne daultruy blasmer le renom.
¶Le rossignol.
Quand viend en ce beau temps de May
Je suys ioly ⁊ amoureux
Et si nay soucy ne esmay
Qui crainct dieu il est bien heureux.
¶La tourterelle.
Chastete garde nettement
Quand ie nay point de compaignie
Viure veulx solitairement
Cueur deuot ayme nette vie.
¶La grue.
Ma compaignee aymer veulx
Doulce luy suys ⁊ debonnaire
A la garder ay tousiours yeulx
Le bon pasteur doibt ainsi faire.
¶La cygongne.
Pour viure mieulx a ma plaisance
Jayme mieulx le peuple humain
Des miens nourrir iay souuenance
Chascun doibt aymer son prochain.
¶Le fenix.
Et se ie vifz moult longuement
Et puis meurs par le droict diuin
Viure reuiens hastiuement
Les bons auront ioye sans fin.
¶La pie.
Qui son secret vouldra celer
De chascun/⁊ en tous endroictz
Si se garde de trop parler
Trop parler nuyst aucuneffois.
¶Le faisant.
Je suys pour creature humaine
Bon a manger ⁊ sauoureux
Qui viande veult plus certaine
Dieu donne biens delicieux.
¶Le corbeau.
Souuent ie pense a funeraille
A cela cest tout mon remors
Ne me chault comment il en aille
De lame/mais que iaye le corps.

¶Le cormorant.
Sage nest pas la creature
Qui vit au dommage daultruy
Dieu fera a chascun droicture
Nul mal ne demeure impuny.

¶Larondelle.
Mes petis ie guaris des yeulx
Et les faictz veoir bien clerement
Qui vouldra veoir le roy des cieulx
Luy conuient viure loyaulment.

¶Lestourneau.
Point ie ne vois en normandie
Pource quil ny croist nulz raisins
Riens il nest si bon quoy quon dye
Que destre pres de bons voisins.

¶Le paon.
Quand ie voy ma belle figure
Orguilleux suys haultain et fier
Mais telle beaulte peu me dure
On ne doibt nulluy despriser.

¶Lalouette.
Quand le temps si est pluuieux
Et quil se veult tourner en chault
Ong chant ie chante gracieux
Remerciant le Roy denhault.

¶Loriot.
Quand cerises sont en saison
Ie dys Confiteor deo.
Mais riens ne vault confession
Qui ne faict satiffactio.

¶Le cyne.
Chanter ie scay bien en ma vie
Chant qui est peu melodieux
Quand ie meurs point ie ne loublie
Qui bien vit doibt mourir ioyeux.

¶Le coq.
Hardy ie suys et liberal
Iay ioyeux maintien en ce monde
Amoureux suys et cordial
Charite en tous biens abonde.

¶La poulle.
Tousiours ie suys embesongnee
Pour le prouffit de la maison
Des oeufz ie pondz maintz en lannee
Et pouletz couue en la saison

¶Le canard.
Tousiours iay le bec en lordure
Car ie my plonge iusques aux yeulx
Ainsi faict qui vit en luxure
Viure chastement est le mieulx.

¶Le chardonneret.
En dieu doibz auoir ta fiance
Car quand les hommes te fauldront
Pour lors auoir ta gouuernance
Les dons de dieu si tayderont.

¶Le passerat.
Priue ie suys de ma nature
Car ie me tiens entour les gens
De poure maison ie nay cure
On ne prise riens poures gens.

¶La perdrix.
Ie me metz souuent en danger
Pour guarantir ma compaignie
Ien laisse a boire et a manger
Qui bien vit Dieu ne soublie myc.

¶La beccasse.
Ie ne repose iour ne nuyt
En nul temps ie ne suys opseuse
Tressage est celuy qui fuyt
Paresse/qui est dangereuse.

¶Le pellican.
Ie suys dune telle nature
Que mourir ie veulx pour le miens
La vie leur rendz par ma morsure
Aussi fit Iesuchrist aux siens.

¶Le huas.
En mon temps iay prins maintz poussins
Du nauoye nulle droicture
Ceulx qui viuent de larrecins
Mettent leur ame a laduenture.

¶Lespreuier.
Par dessus tous oyseaulx de proye
Ie suys du plus gentil lignage
Pour neant plus ie me priserope
Qui moins se prise plus est sage.

¶Le papegault.
Verd ie suys en toutes saisons
Point ie ne change ma liuree
Draps ie ne vestz ne faictz toisons
Le monde na point de duree.

Le merle.

En tous temps suys vestu de noir
Sur moy ny a aultre deuise
Qui vouldra robe blanche auoir
Serue dieu/τ ayme leglise.

La mauuys.

Je suys dune grand diligence
Pour pourchasser ma poure vie
Je ne demande or ne cheuance
Tel est huy/qui demain nest mye.

Le coucou.

Je suys de tresmauuaise sorte
Car quand de manger iay enuie
Je mange celuy qui mapporte
Et ma nourry toute ma vie.

Le chappon.

A plusieurs gens vauljst il mieulx
Quilz fussent chastrez comme moy
Meilleurs seroyent/moins vicieux
Et plus en sa grace du roy.

Le gay du boscage.

On ne oyt que moy au boscage
De braire τ cryer ie narreste
Celuy qui a trop de language
En lieu de bien ne doibt point estre.

La calendre.

Cousine suys du rossignol
Qui est tenu tant gracieux
Cousins assez amys bien pol
Cousins ne sont bons que pour eulx.

Le tiercelet.

Souuent ie prens ou ie nay rien
Ce nest pas vescu loyaulment
A chascun laisser ce quest sien
Cest de dieu le commandement.

La mezenge.

Lescripture dict quon ne doibt
Pas despriser petites gens
Et que tel est petit qui void
En science comme les grans.

Le pigeon.

Pourtant se ie nay point de fiel
Pas ie ne laisse destre preux
Tel se faict doulx comme miel
Qui est felon τ dangereux.
Le kalend.

La coulombe.

Deuant tous les oyseaulx ie fus ie
Moult simple τ de belle maniere
Car durant le temps du deluge
Je fus leur bonne messagere.

Le heron.

Il nest homme tant soit subtil
Qui puisse riens prendre en mon air
A ceulx qui estoyent en exil
Dieu leur fut doulx τ debonnaire.

La bergeronnette.

Lapostre dict que nous fuyons
Les oeuures qui sont tenebreuses
Et que armer nous nous debuons
Des armes de dieu vertueuses.

La canette.

Je va τ viens par ces ruysseaulx
Et barbotte comment quil aille
Son y laue trippes/boyaulx
Men demeure quelque vitaille.

La grosse oustarde.

Gueres de gens nont en moy part
Plusieurs en a/a qui trop tarde
On dict pour vray matin τ tard
Quil est bien garde que dieu garde.

Lostruche.

Je digere acier et fer
Sans me douloir de la poictrine
Qui vouldra eschapper enfer
Si ensuyue bonne doctrine
Je faictz encore chose digne
Quand par moy regard seulement
De mes oeufz ie faictz yssir ligne
Sans les toucher aucunement.
Il ny a soubz le firmament
Oyseau de mes conditions
Mais dieu qui ne fault nullement
Moy τ les miens regracions.

Le papillon.

Papillon suys en laer vollant
Le vent me conduict a plaisir
En vollant na petit enfant
Qui sur moy naye vng vray desir.

Fin des dictz des oyseaulx.
N i

Premierement deuant que commencer
matines:il conuient penser a la saincte
parolle que nostre seigneur Jesus disoit au iardin doliuet le soir deuät sa
doloureuse passion. Pere/sil est possi-
ble transporte de moy ce calice : Toutesfois/non pas
ma volunte/mais la tienne soit faicte. Et que en ce
disant/il enduroit si grande peine quil suoit comme
gouttes de sang/en telle abödance quilz degouttoyet
iusques a terre.

CEn disant matines conuient penser cöment iudas
sapprocha de Jesus:z en le baisant luy dist/Je te salue maistre.Et que Jesus ne retira pas sa digne face diceluy traistre. Et cöment il se permist prendre et
lier cöme vng larron/et mettre a terre par plusieurs
fois z decracher:z de ses disciples estre delaisse.

CAux laudes conuient pëser z cösiderer Jesus estre
en lhostel de anne z puis de cayphe durement battu
blaspheme et decrache en son precieux visage/ayant
les yeulx bendez:z comme on le pile z foule des piedz inhumainement.

CApres a prime/conuient penser comment Jesus fut mene de lhostel de cayphe a pilate
en le battant.Et comment pilate lexamina sur ce dequoy on laccusoit a tort.Et comment
il fut cruellement battu a lattache deuant multitude de peuple:z puis il fut courône dune
couronne despines.

CA tierce conuient penser comment le doulx saulueur et redempteur Jesus fut presente
deuant le peuple auec sa couronne despines sur son precieux chef/vestu dung manteau de
pourpre.Et cöment les iuifz cryopent a haulte voix. Crucifige/crucifige eum. Et comment pilate le commanda a mort amere et villaine.Et comme il portoit sa croix a moult
grand peine z anguoisseuse douleur.

CA sexte/apres mydi fault penser comme Jesus est mene au mont de caluaire/respan-
dant son precieux sang:z que plusieurs fois il cheoit en portant sa croix. Et comment il
fut attache a icelle de grandz cloux/z en icelle esleue a grand douleur. Et noublier a penser par tout quelle douleur auoit sa sacree mere.

CA nonne/il conuient penser en quelle incomparable douleur il estoit quand il disoit
Mon dieu/mon dieu:pourquoy mauez vous delaisse.Et quäd il eut soif quil dict Sitio.
luy offrirent a boire vinaigre et fiel meslez/comme il tendoit a la mort. Et les souspirs
faictz enclina son chef/z rendit lame a Dieu son pere. Et cöment ladicte benoiste et glorieuse vierge Marie sa mere/en eut grande douleur au cueur.

CA vespres/conuient penser comme Jesus eut le coste ouuert dune lance:z cöment il est
en croix tout mort/z plein de playes depuis le chef iusques a la plante des piedz. Et luy
oste de la croix/comment sa doulce mere le recent en grand douleur.

Complies fault penser comment le doulx Jesus fut ensepuely de Joseph/de Nicodemus ¶ daultres bons iuifz en grandz afflictions ¶ gemissemetz/¶ mis au sepulchre : puis garde des mauuais iuifz affin quil ne ressuscitast.   Et sont lesdictz pensementz proufitables a ceulx qui nentendent point latin/car come soit necessaire a chascun de penser a ce quil dict ¶ lentendre:a gens qui ne sont clercz ¶ qui nentendent point latin est fort vtile en lieu de dire les heures de penser es choses dessusdictes.

Puis quainsi est quil vo9 fault to9 finir
Et puis apres copte a dieu de tout tendre
Las desormais vueillez vous maintenir
Si sainctemet sans tache ¶ sans mespredre
Qua lheure horrible ou mort vo9 vouldra
    prendre
Vostre poure ame a present vicieuse
Soit de vertuz tant riche ¶ precieuse
Que voller puisse en la clere cite
Du est plaisir/ioye/¶ felicite
Salut/vertu/aussi paix pardurable
Vie sans mort/beaulte/sante/ieunesse/
Los/grand pouoir/¶ force insuperable
Qui tousiours dure ¶ qui iamais ne cesse.
Las vo9 voyez to9 les iours mort venir
Qui est sa fin que vous debuez attendre
Et ne scauez que peuent deuenir

Voz esperitz/quad les corps sont en cendre
Les bons vont sus:les mauuais fault descendre
En vne chartre obscure ¶ tenebreuse
Du est vermine immortelle anguoisseuse
Misere/ennuy/faulte/¶ necessite
Faim/soif/pleur/cry/¶ toute aduersite
Horreur/pueur/frayeur inenarrable
Mort sans mourir/desespoir ¶ tristesse
Feu sans lumiere ¶ froid intolerable
Qui tousiours dure et qui iamais ne cesse.
Helas pourtant vueillez bien retenir
Tous ces poinctz cy ¶ a bien faire entedre
Si quapres mort vous puissiez peruenir
Au royaulme ou vous debuez tons tendre
Qui tat riche est/q cueur ne peult copredre
Oy y a paix/cest ioye glorieuse

Et oyt on son de voix melodieuse.
La ont les corps impassibilite
Agilite/clarte/subtilite
Et les ames sapience admirable
Puissance/honneur/seurete/z lyesse
Concorde/amour/z ioye inseparable
Qui tousiours dure et qui iamais ne cesse.
¶O mauuais riche/enfle diniquite
Rude aux poures las que ta prouffite
Toy riche habit/ta plantureuse table
Puis que tu es poure pour ta richesse
Et as soif ores z faim insatiable
Qui tousiours dure z qui iamais ne cesse.

¶Aultre exhortation de la mort
a vng homme mondain.

¶Homme mortel/cree de terre z faict
Du createur/forme a sa semblance
Las recongnois le bien que dieu ta faict
Puis que tu es homme priue denfance
Remembre toy z ayes souuenance
Cueur dur remply de grande vanite
Du hault degre z de la dignite
Du dieu ta mis indigne creature
Tant riche z belle esleu en prelature
Dont tu rendras le copte quoy quil tarde
Mais scay tu quad/demain par aduenture
Du auiourdhuy/pourtat done ten garde.
¶Puis que vne foys tu as este deffaict
Et mis au bas par desobeyssance
Et que dieu ta par sa grace refaict
Et ta remis en lestat dinnocence
Ne renchez pas par orgueil narrogance
Mais monstre toy miroer dhumilite
Car tu scay bien que ta fragilite
Nest que viande a vers z nourriture
Et deuiendras en la fin pourriture
Quoy qua present te sente et contregarde
Mais scay tu quand/demain par aduenture
Du au iourdhuy/pourtat done ten garde.

¶Cuyde tu estre aultre home plus pfaict
Que tes maieurs par deuant ta naissance
Qui tant furent glorieux en leur faict
Que dieu z monde en a la congnoissance
Helas nennin:car par quelque puissance
Que tu ayes/gloire ou prosperite
Come eulx mourras poure ou riche herite
Miserable homme z de fresle nature
Et seras mis vng iour en sepulture
Car tu nas force ne pouoir qui ten garde
Mais scay tu quand demain par aduenture
Du au iourdhuy pourtant done ten garde.
¶Homme arme toy contre lheure future
Forte et dure/car mort de sa poincture
Te picquera de sa cruelle darde
Mais scay tu quand/demain par aduenture
Du au iourdhuy/pourtat done ten garde.

¶Fin des balades de la mort.

¶Dictez notables.

Qui du tout met son cueur en dieu
Il a son cueur et a si a dieu
Et qui le met en aultre lieu
Il pert son cueur z si pert dieu.

¶Humble maintien/ioyeux z asseure
Language meur/amoureux/veritable
Habit moyen/honneste/assaisonne
Froid en son faict/constant z raisonnable
Hanter les bons/sages/vaillans et preux
Refection sobre/a heure brefue table
Font lhomme sage/z a tous gracieux.

¶Trop parler/peu dire voir
Trop cuyder/z peu scauoir
Trop despendre z peu auoir
Ce sont trois poinctz de rien auoir.

¶Ly apres ensuyt vne decision theologale. A scauoir/si les prieres/oraisons/
messes z suffrages/que on faict en ce monde pour les ames des trespassez estatz
en purgatoire leur sont meritoires z vallables a leur deliurance.

Euple deuot tu doibs noter que pour acqrir aucun bien lequel accopaigne lestat dau cun/ou est ascanoir se a ice luy estat leur peult puffiter nopas seulement de congruo mais aussi de condigno. Et ce peult estre en deup manie res. Premieremet pour la comunication laquelle est la racine de toute bone oeuure et meritoire/z ainsi toute bonne personne a le prouffit z emolument du bien daultruy sil est en charite. Iupta illud. Particeps ego sum/zc. Secondement pour lintention du faisant quand aucun a faict aucunes bonnes oeuures/affin quelles puffitent a aultruy. Et telles operations appartiennent a ceulp pour qui elles sont faictes ainsi come ceulp qui sont donnees de celuy qui les faict/z pensent balloir ou pour satiffaire et acoplir la satiffaction daucun ou quelque aultre chose qui ne mue point son estat. En ces deup manieres ballent les suffrages de leglise/nompas seulement au bitz/mais auec ce aup trespassez:non pas affin que lesdictz suffrages puissent muer leur estat/mais a ce quilz soyent deliurez des peines : car comme dict sainct Augustin en son enchiridion : tant quilz ont bescu en ce monde ilz ont desseruy que lesdictz suffrages leur puissent prouffiter. Cum in hac bita biuerent meruerut bt hec sibi pdessent. Et Lapostre dict en la secode epistre aup Corinthies.b.chapi. Onusquisqz propria mercede accipiat put gessit in corpore. Quad a estre dane ou saulue/chascun aura paradis ou enfer pour sa propre oeuure z non pour oeuure daultruy.ainsi sented ce qui est escript.Ecclesiastes.ip.Mortui non habet partem in opere/quod sub sole geritur. quod intellige bertu/quatu ad mutatione status/ou nous parlons de opere operato : cestadire du suffrage en soy.Et ainsi si le sacrement de lautel et aultres sacrifices ont efficace de bertu deulpme si... sans ce q loperation de celuy qui les faict accroistre ou diminuer leur effect: mais son ... esgalement pour bng chascun bon z mauluais. Mais se nous parlons de opere operantis:il couient distinguer:Car aucun sacrifice peult estre faict par bng maul uais home comme la messe dicte par bng pecheur:et ce peult estre dict en deup manieres. Premierement bt per actore.cestadire q le sacrifice soit faict par se pecheur / come acteur de celuy sacrifice/z sil ne prouffite sinon accidetalemet:z cosequement cestadire q par les aul mosnes dug maunais home/les poures a qui lad aulmosne est donee. sont epcitez a prier dieu pour les trespassez pour lesqlz le mauuais les a donees. Secudo:bt per ministeriu.et ce peult estre en deup manieres.car ou le sacrifice ou office est faict par se ministre publiq de leglise:come est le prebstre qui celebre lobseque des mortz/z telz sacrifices puffitet tous iours:car le malice du ministre ne nuyst pas a soeuure dung bon acteur come est Leglise. Du silz sont faictz par bng ministre priuee psonne:adoc sont faictz par le comademet dau cun estat en charite:come se tu faictz dire bne messe a bng pbstre q soit en peche/z tu soyes en grace z charite:ce q faictz dire puffite pour toy ou pour celuy q le faictz dire sil est mort.

N iii

Mais se au commandement de celuy qui nest pas en charite quand il a demande aucune
bône oeuure estre faicte:telle oeuure ne prouffite pas aux trespassez/sinon que apres il re
uiêne en bon estat quand telle oeuure se feroit.Et suffit quil soit en charite quand il com
mande quon face lesdictes bônes oeuures/iacoit ce quil ny soit pas quand on les execute.
Et pourtant est ce grand bien quand celuy qui dône laulmosne ou qui faict dire la messe:
et celuy a qui elle est dônes ou la messe cômise sont en charite côme au cas de present:Car
se tu dônes au nom de ton pere qui est en purgatoire a tu entre en grace a ceste eglise pour
estre participant en ces suffrages/les oeuures sont meritoires des deux parties : cestasca
uoir en opere operato/a en opere operâtis. Hec Richardus.iiii.dist.olV.artic.iiii.qstio.ii.
CNote que celuy qui recoit plusieurs biês/a tout le monde a participation de ses biês/na
pas moins de prouffit de ses bonnes oeuures que sil receuoit tout pour suy:mais luy ap
porte plus de prouffit quand a laugmentation de foy ou de gloire/et guant a satisfaction
de tous pechez a diminution de la peine pour iceulx deue/ausquelles choses vault ladicte
association:ainsi que dict Richardus de media villa au lieu preallegue.

Dyseigneur sainct Gregoire en sa.ii.question de la.viii.cause au chapitre
Gregorius. dict que les ames de purgatoire sont bien tost deliurees par
quatre manieres. Et sont les quatre clefz que chascune deuote personne
doibt pendre a sa ceincture pour ouurir purgatoire quand il viêt a leglise.
CLa premiere clef est oblation des prebstres:a ce appert par figures/au
ctoritez a exemples. De ce nous auôs figure.ii.Machabeorû.xii.que Judas Machabeus
enuoya douze mille drachmes dargêt en oblation a offrende pour les pechez des iuifz qui
estoyent trespassez en sa bataille. Pourqnoy nous est donne a entendre que la tresdigne
oblation du precieux corps de noftre seigneur Jesuchrist faicte a dieu son pere/est bien de
plus grande vertu pour diminuer les peines des trespassez/que ledict argent . Et est en
core escript au liure dessusdict que se Judas Machabeus neuft eu esperance que ceulx qui
estoyent occis en la bataille ne fussent vne fois ressuscitez/ce luy seroit chose vaine et su
perflüe de prier pour les trespassez. et sensuyt. Cest donc chose saincte et salutaire de prier
pour les trespassez/affin quilz soyent deliurez de leurs pechez. Ceste raison aussi est ap
prouuee par lauctorite des docteurs de la saincte escripture.Comme dict sainct Augustin
et sainct Gregoire/au lieu preallegue.Il est prouue par exêple dung Euesque qui estoit
malade de chaulde maladie/tellemêt quon ne luy pouoit refreschir les piedz:Les pescheurs
en este pescherent vng grand glasson lequel ilz apporterent a Leuesque/qui luy fut mis
aux piedz a certaine heure:a lors leuesque ouyt vne voix qui se plaindoit/laquelle il ad
iura/a elle luy respondit.Je suys lame dung prebstre qui fay icy mon purgatoire:a se tu
estoys en estat de grace a disoys cent messes pour ma redemption/ie seroye saulue.Dr re
garde:tu nen as pas icy cent/mais mille. Purgatoire en la loy/nest pas partie denfer:
mais par dispensation peult estre en chascun lieu.
CLa seconde clef est oraison/et les prieres des sainctz : par lesquelles sont deliurees les
ames des peines de purgatoire. Et ce appert par auctorite en Lapocalypse au.vii.cha
pitre/ou il y a. Ascendit fumus aromatum/id est orationum odor de orationibus sancto
rum/de manu angeli coram deo. Il appert aussi par lauctorite dessusdicte/Sancta et sa
lubris.a cetera. Et appert aussi par exemple du benoist sainct Martin:comme dict sainct
Gregoire. Vng prebstre fut lequel prioit moust deuotement monseigneur sainct Martin
le iour de sa feste pour les ames de purgatoire : a tost apres en vint septante par le couing

de sautel qui le remercierent tresgrandement de ce que elles estoyent hors des peines de
purgatoire par les prieres dudict benoist sainct Martin. Or regarde doncques que feront
ces sainctz icy a la priere de la glorieuse mere de dieu. Tu diras par aduenture ie ne map-
percoy point de leurs prieres. Je te demande quand tu dis/a peu que ie ne me suys rom-
pu le col a cheoir de dessus mon cheual/ou aussi dung arbre:ou que mon enfant nest mort
helas qui la garde. Croy fermement que ce sont les prieres des sainctz. Et ces deux pre-
mieres manieres sont efficaces en tant quilz sont rapportees a dieu.

La tierce clef/sont les aulmosnes des parens et amys:par lesquelles les peines de purgatoire sont diminuees. Ecclesiastici.vii. Pauperi porrige manum tuam:et mortuo non
prohibeas gratiam. Et ecclesiastici.vvii. Super mortuum plora/deficit enim lex eius.
Et Ruth.i. Faciet deus vobiscum misericordiam/sicut feceritis cum mortuis. Prenez a
ce propos lexemple que recite sainct Gregoire du cheualier du roy Charles le grant : qui
par son testament laissa a son compaignon ses armes et son cheual/affin quil en donnast
largent aux poures dedans trente iours/ou aultrement il le citoit au iugement de dieu.
Au bout de trente iours se railloit de ladicte citation/et differa de faire ce que luy estoit en-
ioinct. Lors sapparut son compaignon a luy en le reprenant. Et tantost vindrent deux
mores de morienne qui tantost le prindrent/et le rauirent et porterent par les montaignes
et vallees tant quil fut tout desrompu. Fay doncques aulmosne incontinent sans tarder
pour lame de tes parens et amys trespassez.

Les conditions daulmosne.

Aulmosne doibt auoir quatre conditions. Premierement doibt estre faicte ioyeusement
comme dict sainct Paul.ii.ad Corinth.ix.Hilarem datorem diligit deus. Secondement
doibt estre faict abondamment.Thobie.iiii. Quomodo poteris/esto misericors.etc. Selon
la faculte et puissance : cestascauoir de peu le peu. Tiercement diligemment. Prouerb.iiii.
Ne dicas amico tuo:Vade et reuertere cum statim possis dare. Quartement deuotement.
Danielis.iiii.Eleemosynis peccata tua redime:Qui se doibt entendre de cueur contrit et
deuot. Faictz aulmosne laquelle selon Thobie deliure du danger de la mort eternelle. Et
ne faictz pas que les ames de tes parens et amys trespassez cryent apres toy comme il est
escript Job.xix. Miseremini mei.etc. Et mesmement.Dereliquerunt me propinqui mei:
et qui me mouerut obliti sunt mei. Il est aussi escript en Job.xx.chapit.Diuitias quas
deuorauit euomet:et de ventre eius extrahet eas deus. Cestadire que lexecuteur du parēt
ou aultre qui retient les biens des trespassez:les vomira en enfer es peines et tormentz ou
les diables les luy arracheront a grans crocqs de fer bruslantz.

La quarte clef/est le ieusne pour les parens et amys trespassez : par lesquelz quand ilz
sont faictz par eulx estans en estat de grace/leur valent a diminution de leurs peines.Et
ce appert par figure de Bible.xxi.Regum.iii. Ou nous lisons que apres ce que Abner
eut este occis en trahyson par Joab / ce venu a la congnoissance de Dauid:il dist a tout
le peuple qui estoit auec luy. Ceindez vous/ et vous vestez de sacz en pleurs et ieusnes
iusques aux vespres pour lame dudit Abner/esperant quil euitast damnation.En quoy
appert clerement par le Prophete royal/ que ieusner et fuire penitence pour les ames qui
sont en purgatoire/leur proussite a la diminution de leurs peines. Or icy tu as prieres/
vigiles/ieusnes/et oraisons:esquelles tu peulx rendre participans tes parens et amys/ce
que tu ne doibs differer aucunement:car ainsi que tu feras toy estant en ce monde/ainsi on
fera pour toy apres ta mort.Juxta illud preallegatum.Faciet deus vobiscum misericor-
diam/sicut feceritis cum mortuis.

N iiii

¶Venimeux es/toy qui porte la corne
Tous escornant de toy escorne cor
Au contraire dune grande licorne
Rendant le lieu plus intoxique encor
Encor cornes cornemēt dung grand cor
Dont les cornars sen vont a la cornee
Tous escornez nayans en leur corps cor
Auecques toute cornadise escornee .
¶Celle sera bien de corne cornee
Dont luy fauldra sa grand cornetts
Quau monde nest pas encor nee
Et escoutant le hault son de cornette
Nest departir aussi net/de corps nette
Dont voftre ame sera toft encornee
Du grant cornu qui sans cesser cornette
Auecques toute cornadise escornee.

¶Escorne sera chascun du cornement
Dune tant terrible cornation
Fort cornante et si le cor ne ment
Eschappee nest encores nation.
La nation nest qui de ces cornetz
Ainsi cornans en peult estre exemptee
Car les secretz infectz ou des cors netz
Auecques toute cornadise escornee.
¶Encore nest nul exempt du cornu
Ne de celle tresgrande cornadie
Et quand chascun sera las du cornu
Garde naurez que vne cornade die
Cornarderie naura quelque cornade
Ne escorne cornant a la iournee
Donc prions dieu que noz corps narde
Auecques toute cornadise escornee.

¶O sainct Michel garde nous du cornāt
Du corps cornu/car se le cor ne rompt
Cornupetant nous viendra escornant
Quand les anges de leurs cors corneront
Le corps ne rompt iamais au bien cornez
Aux oreilles cornans nuict & vespree
Pour nous rēdre noz corps bien escornez
Auecques toute cornardise escornee.
    ¶Rondeau.
¶Tous & toutes mourir il nous conuient
Foibles & fors icy le pouez lire
Douid se dict en son psalmiste & lyre
Souuentesfois acoup ainsi quon vient
Dont debuos craindre de saltitonant lire
    Tous & toutes.
¶Iuste raison a ce droictement vient
Mourir nous fault on ny doibt contredire
Quand men souuiēt ie ny trouue que rire
    Tous & toutes.
¶De lachesis & de cloto sempire
Tost fut rauy par mort qui subit vient
Du doulx titan conuient le siure lire
Qui de la mort terribles dictz contient
De vieillesse/que on ne peult desdire
    Tous & toutes mourir il nous cōuient.

    ¶Du iugement final.

¶Toutes les fois que pense a ceste histoire
Du iugement/ie pers sens & memoire
Quād me souuient de ce que nous racōpte
Sainct Paul q̃ dict/q̃l no⁹ fault rēdre cōpte
De tous les faictz q̃ nous to⁹ fismes onc̃hs
Soit bien ou mal:or no⁹ aduisons dōcques
Que porterons deuant le iuste iuge
A ce grand iour/auquel nest le deluge
A comparer:car si espouentable
Sera pour vray/& si abhominable/
Si horrible/si dur/si perilleux
Si a doubter/si grand/si merueilleux
Que ciel & mer & terre brusleront
Et les ames de paour si trembleront
La grand trompe dira moult haultement
Leuez sus mortz/venez au iugement
La tous & toutes estre iugez conuient

Helas dolentz trop peu nous en souuient.
Le iuge a tous fera lors equite
Par ces deux motz/Ite/& venite.
Et sil dira ce que a pour nous souffert
Et que pour tous il sest a mort offert
De ses poures comme leuangile touche
Pareillement nous donne grand reprouche
Se voluntiers ne les auons portez
Nourris/vestuz/logez/& confortez
Las que ferons quant excusations
Rien ne vauldront noz lamentations
Bien serons matz tristes & esgarez
Quand tous noz maulx serōt lors declarez
Deuant si haulte & noble compaignie
De multitude & puissance infinie
Le iuste a grand peine saulue sera
Or regardez que liniuste fera
Car lors seront les mauluais deboutez
Dauec les bons & en enfer boutez
En feu puant auec les ennemys
Qui de nuyre ne sont iamais remis
Peine y a plus que nul ne peult dire
Souffisamment ne la griefuete escripre
Tourment auront la sans redemption
En ame & corps & sans corruption
A tousiours las quel horreur a penser
Ie prie a dieu de cueur deuotement
Quen ce monde viuions si sainctement
Que ouyr puissōs ceste voix doulce & clere
Venez a moy tous benoistz de mon pere
Homme mortel pense que porteras
Au iugement la ou iuge seras.

    ¶Balade morale.

¶Aymez les bons dōnez aux souffreteux
Soyez larges ou il appartiendra
Durs aux mauuais & aux poures piteux
Et restraignez quand temps le requerra
Sachez a qui voltre don se fera
Et se cil a desferuy pour lauoir
Du bien commun faictes voltre deuoir
A ce deuez sur toutes choses tendre
Car tous ces poinctz fit iadis ascauoir
Aristote au grand roy Alexandre.

¶De dieu soyez en tous tēps couuoiteux
Aymer/seruir/il vous secourera
Gardez la loy ꝗ iustice a tous ceulx
Et a celuy qui contre offensera
Sans espergner/chascuy vous doubtera:
Ne couuoitez de voz subgectz lauoir
Voz parolles soyent trouuees eᵈ voir
Faictes les grās auy petis le droict rendre
Car tous ces poinctz fit iadis ascauoir
Aristote au grand roy Alexandre
¶Encor luy dist/ne soyez paresseuy
Mais diligent quand il se conuiendra
Tenez les sages/les anciens/ꝗ preuy
Auprez de vous/ꝗ ce vous apdera
A gouuerner/tant que nul ne pourra
Voftre royaulme greuer ne decepuoir
Et voz subgectz ferez riches dauoir
Soyez bening tāt au grād cōme au mēdre
Car tous ces poinctz fift iadis ascauoir
Aristote au grand roy Alexandre.

    ¶La mort/parlant auy mondains.
¶Peuple mondaiy qui par ce lieu passez
Les hydeuy corps voyez des trespassez
Ainsi finis par la griefue morsure
De Atropos/dont ilz sont enlassez
Priez pour ceulx qui vous ont amassez
Biēs en leurs tēps/par chault ꝗ p froidure
Car ne scauez se leurs ames ont repos
Du silz souffrent trop attroce pressure
Les oublier ce nest pas bon propos
Le tēps est long pour euly ie vous assure
Par voz biēsfaictz quilz en soyēt dechassez:
Car tout ainsi que du grief qui leur dure
Les alleger aurez soucy ꝗ cure
Quand au cercueil vous serez enchassez
Ainsi des vostres vous serez pourchassez
Pour verite cecy ie vous annonce
De voz prieres serez recompensez
Car vous serez pesez au poiy de lonce
Quād mort finale aura faict sa semonce.

    ¶Ly apres ensuyt cōment Bergers
et bergeres saluent la benoiste Vierge
Marie mere de nostre seignr Jesus.

Salut a vous Vierge inestimable
Mere de dieu:royne du ciel notable
De paradis porte dor singuliere
Dame du monde/Vierge pure honorable/
Qui conceustes le fruict incomparable
La fleur du ciel/le tresor/la lumiere/
Suppliez le/par sa grace ineffable
Quil nous donne remission pleniere.
¶O saincte Vierge plaisante ꝗ delectable
Des desolez le secours amyable
Qui portastes par vostre humble maniere
Le filz de dieu/sans que fussiez coulpable
Daucuy peche charnel vituperable/
Et sans macule estes Vierge entiere:
Priez pour nous vostre enfant tāt amable
Quil nous donne remission pleniere.
¶Prince regnant en la gloire eternelle
Qui nourry fustes du laict de la māmelle
De la Vierge/qui sans vile matiere
Vous enfanta/en ioyeuse nouuelle:
Pardonnez nous par les prieres delle
Tous noz pechez/en grace singuliere
Et nous donnez apres vie corporelle
De noz pechez remission pleniere.

    Amen.   Pater noster.Aue maria.

⸿Senſuyt ung petit traicte pour ſcauoir ſoubz quelle planette
ung enfant eſt ne.

Pour ſcauoir congnoiſtre ſoubz quelle Planette lenfant eſt ne / et pour en
auoir perfaicte congnoiſſance fault ſcauoir quil y a aux cielz ſept planettes
Ceſtaſcauoir Sol / Uenus / Mars / Mercurius / Jupiter / Luna, et Saturn̄us. Et de ces ſept planettes ſont denommez les ſept iours de la ſepmaine: car chaſcun eſt nomme de la planette regnant au commencement dudict
iour. Les anciens diſent que Sol domine le dimenche. Et la cauſe ſi eſt comme diſent les
Philoſophes / car le Soleil entre les planettes eſt la plus digne : parquoy il eſt attribue
au plus digne iour: ceſtaſcauoir au Dimēche. Luna domine a la premiere heure du lundi.
Mars a la premiere heure du mardi. Mercurius a la premiere heure du mercredi. Jupiter a la premiere heure du ieudi. Uenus a la premiere heure du Uendredi, et Saturnus a
la premiere heure du ſamedi. Le iour naturel a uingtquatre heures: ⁊ en chaſcune heure
domine une planette. Il fault auſſi noter que quand on commēce a compter le Dimenche: il fault commencer en comptant ainſi Sol / Uenus / Mercurius / Luna / Saturnus /
Jupiter / Mars. Et quand le nombre eſt failly / il fault recommencer iuſques a lheure
quon ueult ſcauoir quelle planette regne. Le lundi on doibt commēcer a Luna. Le mardi a Mars: Le mercredi a Mercure: Le ieudi a Jupiter: Le Uendredi a Uenus: Le ſamedi
a Saturnus, et touſiours quand le nombre des planettes eſt failly il fault recommencer par ordre comme dict eſt. Il eſt auſſi a noter que les Grecz cōmēcēt leur iour a Soleil
leuant. Les Juifz a my iour, et les Chreſtiens a la mynuict: Et eſt la ou nous debuons
commencer a compter: Car a une heure apres la mynuict / au dimēche regne Sol: a deux
heures Uenus: a trois heures Mercurius : a quatre heures Luna : a cinq heures Saturnus: a ſix heures Jupiter: a ſept heures Mars. Et recommencera a huict heures Sol: a
neuf heures Uenus: a dix heures Mercurius. Et ainſi des auſtres / tant quon ſache lheure quon ueult ſcauoir. Quand ung enfant eſt ne / il fault ſcauoir a quelle heure : ⁊ ce ceſt
au commencement de lheure / ou au myſieu / ou a la fin. Se ceſt au commēccment / il tiendra de la planette ou il eſt ne / ⁊ de celle de deuant. Se ceſt au myſieu / il tiendra de celle ou
il ſera ne. Se ceſt a la fin / il tiendra de celle ou il ſera ne / ⁊ de celle qui ſenſuyt. Mais nonobſtant que la planette de lheure ou il ſera ne dominera / qui plus eſt celle du iour dominera. qui eſt cauſe que ung enfant tient de pluſieurs planettes et a pluſieurs conditions diuerſes : mais touteſfois la planette de lheure ou on eſt ne / domine ſur lenfant plus que
toutes les auſtres. Puis lors quand on ſcait en quelle planette lenfant eſt ne : il fault ſcauoir ce quil ſenſuyt. Celuy qui eſt ne ſoubz la planette de Sol / eſt prudent ⁊ ſage ⁊ grand
parleur: ⁊ quelque choſe quil loue ou blaſme / il tient touſiours uertuz en ſoy. Celuy qui
eſt ne ſoubz Uenus eſt ayme de chaſcun / ⁊ a yeulx attractifz / ioyeux ⁊ rians: ſera hōteux
et bon en Jeſuchriſt / ⁊ regulier. Celuy qui eſt ne ſoubz Mercurius eſt aſſez barbu / ſubtil /
doulx / ueritable / mais neſt pas prudent. Celuy qui eſt ne ſoubz Luna, a grand front / il
eſt colore ⁊ a uiſage ioyeux / et eſt homme religieux. Celuy qui eſt ne ſoubz Saturne / eſt
robuſte / hardy uilain / couuoiteux auaricieux / mal diſant / ſouhaittant mal aduenir / prodigue / abandonne / et de mauluaiſe nature. Celuy qui eſt ne ſoubz Jupiter / eſt amyable /
beau parleur / uiſage uermeil / bon clerc et lettre : aymant chaſtete / mais trop uacabond.
Celuy qui eſt ne ſoubz Mars / eſt rude parleur / mēteur / homicide / decepuant / inſtable / non
fiable / gros ⁊ robuſte. Et qui plus a plein en uouldra ſcauoir / doibt regarder cy deuant /
la ou eſt declare des planettes par ordre.

EN considerant le cours des corps celestes & la puissance de dieu omnipotent qui faict luyre le Soleil sur les bons & sur les mauuais : et qui gouuerne toutes choses qui sont au firmamēt/au ciel/& a la terre. Je me suys prins a lire ce petit traicte en latin: puis lay translate de latin en francois pour endoctriner les gens non litterez. Mais qui y veult comprēdre quelque chose il fault scauoir parauant le moys ou on est ne/et le signe du Soleil au mesme moys. Ce nest pas a dire que la chose aduienne/mais les signes ont telles proprietez. Et est la volunte de dieu par dessus. Dultre plus est a noter que selon les liures des poetes/ et aussi des Astrologues/le signe de Aries est le premier. Les signes assignent les fortunes & infortunes des hommes & femmes/comme on trouue au liure de Ptolomee Astrologue tresexpert. Dont icy present est la figure des douze signes/et le Soleil estant en iceulx/en chascun signe vng moys/qui acomplissent les douze moys de lan.

¶Et premierement du signe de Aries.   Chapitre premier.

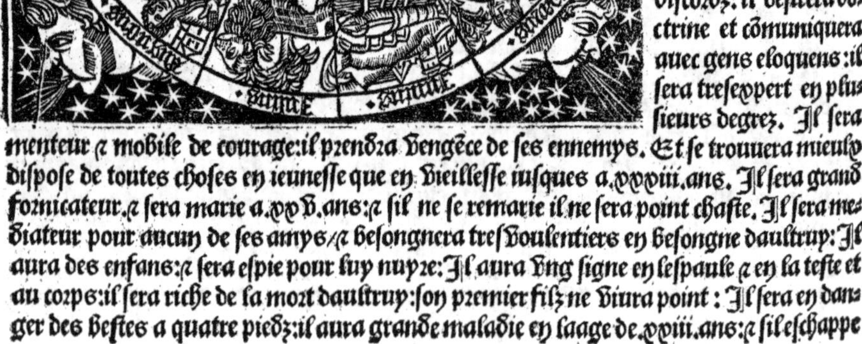

IE troue que celuy q̄ est ne au Signe de Aries depuis la my Mars iusques a la my Auril sera de grād industrie/& ne sera pas riche ne trop poure; Il aura dōmage par ses prochains:& aura puissance es choses des gēs mortz:il se courroucera hastiuemēt & incōtinēt il sappaisera:& experimentera diuerses choses/ et aura plusieurs discordz: il desirera doctrine et cōmuniquera auec gens eloquens:il sera tresexpert en plusieurs degrez. Il sera menteur & mobile de courage:il prendra vengēce de ses ennemys. Et se trouuera mieulx dispose de toutes choses en ieunesse que en vieillesse iusques a.xxviii.ans. Il sera grand fornicateur.& sera marie a.xxv.ans:& sil ne se remarie il ne sera point chaste. Il sera mediateur pour aucun de ses amys/& besongnera tresvoulentiers en besongne daultruy: Il aura des enfans:& sera espie pour luy nuyre:Il aura vng signe en lespaule & en la teste et au corps:il sera riche de la mort daultruy:son premier filz ne viura point : Il sera en danger des bestes a quatre piedz:il aura grande maladie en laage de.xxviii.ans:& sil eschappe

il viura. lxxv.ans selon nature. ¶La fille qui sera nee en ce tēps sera ireuse ʒ aura de
grans dōmages de iour en iour:elle mentira voluntiers:elle perdra son mary ʒ en recouurera vng meilleur:elle sera bien malade en laage de.v.ans ʒ en laage de.xpv.ans elle
sera en danger de mort.ʒ si elle eschappe elle sera en doubte iusques a.xliii.ans:ʒ souffrera
douleur de teste. Les iours de Sol ʒ de Mars leurs sont tresbons/ʒ les iours de Jupiter
mauuais/ʒ tant lhōme que la femme seront semblables au mouton lequel tous les ans
pert sa laine/ʒ incontinent la recouure.

¶Du signe de Taurus.   ¶Chapitre.ii.

N apres celuy qui est ne au signe de Taurus qui est depuis la my Auril
iusques a la my May sera fort hardy/noiseux/delicieux/ʒ possedera biēs
qui luy seront donnez par aultruy. Le quil bouldra faire sera faict incontinent ʒ sefforcera de le mettre a fin:en sa ieunesse desprisera chascun ʒ sera
iracundieux:il fera pelerinages:Il laissera ses parens ʒ viura auec gens
estranges:Il paruiendra a office ʒ lexercera bien et sera riche par femme. Il sera ingrat:
car le seruice a luy faict ne sera point remunere:ʒ viendra a meilleur estat.il prendra vengence de ses ennemys:il sera mordu dūg chien:il experimentera plusieurs peines par les
femmes:ʒ sera en peril au.xxviii.an. Il sera en peril deaue/ʒ sera greue par maladie ʒ par
benin au.xxviii.an:ʒ au.xxx.an sera abondant et esleue en dignite:et viura.lxxxv.ans
et trois moys selon sa nature/ʒ verra sa fortune triste. ¶La fille qui sera nee en ce temps
sera affectueuse/labourieuse ʒ mēteresse:souffrera infamete:elle iouyra des biēs de ses pa-
rens:ce quelle cōceura en son entēdement viēdra a effect ʒ a la meilleure partie:ʒ aura plusieurs maris et plusieurs enfans. Elle sera a.xvii.ans au meilleur estat. Elle aura au
my lieu du corps vng signe/ʒ sera maladiue.ʒ si elle eschappe elle viura.lxxvi.ans/selon
nature.Elle doibt porter aneaulx ʒ pierres precieuses sur elle. Les iours de Jupiter et de
Luna leur sont tresbons ʒ les iours de Mars mauuais : tant lhōme que la femme seront
semblables au Taureau qui laboure/ʒ quand le grain est seme il na que la paille pour
sa part. Ilz garderōt bien le seur/ʒ ne prffitera a eulx ne a autruy/ʒ serōt reputez ingratz.

¶Du signe de Gemini.   ¶Chapitre.iii.

Omme qui est ne au signe de Gemini depuis la my May iusques a la
my Juing aura plusieurs playes. Il sera beau ʒ misericors/il menera vie
publique et raisonnable/et receura plusieurs pecunes. Il ira en plusieurs
lieux incongneuz/ʒ fera beaucoup de pelerinages/il sera vanteur:il ne de-
mourera point au lieu ou il aura este ne. Il sera sage/ʒ negligēt en ses ne-
goces:ʒ aura plusieurs tristesses iusques a.xxxv.ans.il aura moult de diuerses pensees
et ne sera trop poure ne trop riche.Sa premiere femme ne viura gueres : mais il prendra
femme estrange ʒ sera tard marie/il sera mordu dung chien : il aura vng signe de fer ou
de feu/il sera tormente en leaue et passera sa mer : et viura cent ans et dix moys selon le
cours de nature.   ¶La fille qui sera nee en ce temps viendra a honneur/et se mettra en
auant des biens daultruy:elle sera arguee de faulx crimes : Il la fauldra marier a.xviii.
ans se elle veult estre chaste:elle euitera vng peril:ʒ viura.lxx.ans selon le cours de na-
ture:ʒ honorera bien dieu.Les iours de Mercure ʒ de Sol leur sont tresbons:les iours de
Luna ʒ de Venus leur sont tresmauuais:ʒ tant lhomme que la femme assembleront les
biens de leurs successeurs : Et a grand peine oseront ilz vser de leurs propres biens tant
seront auaricieux.

¶Du signe de Cancer.   ¶Chapitre.iiii.

Pres dict la lettre que celuy qui est ne au signe de Cancer depuis la my
Juing iusqs a la my Juillet:sera malicieux et de esgale stature/il aymera
bien les femmes/et sera ioyeux/humble/bon/sage/et bien renōme: il aura dō
mage par enuie/il aura en sa puissance la pecune daultruy : et sera condu
cteur des choses daultruy : il aura noises et debatz a ses prochains et aura
uengence de ses ennemys et par son arrogance plusieurs se moqueront de luy il aura sou
uent paour es eaues: il gardera son courage en soy/et souffrera grand douleur de uentre :
il trouuera pecunes cachees/et labourera fort pour sa femme : il uerra son peril en certain
an:lequel peril est congneu de dieu:son auoir descroistra.Le.xxvi.an il passera les mers:
et uiura.lxx.ans selon nature:et luy sera fortune ioyeuse. ¶La fille qui sera nee/en ce
temps sera furieuse/et incōtinent se courroucera et incōtinent sappaisera. Elle sera allegre/
seruiable/sage/ioyeuse/et souffrera plusieurs perilz quelle endurera:se on luy faict aucun
seruice/elle le recompensera bien.Elle sera en son temps labourieuse/et prēdra grād peine
et trauail iusques a.xxx.ans/mais apres elle aura repos.Elle aura plusieurs filz:Il la
fault marier a.xiiii.ans:Honneurs et dons lensuyuront : Elle sera blecee par aultruy au
lieu secret des femmes:elle sera morse dung chien/et uiura.lxvii.ans selon le cours de na
ture.Les iours de Jupiter/de uenus et de Luna leur sont tresbons et de bōne fortune.Et
les iours de Mars tresmauuais : et tāt lhōme que la femme auront de bonnes fortunes et
uictoire de leurs ennemys. ¶Du signe de Leo. Chapitre.v.

Dus lisons que celuy qui est ne soubz le signe de Leo:depuis la my Juil
let iusques a la my Aoust sera beau et hardy:il parlera publiquemēt/et se
ra fort misericors:il plorera auec les plorans/et sera arrogant en parolles:
on luy dōnera ung peril en certain temps:Et a trente six ans il sera espie
pour luy porter oultrage et dōmage:mais il euitera tous ces perilz : ses be
nefices seront ingratz: Il sera grandemēt honore des bons:et obtiendra ce quil cōmencera
Il aura des biēs par seruice temporelz:il sera ingrat aux larrons : et sera moult grand et
puissant:on luy dōnera charge de cōmunite:et autant quil perdra il recouurera. Il uiēdra
a dignite/et sera fort amyable.Il prendra la fortune de trois dames/il sera uoluntiers pe
lerinages:et souffrera grād douleur des yeulx. Il cherra de hault/et sera craintif en leaue:
il trouuera pecunes cachees.A huyt ans sera malade : il sera en doubte et en moult grand
peril daucūs seigneurs. A.xxx vi.ans il sera mordu dūg chien et guarira a grād peine/et
uiura.lxxxiii.ans/selon le cours de nature. ¶La fille qui sera nee en ce tēps sera mer
ueilleusemēt forte mēteresse:bien parlant/misericordieuse/plaisante:et ne pourra pas souf
frir de ueoir plorer les hōmes ne les aultres personnes/elle sera facōde:son premier mary
ne uiura gueres:elle aura grand douleur destomach:Elle sera guettee de ses prochains a
xvii.ans.et uiendra a moult grāde richesse:Elle aura des enfans de trois seigneurs/elle
sera amyable/et aura fluy de sang/et sera morse dung chien : Elle cherra de hault:et uiura
lxxvii.sept ans selon le cours de nature. Les iours de Mercure/de Sol/et de Mars leur
sont tresbons:et les iours de Saturne leur sont mauluais:et tant lhōme que la femme ilz
seront hardis et grans querelleux/et seront misericors.
¶Du signe de Virgo. Chapitre.vi.

V signe de Virgo ie trouue q̄ celuy qui est ne depuis la my Aoust iusques
a la my Septēbre:cōmandera uoulentiers a sa femme:il sera grād mesna
ger et ingenieux:il sera solliciteux au mestier dequoy il besongnera:il sera
honteux et de grād courage/et tout ce quil uerra il couuoitera en soy enten

dement/il se courroucera incôtinent ⁊ surmôtera ses ennemys.A grâd peine sera il gueres
auec sa premiere femme:il sera fortune a trente ans/il ne scaura point ce quil aura:⁊ sera
en peril deaue/il aura vne playe par fer:⁊ viura.lxxx.ans selon le cours de nature.
CLa fille qui sera née en ce têps sera hôteuse ⁊ ingenieuse/⁊ prêdra grâd peine/et sera ne
gligête:on la doibt marier a.xii.ans.Elle ne sera gueres auec son premier mary:son secôd
mary sera de longue vie:⁊ aura plusieurs aultres biês par vne aultre femme.Elle cher
ra de hault/sa vie luy sera en peril/⁊ mourra bien briefuemêt/elle souffrera grâs douleurs
a dix ans:⁊ si elle eschappe ses douleurs elle viura.lxx.ans selon le cours de nature.Elle
aura germe vertueux:⁊ toutes choses luy fauoriserôt: ceste femme se esiouyra en diuerses
fortunes.Les iours de Mercure ⁊ de Sol leur sont tresbôs:⁊ les iours de Mars leur sont
mauuais:⁊ tât lhôme q̃ la fême souffrerôt plusieurs têtatiôs/âtq̃ a grâd peine ilz pour
rôt resister:ilz se delecterôt de viure en chastete:mais ilz souffrerôt beaucoup en q̃lque lieu
quilz soyent.   CDu signe de Libra.   Chapitre.vii.

Emembrer on se doibt du signe de Libra:car celuy qui est ne depuis la my
Septêbre iusq̃s a la my Octobre sera trespuissant:il sera prise ⁊ honore au
seruice des capitaines:il cheminera en plusieurs lieux incôgneuz ⁊ gaigne
ra beaucoup en pays estranges:il gardera bien le sien se il ne se reuese par
vin boire:il ne gardera point sa pmesse:il sera moult enuie par aucune pe
cune ⁊ par aultres biês:il sera marie ⁊ ne se tiendra a sa femme/il parlera de leger:⁊ ne au
ra nul dômage entre ses pchains:il aura en sa puissance des choses des mortz:⁊ aura au
cuns signes en ses mêbres:on luy dônera cheuaulx/beufz/⁊ aultres bestes:puis apres il
aura dômage par iniures:il sera enrichy par femmes:⁊ experimentera mauluaises fortu
nes:⁊ a ce les vngz senclineront plus q̃ les aultres. CLa fille qui sera nee en ce têps/sera
amyable ⁊ de grâd courage:elle annôcera la mort a ses ennemys:⁊ cheminera es lieux in
congneuz:elle sera debônaire ⁊ ioyeuse a merueilles:elle sesiouyra par son mary : et si elle
nest mariee a.viii.ans elle ne sera point chaste:elle naura nulz enfans masles de son pre
mier mary:elle fera plusieurs pelerinages : ⁊ apres.xxiii.ans elle psperera de mieulx en
mieulx/⁊ aura grâd hôneur ⁊ louêges:puis apres elle sera grâdemêt malade: ⁊ sera ble
cee de brusture aux piedz enuiron.xii.ans.⁊ viura.lx.ans selon le cours de nature. Les
iours de venus ⁊ de Luna leur sont tresbôs:⁊ les iours de Mercure leur sont mauluais :
et tant lhôme que la femme seront en doubte iusques a la mort:⁊ est a doubter a la fin.
              CDu signe de Scorpio.   Chapitre.viii.

N lift que celuy qui est ne au signe de Scorpio depuis la my Octobre ins
ques a la my Nouembre aura bône fortune: il sera grand fornicateur.La
premiere femme quil aymera pour auoir en mariage sera religieuse/ il ser
uira voluntiers aux ymages/il souffrira douleur aux mêbres genitoires
en laage de.xv.ans:il sera hardy côme vng lyon/⁊ sera amyable de forme.
Plusieurs facultez luy seront donnees/il sera grand chemineur en visitant plusieurs con
trees pour scauoir des coustumes ⁊ statutz de plusieurs citez/et aura victoire de tous ses
ennemys / ⁊ ne luy pourront nuyre en quelque maniere que ce soit:par sa femme il aura
pecunes ⁊ souffrera plusieurs douleurs destomach:⁊ sera ioyeux ⁊ aymera tousiours a se
trouuer auec gês ioyeux.En lespaule deptre il aura vng signe:par doulces parolles il se
ra deceu:souuêtesfois il dira lung ⁊ fera laultre:il aura playes de ferremêt : il sera mordu
dung chien ou daultre beste:il sera en doubte : ⁊ aura aucûs ennemys en laage de.xxiii.
ans.Sil eschappe il viura.lxxxiii.ans selon nature. CLa fille qui sera nee en cestuy têps

sera amyable z belle/z ne sera pas longuemēt auec son premier mary/mais elle se couyra auec vng aultre. Par son bon z loyal seruice elle aura grand honneur z aura victoire de ses ennemys:elle souffrera douleur destomach:elle sera sage z aura des playes en sespaule Il fault q̃lle crainde sa fin qui sera doubteuse par venin : z viura.lxx.ans selon le cours de nature. Les iours de Mars z de Saturne leur sont tresbōs:z les iours de Jupiter leur sont mauuais:Ilz seront douly de parolles/z poingnantz de la queue comme Lescorpion et murmureront en detractant daultruy.

CDu signe de Sagittarius.   Chapitre.ix.

Ous debuez apres scauoir que cestuy qui est ne soubz Sagittarius depuis la my Nouēbre iusques a la my Decembre/aura bon effect / misericorde de chascun:ce q̃l vouldra il obtiēdra:par reuelation il cheminera par les saul uages z estrāges desertz incōgneuz z dangereux : z reuiendra auec grandz gaingz:il verra croistre sa fortune de iour en iour : z ne celera point ce quil aura aucūs signes auy mains z auy piedz:il sera paoureuy:a.xxii.ans il sera en aucun peril/puis passera les mers z y gaignera.z viura.lxxvii.ans.x v.moys selon le cours de nature. CLa fille qui sera nee en ce temps sera laborieuse/elle aura plusieurs pēsees pour noises estrāges:elle ne pourra veoir plorer:elle obtiēdra victoire de ses ennemys : elle despendra beaucoup de pecune par layde de mauuaise cōpaignee : elle sera appellee mere des filz/z souffrera plusieurs argutz : elle prendra grand peine affin quelle aye les biēs de ses parens:on sadoibt marier a.xviii.ans/z aura mal auy peuly/z aura par enuie a.xxviii. ans grand tristesse/z apres aura biens z grande ioye. elle viura.lxxii.ans selon le cours de nature. Les iours de Venus z Luna leur sont tresbōs:les iours de Mars z de Saturne sont mauuais/z tant lhōme que la femme seront inconstans z instables en faictz:ilz seront dassez bōne cōscience z misericors/z bons auy estrangers/z aymeront dieu.

CDu signe de Capricornus.   Chapitre.x.

Et trouue que celuy qui est ne soubz Capricornus depuis la my Decēbre iusques a la my Jāuier sera iracōd/fornicateur/mēteur/z laborieuy/z sera des choses estrāges nourry:il aura plusieurs crimes z experimentera noi ses:il sera gouuerneur de bestes a quatre piedz : il ne sera pas longuement auec sa femme:il sera guette z naure en tristesse:en sa ieunesse il abādōnera plusieurs biens z richesses/il aura grand peril a.x v.ans:il sera dung tresgrand courage: il hantera gēs hōnestes/z sera fort riche par femmes:z sera conducteur de pucelles:ses fre re s seront fort enuieuy sur luy.il viura.lxxviii.ans quatre moys selon sa nature.

CLa fille qui sera nee en ce tēps sera honteuse z craintiue/elle surmontera ses ennemys: elle aura des enfans de trois hommes:elle fera beaucoup de pelerinages en sa ieunesse:et apres elle aura grās biens:elle aura grant mal auy peuly/z sera en son meilleur estat a trente.z vng an:z viura.lxx.ans z quatre moys selon nature. Les iours de Saturne et de Mars leur sont tresbons:Les iours de Sol tresmauuais : z tant lhōme que la femme seront raisonnables:mais seront fort enuieuy.

CDu signe de Aquarius.   Chapi.xi.

Ous trouuōs que celuy qui est ne au signe de Aquari⁹ depuis la my Jā uier iusques a la my Feburier sera amyable z iracond/il ne croira pas en vain:on luy dōnera de la pecune:a.xii.ans il sera en son estat:il gaignera par tout ou il yra:ou il sera fort malade z sera blece de ferrement : il aura grand paour en seaue/z apres il aura bonne fortune:z yra en plusieurs lieuy estranges.

℃La fille qui sera nee en ce temps sera delicieuse/ʒ aura plusieurs noises pour ses enfãs
Elle sera en grand peril en laage de.xviii.ans:puis sera en feliaite:ʒ souffrera dommage
de bestes a quatre piedz:elle viura.lxxvii.ans selon nature. Les iours de Venus ʒ de Lu
na leur sont tresbons:ʒ les iours de Mars ʒ de Saturne leur sont mauuais:ʒ tant lhõme
que la femme seront raisonnables/ʒ ne seront pas trop riches.

℃Du signe de Pisces.   Chapitre.vii.

Eluy qui sera ne soubz le signe de Pisces depuis la my feburier iusques
a la my Mars : il traictera lart ʒ sciece substitere : il cheminera beaucoup:
il sera fornicateur/mocqueur/ʒ couuoiteux : il dira lung et fera laultre : il
trouuera pecunes:il se fiera en sa sciece/ʒ aura bõne fortune : il sera deffen=
seur des orphelins ʒ de femmes veufues:ʒ sera craintif es eaues:il passera
de leger ses aduersitez/ʒ viura.lxxiii.ans ʒ.v.moys selon nature. ℃La fille qui sera nee
en ce temps sera delicieuse/familiere en gestes/plaisante de courage/seruãte:et aura dou=
leur aux yeulx:elle aura douleur par infamiete : son mary la laissera : et auec ce elle aura
moult grand peine auec les estranges : elle naura pas ce qui est sien: elle aura douleur de
lestomach ʒ de lamarris/ʒ viura.lxxvii.ans selon nature. Les iours de Mars ʒ de Sa=
turne leur sont mauuais:ʒ tant lhomme que la femme viuront fidelement.

fin des natiuitez des hõmes ʒ des femmes selon les.xii.signes.

℃Sensupt vng petit traicte des diy nations chrestiẽnes.   Lacteur.

E pretẽdz en ce petit traicte parler de plusieurs
nations chrestiẽnes lesquelles sont diuisees en
diy : dont ie declarerap selon que ie lap trouue
en escript en langue latine ʒ lap reduict en lan=
gue frãcoise selon la capacite de mon petit en=
tẽdemẽt : mais si en ce faisant iap erre/quil plaise a tous trãs=
lateurs eycuser ma ieunesse en laqlle ie sups/et amender les
faultes:car en mal faict ne gist que amende.

℃Et premierement de la nation des Latins.

N la nation des Latins/pour les superieurs
est le Pape et lempereur/ ʒ plusieurs roys:cõ=
me celuy de frãce et Gaule:Pareillemẽt p a
plusieurs ducz/cõtes/vidasmes/ barons/ʒ se=
neschaulx. Et est la nation la plus florissãte
en honneur/force/vaillance / victoires/et cheualeries. En la
nation despaigne sont les roys de Castille/darragon/de por=
tugal/ʒ de Nauarre/ʒ plusieurs Ducz ʒ Cõtes/ʒ sont petis
ropaulmes. Et aussi en la nation Ditalie est le Roy de Le=
cile/ʒ le roy de Naples : ʒ plusieurs marquis/ducz/ʒ comtes:
comme Venise/florence/Sene/ʒ Genes. Et en Allemaigne sans Lempereur sont plu=
sieurs roys:cestascauoir Le roy Dangleterre/Descosse/de Hongrie/de Boheme/de Po=
lonie/de Asie/de frise/de Suysse/de Nouergie/ de Dalmace/et de Croasse. Et aussi y a
plusieurs Marquis/Ducz/ʒ Comtes.Et sont/ou doibuent estre/les dessusdictz obediens
et subgectz a leglise Romaine.

℃La seconde nation est des Grecz.

D iii

Trace parlant de la nation de Grece la plainct pour les vexations quelle a porte le temps passe. Les grecz ont le patriarche de Constatinoble/archeuesques/& abbez aux choses spirituelles. Et aux temporelles empereur ducz et contes. Ilz sont maintenant petit nombre pource q̃ les agaraniens & turcz ont occupe & prins violentement la plus grand partie de Grece. La partie prinse par les agaraniens & turcz ne obeyssent point a leglise Romaine:ilz ont plusieurs erreurs Ilz sont condamnez par leglise:pource quilz veulent dire q̃ Spiritussanctus non procedit a filio:& q̃ non est purgatorium.

¶La .iii. nation est de la terre prebstre Jehan qui est en Inde.

Pres est le pays de Inde dont prebstre Jehan est prince & seigneur:sa puissace est si grande quelle excede toute la chrestiete. Il a dessoubz luy .lxxii. roys lesquelz luy rendent obeyssance & hommage. Quand il chenauche parmy son pays il faict porter denant luy vne croix de boys.& quand il veult aller en la bataille il en faict porter deux/dont lune est dor/ et laultre est de pierres precieuses:& en icelle terre est le precieux corps de sainct Thomas apostre de Jesuchrist.

¶La quarte nation est des Jacobites.

Maintenant parlerons de la nation des Jacobites/lesquelz furent dictz de Jacques lheretique leql fut disciple du patriarche Alexadre. Les Jacobites ont occupe & prins vne grande partie Dasie aux parties orientales/et aussi la terre de mambre qui est pres Degypte &de la terre des Ethiopies iusques en inde:& plus de .xx. royaulmes bien peuplez et fertiles. Les enfans diceluy pays sont circoncis/& sont baptisez dung fer chauld:car on leur imprime le caractere de la croix au front/& pareillement en aultre partie du corps come au bras & aussi en la poictrine:ilz se confessent a dieu seulement & nopas aux prebstres. En ceste prouince les indiens & agaraniens disent q̃ Jesuchrist na tant seulemet q̃ nature diuine. Aucuns deulx parlent le language du pays de caldee/& les aultres darabie:& plusieurs parlent aultres languages selon la diuersite des nations. Ilz furent condamnez au cocile de Calcidoyne de leur heresie.

¶La .v. nation est des Nescoriens.

De nescorianus heretique qui fut de Constatinoble a este faict ce nom Nescoriens. Lesdictz nescoriens mettent en Jesuchrist deux personnes vne diuine et laultre humaine:& nyent la vierge Marie estre mere de nostre seigneur/mais ilz disent bien Jesuchrist estre home:ilz parlent le language de Caldee:& sacrifient le precieux corps de nostre seigneur Jesuchrist de pain leue:ilz habitent en tartarie & inde la grand:ilz sont grand nombre: leur pays contient plus que Allemaigne & Italie. Les heretiques furent condamnez au concile de Ephesine:et furent diuisez de leglise Romaine:& sont demourez en leur pertinacite.

¶La .vi. nation est des Mozoniens.

Robuste est la nation des mozoniens dictz dung heretique de mozone. Iceulx mettent en Jesuchrist vng entendement & vne volunte; ilz habitent en Libye en la prouince de fenice/& sont moult grad nombre:ilz vsent specialemet des arcz & des flesches:ilz ont cloches/& leurs euesqs ont des aneaulx/mitres/ et crosses come ont les latins. Ilz vsent pareillemet en la saincte et diuine escripture de plusieurs lettres caldaiques/& en lescripture vulgaire daultres lettres arabiques:ilz sont dessoubz lobedience de la saincte eglise Romaine. Leur patriarche estoit au cocile general de sainct Jehan de lateran/celebre a rome soubz le pape Innocet troiziesme

mais depuis se sont retournez. Ilz furêt premieremêt condânez au concile de Constâtino-
ble:z depuis sont retournez en leur mauuaise opinion en laqlle ilz perseuerent de present.

¶La.vii.nation est des Armeniens.

On dict que ceste nation des Armeniês est pres Dâtioche:ilz vsent to9 dûg
language en la saincte escripture z au seruice de leglise/côme. qui châteroit
a leglise en francoys/z entendent les hommes z les femmes tout. Ilz ont
leur primat quilz appellent Catholique:auql ilz obeyssent côme nous faisons au Pape/en grâd deuotion z reuerence. Ilz ieusnent le Karesme/z ne
mangent point de paisson/z ne boyuent point de vin:z mangent chair le samedy.

¶La.viii.nation est des Georgiens.

Vous debuez scauoir que ceste nation est dicte georgiens de sainct George
duquel ilz portent limage en bataille/z en font leur patron:ilz sont ês parties orientales:cest vng peuple fort delicieux demy persien z demy assirien
Ilz parlent laid et sot language/et font les sacremens et cerimonies des
grecz. Les prebstres ont les courônes rondes rasees en la teste/et les clercz
non prebstres les ont quarrees.Quâd ilz vont au sainct sepulchre ilz ney payent point de
tribut aux sarrazins:Ilz entrent en Hierusalem les estendardz desployez/pource que les
sarrazins les craindent. Les femmes vsent darmeures comme les hommes. Quand ilz
escripuent au souldan incontinent ce quilz demandent leur est ottroye.

¶La.ix.nation est des Syriens.

Et trouue que la nation des syriens a prins nom dune cite nômee laquelle
est la plus eminente de tout le pays de Syrie. Ceste gent pour leur language vulgaire parlêt sarrazin. Leur saincte escripture z office de la messe
est en grec:ilz ont euesques z gardent les côstitutions des grecz/z leur obes-
yssent en toutes choses:ilz sacrifiêt de pain leue/z ont les opiniôs des grecz
côtre les latins. Il y a aucûs chrestiês en la terre saincte qui les supuêt z sont appellez sa-
maritains/qui furent conuertis a la foy catholique au têps des apostres:mais ilz ne sont
pas trop bons chrestiens.

¶La.x.nation est des morabiens.

Nous ferons fin des morabiês lesquelz estopêt en grâd nôbre le têps passe
aux pays daffrique z espaigne:mais maintenant ilz sont peu:ilz sont dictz
morabiês pource q en plusieurs choses ilz tenoyêt les modes des chrestiês
estâs en arabie : ilz vsent du language latin es offices diuins z choses sa-
crees:z obeyssent a leglise de Rôme:z aux prelatz des latins/ilz se côfessent
en langue apimoniêne ou en latin:ilz sont differens aux latins en leurs diuins offices: ilz
ont les heures trop longues : et pource que le iour est diuise en.xxiiii.heures de iour et de
nuyt autât ont ilz doffices/heures/pseaulmes/hymnes/z toutes aultres oraisôs sont lon-
gues:lesquelles ne disent pas selon la coustume des latins:car ce q les latins disent au cô-
mêcemêt ilz se disent a la fin ou au myslieu.Aucûs diuisent le sainct sacremêt en sept parties z les aultres en dix ¶Cest vne nation tresdeuote:ilz ne conioindent nulz par mariage
silz ne sont natifz de leur terre z pays z ny recopuêt point les estrâgers:z quâd lhôme pert
sa femme par mort iamais ne se remarie:mais vit en chastete. La cause de leur diuision
entre les chrestiens fut pource que au temps passe les chrestiês furêt contrainctz z empes-
chez de ne point celebrer côcile general.A ceste cause se sont esleuez aucûs mauuais heretiques en diuerses parties:car nul ny estoit qui y mist remede pour les confondre.

¶Fin des dix nations chrestiennes.

D iiii

Hensupt la table de la matrice des femmes/ꝗ de la maniere de concepuoir enfans
et pour congnoistre quand elles ont conceu:auec plusieurs bõs remedes qui sont con=
tre plusieurs maladies secretes qui de iour en iour suruiẽnent aux femmes : et auec
aultres maladies procedantes de lalteration des quatre complexions:ainsi que plus
a plein vous trouuerez icy apres selon lopinion de plusieurs bons notables ꝗ sages
docteurs en medecine.

En quelle qualite doibt estre la femme qui veult conceuoir enfans.
Remieremẽt il fault que la matrice ne soit ne trop seiche/ne trop abondan=
te en humeurs:ne trop chaulde/ne trop froide : et que ses fleurs ne soyent
point blanches/mais sanguineuses:ꝗ nen doibt auoir ne trop ne trop peu :
et doibt tousiours faire bonne digestion : et aussi se doibt tousiours mainte=
nir en ioyeuse attrempance.
Pour congnoistre quand vne femme a conceu enfant.
Nous trouuõs plusieurs signes par lesquelz nous cõgnoissons quand la femme a con=
ceu enfant.Le premier signe est que quãd vne femme a eu cõpaignie dhõme si tout incon=
tinent elle a froid ꝗ douleurs de reins alõrs elle a conceu.Le second signe est si le visage de
la femme change de couleur non acoustumee. Le.iii.signe est si la femme appete a man=
ger aucunes viandes non acoustumees comme charbons/vieulx souliers/terre/ou aul=
tres semblables.
Pour congnoistre se la femme est grosse de filz ou de fille.
Nous trouuõs que quand vne femme est grosse dũg filz alõrs son visage est vermeil:
son ventre est rond/fort esleue au coste dextre:ꝗ est fort legere/gaye/ꝗ ioyeuse:sa mamelle
dextre est plus grosse ꝗ plus dure ꝗ laultre/son laict est bien cuyt ꝗ bien espes:car se vous
en mettez vne goutte sur vng miroer/il ne coulera point ne ca ne la : et quand elle veult
marcher elle met tousiours premier le pied dextre.
Contre douleur de mamelles. Pile ꝗ broye plantain ꝗ se lie sur le tetin de la femme.
Aultremẽt. Prens sein de pourceau/cest oingt fort vieil:ꝗ le trẽpe en seaue pour le des=
saler:puis prens ongnons cuytz en cendres/ꝗ les mesle ꝗ broye ensemble:ꝗ apres en faictz
emplastre sur le tetin. Pour faire auoir abondance de laict aux nourrices.
Prens biere ou ceruoise nouuelle/ꝗ fenoil auec sa semence:ꝗ faictz tout bouillir ensemble:
et de ce faictz boire a vne nourrice/ꝗ mãger aussi dudict fenoil : et elle aura du laict abon=
damment/ainsi que dient Serapion consiliateur/Isaac/Haly:ꝗ Pline au troiziesme cha=
pitre de son deuxiesme liure. En aultre maniere.
Prens pulegium ꝗ le mesle auec vin/ꝗ le baille a boire chascun iour a vne nourrice ainsi
que dict Macer. Aultrement.
Mente donnee a manger le matin aux nourrices faict auoir abondance de laict/ꝗ est cho=
se experimentee.
Pour auoir larriere fais des femmes nouuellement acouchees.
Larriere fais aultrement dict la secondine/cest vne quantite dhumeurs superflues en ma=
niere dune grosse peau fort espesse/en laꝗlle lenfãt est tousiours iusques a ce quil soit hõrs
du vẽtre de sa mere:pour laquelle tirer hõrs prens pouldre dagathe/ꝗ la donne a boire en
vin a la femme. Aultrement. Prens semence de plantain/ꝗ en faictz boire
souuent a sa paciente/ꝗ elle guarira. Aultrement.
Près feu moyen en vne bussine ou eschauffoer ꝗ metz plumes de pouletz ou de vieil soulier

audict feu dedans vne selle percee: ɼ faictz seoir a nud sa paciente en icelle selle : et elle sera
tout incontinent guarie. ¶Aultrement ɼ meilleur de tous car ie lay esprouue.
Prens vng plein verre deaue ɼ la faictz chauffer sur les cendres/ɼ puis la donne a boire
fort chaulde a ladicte femme: ɼ vng peu apres elle estãt en ladicte selle quon luy mette vne
plume en la gorge bien parfond: ɼ en vomissant elle gettera ladicte matiere.
¶Toy sage femme sur ta vie garde toy de la tirer par force hors de dedans le corps de sa
dicte paciente: car sil en demoure tãt seulemẽt sa grosseur dune petite noix/cela croistra et
deuiendra gros ɼ enfle a merueilles/ɼ iamais ladicte femme nen eschappera.

¶De la formation de lenfant.

Elon lopinion de plusieurs notables Philosophes nous trouuõs que aus
cuns enfans demeurent bien auʒ ventres de leurs meres sept moys. Les
aultres huict: Les aulttres neuf: Et les autres vnze: De ceulʒ de vnze bien
peu en trouuõs. Ceulʒ de neuf moys cõmunemẽt viuẽt ɼ ceulʒ de sept. et
les aultres qui viẽnent hors de leurs temps ne viuẽt point: car ilʒ nõt pas
tous les benefices de nature cõme ont ceulʒ de neuf. Ceulʒ de sept viuẽt pource quilʒ sont
nez soubʒ la Lune laqlle est chaulde ɼ mere dhumidite. Et omnis vita fiat in calido ɼ hu
mido. Toutesfois ilʒ ne sont point si fors ne si vertueuʒ/ne si fermes en leurs operations
que sont ceulʒ de neuf. Ceulʒ de huyt ne viuẽt point: car ilʒ sont nez soubʒ Saturne: leql
est planette froid ɼ sec: qui sont deuʒ qualitez totalemẽt cõtraires a nature. Ceulʒ de neuf
viuent pource que en ce temps ilʒ ont receu tous les benefices que nature leur doibt au
ventre maternel/ɼ quilʒ sont nez soubʒ Jupiter leql est doulʒ ɼ bening chault ɼ moiste par
bõne attrẽpance. Et quant auʒ benefices ɼ operations de nature sur la formation ɼ dispo
sition de lenfant: nous trouuõs que au premier moys que icelle matiere de laquelle est len
fant faictʒ quelle se cõuertist/congele/ɼ coagule en sang. Au second son corps se forme. Au
tiers/dieu tout puissant cree ɼ forme lame a sa semblance dedans icesup corps. Au quart
les vngles de ses piedʒ ɼ de ses mains luy viẽnent. Au cinquiesme il recoit la semblance
de son pere ou de sa mere/ou de ses aultres parens/selon que les qualitez ɼ cõplexiõs. cõ
uiennent plus en eulʒ. Au sixiesme moys les nerfʒ se forment. Au septiesme la moelle se
consolide. Au huytiesme moys les nerfʒ se fortifiẽt. Au neufuiesme lenfant prend acõplis
sement de tous benefices: et alors de tenebres il vient en lumiere. Aucuns aultres disent
que lenfant a este en labeur cõme a recepuoir les benefices de nature ɼ venir a perfection:
Et pource au huytiesme moys il se doibt reposer: ɼ sil sort en ce moys a grand peine il vi
ura. ¶Toy sage femme/se lenfant vient les piedʒ ou les bras premiers/soyes caute et
diligente de les remettre: ɼ de tout ton pouoir faire venir la teste deuant: autremẽt la mere
est en danger. Par auãt vse de tes oingnemẽtz doulʒ ɼ lenitifʒ ɼ confortatifʒ: ɼ apres pour
la reuenir baille luy de sypocras/maluoisie/ou quelque aultre bon vin selon son pouoir/
et viandes a elle requises. Et se tu sçoidʒ que ceste femme soit longuemẽt en trauail: Prẽs
deuʒ ou trois fueilles de laurier ɼ les masche/ɼ puis les metz sur le nõbril de ladicte fem
me: ɼ incontinent lenfant sortira/ɼ sera deliuree.

¶Pour femme qui ne peult auoir ses fleurs.

Rens violettes herbe ɼ fleurs ɼ les faictz bouillir six heures auec vng peu
de myrrhe tout dedãs vng pot fort clos ɼ couuert/tãt q la fumee ne puisse
sortir. En apres metz ledit pot dedãs vne selle percee en laqlle fault asseoir
la paciẽte: ɼ plus sera chaulde sa fumee qui sortira dudict pot tant mieulʒ
vauldra. Ceste medecine aussi est bõne a celles qui iamais neurent lesdictes fleurs.

¶Aultrement. Prens abſince ꝗ rue auec.vii.grains de poyure / ꝗ cuys tout cela eꞥ viꞥ
et puis baille a boire a ſadicte paciēte au ſoir ꝗ au matiꞥ / ꝗ elle ſera guarie.
¶Contre grās fluꝉ deſ ꝺ choſes. Prens eſcorce de geneure ꝗ ſa ſemence ꝗ broye auec viꞥ
aigre / ꝗ luy eꞥ baille a boire a toute heure. ¶Aultremēt. Prēs vne raine verde / faictz eꞥ
pouldre / ꝗ la luy faictz porter eꞥ vng ſac / ꝗ elle guarira. Se tu veulꝉ eſprouuer cecy : atta
che de ſadicte pouldre au col dune poule : ꝗ trois iours apres couppe la teſte de ſad poule / ꝗ
de ſoꞥ ſang riens ne ſortira : parquoy ꝗ cetera. ¶Pour mundifier la matrice.
Prens perſil et le faictz bouillir eꞥ viꞥ : puis le dōne a boire a la femme : ainſi que diſent
les bons docteurs Haly ꝗ yſaac. ¶Aultrement. Prens racine de Violette auec les fueil
les / ꝗ les cuys eꞥ eaue auec orge / ſeigle / ꝗ aueine.

¶Medicines pour femmes qui ſont eꞥ traueil denfant.

¶Prens racines de Verueine ꝗ la metz ſur la femme qui traueille : ſoꞥ mal et ſa douleur
amoindrirōt : ꝗ la mettra hors de grādes fantaſies / ꝗ luy dōnera boꞥ repos. Auſſi fera elle
a ſenfant ſe vous la luy liez au col ou auꝉ mains : ꝗ faict dormir eꞥ boꞥ repos ceulꝉ ꝗ ne
peuēt dormir : ꝗ ſi vous la liez auꝉ crins ou a la come du cheual auec armoiſe / eꞥ allant
il ne ſera point las ne trauaille. ¶Pour deſiurer denfant incontinent.
Prenez racine de iuſquiame / ꝗ la mettez ſur la cuyſſe gauche de la femme : ꝗ incōtinēt que
ſenfant ſera hors / oſtez ſad racine / de paour quelle ne eſmouue trop la femme.
¶Aultremēt ꝗ eſt choſe eſprouuee. Prenez des fueilles de laurier ꝗ les maſchez / puis les
mettez ſur le nōbril de la femme : ꝗ tout incōtinēt elle deſiurera ſenfāt ſans grāde douleur :
ceſt vne medicine ſinguliere. ¶Pour femme qui eſt longuemēt eꞥ trauail denfant.
Prenez myrrhe ꝗ le broyez auec viꞥ / ꝗ eꞥ baillez a boire a ſadicte femme.
¶Pour faire mellicart ou idromel. Prenez vne pinte de miel fort cler / ꝗ trois deaue tiede
et meſlez tout enſemble / ꝗ eꞥ faictes boire a la paciente / ou a vng aultre malade. et eſt boꞥ
principalement contre toutes fiebures ꝗ aultres maladies chauldes.
¶Notez que fēmes trop ſeiches / maigres / ou trop groſſes ne ſont point cōmunemēt diſpo
ſees a cōcepuoir enfans : ꝗ ſi les groſſes eꞥ ont ce ſera par grande abondāce de mauuaiſes
humeurs : pource quād elles ont leurs fleurs vng peu deuāt eſt de neceſſite quelles ayent
quelque medecine pour biē les purger : ꝗ a ce eſt boꞥ Theodoriconde / nycolus / ꝗ hierapim
gra / ꝗ diamargaritoꞥ. Et fēme qui eſt trop chaulde neſt pas diſpoſee a auoir enfās. Et a
ce tu la cōgnoiſtras car elle a peu de fleurs auec aucune douleur dauctꝰ de ſes membres.
Et pour luy bailler remede tu luy dōneras choſes qui diſpoſent a moyēne froideur ꝗ moiſ
ſteur : cōme ſont ſaictues / maulues / beurre / pourpier ꝗ attriplice. Si elle eſt malade de ſoꞥ
amatriz / cōforte la par choſes doulces ꝗ mollificatiues. Prēs fenoil / mēte / yſope / ꝗ autres
bōnes herbes : cuys les eꞥ eaue ꝗ eꞥ viꞥ blanc : ꝗ eꞥ recoyue la fumee eꞥ la ſelle percee cōme
iay dict cy deſſus : ou entre ſes iābes. Et pour la reſerrer prēs grāde ꝗ petite cōſolde / myrrhe
galle / ꝗ racine deſglantier : ꝗ les faictz bouillir cōme eſt dict : ꝗ puis eꞥ recoyue la fumee tāt
chaulde ꝗ elle pourra. Note que la grāde ꝗ petite cōſolde toutes ſeulles ſont aſſez ſuffiſan
tes a ce faire. ¶Pour auoir enfans. Pline dict a la fin du dernier chapitre de ſoꞥ
ꝗvi.liure des choſes naturelles / que la glus eſt vne liqueur preſque reſſemblant a gōme /
et eꞥ latiꞥ oꞥ ſappelle viſcum / lequel croiſt auꝉ cheſnes. Si tu eꞥ baille a boire a vne fem
me auec du viꞥ quand ſes fleurs luy faillent elle aura enfans. ¶Pour conforter la
femme quand ſenfant eſt mort dedans ſoꞥ ventre. Prens fueilles de geneure ꝗ miel ꝗ les
cuys eꞥ eaue ꝗ la baille a boyre a ſad femme ainſi que dict Haly. ¶Pour reſtraindre fem
me ꝗ eſt trop luꝉurieuſe. Prens betoine fumetterre ꝗ vinaigre ꝗ eꞥ boyue ſoir et matiꞥ.

¶ La femme qui vuyde trop. Se tu voidz que la femme vuyde trop de ses fleurs oultre
six iours Prens trois racines de plantain ꝗ les faictz cuyꝛe en eaue de riuiere ou de fontai=
ne/ꝗ puis la baille a boire a ladicte paciente:et incontinent elle guarira. Ou prens eaue
rose ꝗ la baille a boire soir ꝗ matin a ladicte femme/ꝗ elle guarira.

¶ La femme de hardy courage.
Vuyde de ce lieu orde beste
Qui des bourgeons mangeuz la teste
Les arbꝛes ꝗ aussi les buyssons
As tu mange iusques au branches
De ma quenoille se tu taduances
Ie te donray telz horions
Que maulx auras a millions.

¶ Les gensdarmes.
Lymasson pour tes grandes coꝛnes
Point ne faindꝛons a tassaillir
Mais tantost te ferons fuyꝛ
De ce chasteau ꝗ de ses boꝛnes
Oncques lombard ne te mangea
A tel saulse que nous ferons
Et si on te fricassera
Au poyure noir ꝗ aux ongnons
Serre tes coꝛnes si te prions
Et nous laisse entrer la dedans
Ou aultrement te naurerons
De noz bastons qui sont trenchans.

¶ Le lymasson.
Ie suys bien dhoꝛrible facon
Et si ne suys que lymasson
Ma maison poꝛte sur mon dos
Et si ne suys de chair ne dos
Iay deux coꝛnes dessus ma teste
Comme vng beuf qui est grosse beste
De ma maison me suys arme/
De mes coꝛnes embastonne
Si ces gensdarmes font appꝛoches
Ilz auront dessus leurs caboches
Mais ie cuyde en bonne foy
Quilz tremblent de grand paour de moy.

¶ Ly fine le Kalendier ꝗ compost des Bergers: Nonnellement
imprime a Troyes/chez Iehan Lecoq.

Imprime a Troyes chez Jehan
Lecoq : Imprimeur et Libraire demourant deuant Nostre dame.